무역클레임과 ADR

김 재 명 지음

도서출판 두남

머리말

Preface

인간이 사회생활을 영위하다보면 다툴 일이 생기듯이, 상인들도 상거래를 하다보면 분쟁이 발생되게 마련이다. 이처럼 당사자가 제아무리 신의성실의 원칙에 입각하여 계약을 이행준수 한다하더라도 무역거래의 특성상 클레임을 완전히 예방할 수 없는 경우도 있다. 그리고 무역거래에 임하는 당사자는 상대방의 이익이 곧 자신의 이익과도 무관하지 않다는 역지사지의 마음으로 무역클레임의 최소화에 노력해야 한다.

국제간에 분쟁이 발생되면 피해를 극소화시킬 수 있는 방안을 모색하여 그 분쟁을 반드시 해결해야 하고 분쟁해결 방법 또한 경제적인 것이어야 한다. 가장 경제적인 분쟁해결 방안은 해당 당사자 간에 합리적인 선에서 화해를 통하여 분쟁사안의 내용을 합의하여 타협과 양보를 통하여 분쟁을 종결시키는 것이 가장 바람직하다. 그러나 국제간 분쟁이 발생했을 때 당사자들의 주장은 너무 주관적이어서 국제간 분쟁이 화해로 종결되는 것은 쉽지 않다. 또한 제3자가 개입하는 전통적인 사적분쟁해결 방법에 해당되는 알선, 조정 및 중재를 포함한 기존의 ADR제도나 소송제도도 분쟁의 해결방법으로 여러 가지 한계점도 나타나고 있다.

따라서 본서는 무역클레임과 그 해결방안에 대한 방법, 기존중재제도 및 외국상설중재기관의 특성, 새로운 ADR제도를 설명하고 있는 것이 특징이라 할 수 있으며, 더 나아가서는 실무에서 분쟁당사자가 상거래의 특성에 적합한 분쟁해결 방법을 선택할 수 있도록 도움을 주고자 한다.

본서는 5 장으로 구성되어 있으며, 제1장 무역클레임에 대한 이해와 대응, 제2장 우리나라 클레임의 현황과 국제상사중재제도의 필요성, 제3장 우리나라 중재제도의 절차 및 특성, 제4장 외국중재제도의 역사와 국제상사중재제도에 관한 국제협약소개, 제5장 주요외국상설중재기관의 특성과 절차 그리고 중재 이외의 새로운 분쟁해결제도를 소개하고자 한다.

본서가 무역클레임 해결방법을 학습하는 데 있어 독자 여러분에게 일조가 되기를 기원하며, 독자 여러분에게 본서의 내용에 관한 조언, 질타 및 충고를 기대해 마지않는다. 또한 본서에서 다루지 못한 그 이외의 분야에 대해서는 기회가 있으면 향후 다시 보완·보충해 나갈 것을 독자 여러분에게 약속드리고자 한다.

끝으로 경남대학교 우성구 교수님께 항상 존경과 감사의 마음을 올리며, 동 대학교 여성구 교수님, 김애영 교수님, 김선광 교수님, 한낙현 교수님, 정준식 교수님, 최병권 교수님, 김상만 교수님, 부산외국어대학교 김종석 선배님께 감사의 마음을 전하고자 한다. 항상 옆에 있는 것만으로도 힘이 되는 사랑하는 가족 어머님 이덕랑 여사, 신라대학교 귀금속보석학과 초빙교수인 아내 김희정, 아들 김경환, 딸 김가현에게 고마움을 전하며, 산업전선에서 열심히 생활하고 있는 사랑하는 동생들 (주)아모레퍼시픽 MC&S 전략팀의 김성건, (주)캠브리지코오롱 CM 캐주얼기획팀의 김태위, 한국 MAERSK LINE 수출영업부 이상진, LG HE사업본부 Solution사업부 신영대에게 고마움을 전한다. 개인적으로 바쁜 와중에도 불구하고 본서의 편집 및 교정에 도움을 준 경남대학교 경제무역학부 3학년 김민우 군의 도움에 감사하며, 앞날에 영광이 있기를 기원한다.

또한 현재의 여러 출판사정의 어려움에도 불구하고 본서의 출판을 허락해 주신 도서출판 두남 전두표 사장님 이하 편집관계자 여러분에게 감사를 표하는 바이다.

2011년 2월

저자 씀

차 례

Contents

제4장 외국중재제도와 국제상사제도에 관한 국제협약 / 127

제5장 외국 주요 ADR 기관 및 제도 / 141

부록

제 1 장

무역클레임에 대한 이해와 대응

▶▶ 1.1 무역클레임의 의의
▶▶ 1.2 클레임의 종류
▶▶ 1.3 클레임의 제기와 대응
▶▶ 1.4 클레임의 구제방법 및 범위
▶▶ 1.5 클레임의 해결방법

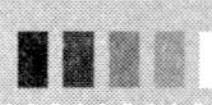

무역클레임에 대한 이해와 대응

1.1 무역클레임의 의의

1. 무역클레임이란?

무역클레임(trade claim)[1]이란 수출입 당사자의 어느 일방이 무역계약의 조건을 이행하지 않음으로 인하여 손해를 입은 피해자가 가해자를 상대로 손해배상을 청구하는 것을 의미한다. 무역실무에서 사용하는 클레임이라는 용어에는 두 가지의 의미가 있다. 즉, 하나는 손해화물에 관한 클레임(claim on damaged or lost cargo)이고, 다른 하나는 무역거래에서 발생하는 무역클레임이다.

전자는 운송 중의 사고로 인하여 운송화물에 손해가 생겼을 때에 피해자인 화주가 운송인(선박회사 등) 또는 보험자(보험회사 또는 보험업자)에 대하여 손해배상을 청구하는 클레임(운송클레임 및 보험클레임)을 말한다. 후

1) 무역클레임에는 단순한 불만(complaint)이나 경고(warring) 등을 포함시킬 수도 있으나, 이는 어느 일방의 주관적인 면이 작용할 수도 있기 때문에 객관성과 타당성이 있는 무역분쟁의 구사(claim for trade dispute)라고 볼 수 없는 측면도 있다.

자는 무역물품의 매매당사자의 일방이 매매계약의 내용에 따른 이행을 하지 않았을 때에 그로 인하여 손해를 입은 당사자가 상대방에 대하여 손해배상을 청구하는 클레임, 즉 무역클레임을 말한다. 그러나 일방적으로 클레임이라 할 때에는 후자를 가리키며, 양자를 구별하기 위하여 이것을 무역클레임(이하 클레임이라 칭함)이라 부른다.

2. 클레임의 발생원인

무역거래는 외국인과의 상거래이기 때문에 국내 상거래에 비하여 클레임이 발생할 수 있는 가능성이 훨씬 높다. 클레임은 주로 다음과 같은 원인으로 발생하는데, 여기서는 이해의 편의를 위하여 우선 일반적인 클레임의 발생원인과 그 정당성여부별 클레임의 발생 원인으로 구분하여 살펴본다. 그런데 이 같은 원인은 어디까지나 개략적인 것이고, 이외에도 여러 가지의 다양한 이유로 클레임이 제기되기도 한다.

1) 일반적인 클레임의 발생원인

① 언어의 상이
② 법률 및 상관습의 상이
③ 신용조사 및 신용의 중요성 경시
④ 계약서의 불비(不備)
⑤ 무역실무지식의 결여
⑥ 계약 후 무역여건의 변화 등

2) 정당한 클레임의 발생원인

정당한 클레임이란 말 그대로 클레임을 제기할만한 정당한 이유가 있는 클레임을 말한다. 무역거래에서 주로 클레임을 제기하는 자는 바이어인데 바이어가 클레임을 제기해 오는 경우는 대개 아래와 같은 이유 때문이다.

① 인수한 물품의 품질이 계약과 상이한 경우
② 약정한 물품과 전혀 다른 종류의 물품이 인도된 경우

③ 약정물품이 지연선적 및 지연인도된 경우
④ 인도된 물품의 수량이 부족한 경우
⑤ 인도된 물품의 색상과 디자인이 주문한 것과 다른 경우 등

3) 부당한 클레임의 발생원인

클레임이 제기되었다고 하여 모두 보상해 주어야 되는 것은 아니다. 이유가 정당하지 않은 부당한 클레임도 많기 때문이다. 부당한 클레임은 주로 다음과 같은 의도로 제기된다.

① 수입물품에 대한 갑작스런 수요 감소로 판매가 어렵다고 판단되는 경우
② 수입물품에 대한 국내외 시세하락으로 인한 손해를 만회하기 위하여
③ 다음 주문 시에 가격할인을 요구하기 위한 명분을 축적하기 위해서
④ 수입가격이 타 경쟁사의 가격보다 비싸다는 사실이 확인된 경우
⑤ 일시적으로 어려운 자금사정의 위기를 모면하기 위해서 등

1.2 클레임의 종류

1. 클레임 제기자를 기준으로 한 분류

1) 수출업자의 클레임(seller's claim)

수출업자가 수입업자에 대하여 제기하는 클레임이다. 예를 들면,

① 신용장을 발행하지 않거나(non-issue of L/C)
② 신용장의 발행지연(delayed issue of L/C)
③ 부당한 신용장의 발행(issue of wrong L/C)
④ 대금의 미지급(non-payment)

등의 사유로 수출업자가 손해를 입게 된 경우에, 피해자인 수출업자는 가해자인 수입업자에 대하여 클레임을 제기할 수 있다. 이와 같은 수출업자 제

기의 클레임을 '수출업자의 클레임' 또는 '매도인의 클레임'이라 하며, 이 경우 수출업자는 클레임 제기자(claimant of claimer)이고, 수입업자는 피제기자(claimee)이다.

2) 수입업자의 클레임(buyer's claim)

수입업자가 수출업자에 대하여 제기하는 클레임이다. 클레임의 대부분은 수입업자가 수출업자를 상대로 하여 재기하는 '수입업자의 클레임'이며, 이것을 '매수인의 클레임'이라고도 한다. 수출업자가 무역계약에서 합의한 품질조건, 수량조건, 선적 및 인도조건, 포장 및 화인조건, 결제조건, 보험조건 등을 위반한 경우에, 그로 인하여 피해를 보게 된 수입업자는 피해자로서 수출업자를 상대로 하여 클레임을 제기할 수 있으며, 이 경우 수입업자가 클레임 제기자(claimant)이고, 수출업자는 클레임 피제기자(claimee)이다.

2. 클레임의 성질을 기준으로 한 분류

1) 일반적 클레임(general claim)

무역거래를 수행하는 과정에서 발생하는 일반적인 클레임을 말하며, 이러한 클레임은 수출입의 당사자 중에서 어느 일방의 과실 또는 태만에 의하여 발생하는 경우가 대부분이다. 그렇지만, 수출입의 당사자 이외에 제3자, 즉 수출물품의 제조업자나 공급자 또는 운송인(carrier) 등의 과실 또는 태만에 의하여 발생하는 클레임도 있을 수 있다. 이와 같이 제3자의 과실 또는 태만에 의해 발생한 클레임의 경우에는, 우선 가해자(claimee)가 피해자(claimant)에게 손해배상을 해준 후에 그 책임을 제3자에게 전가시킬 수 있다.

2) 시장 클레임(market claim)

수출입의 계약이 체결된 이후에 수입국 시장에서의 수입물품의 가격이 하락하여 수입업자의 손실이 예상되는 경우에, 수입업자가 평소 같으면 클레임의 대상이 되지 아니할 수출업자의 경미한 과실을 구실로 하여 제기하는 가격할인 목적의 클레임을 말한다. 이와 같은 시장 클레임을 예방하기 위해서는 무역거래를 개시하기 이전에 수입업자에 대한 신용조사를 철저히 시행 할 필요가 있다.

3) 계획적 클레임(planned claim)

수출입 당사자의 어는 일방이 계획적으로 제기하는 클레임을 말한다. 주로 악덕상인인 수입업자가 처음부터 교묘한 술책을 사용하여 수출업자(seller)로 하여금 계약의 이행에 지장을 일으키게 한 후 고의로 제기하는 클레임을 계획적 클레임이라 한다. 이러한 클레임을 상습적으로 제기하는 악덕상인을 우리는 클레임상인(claim merchant)이라 한다. 이와 같은 계획적 클레임을 예방하기 위해서도 수입업자에 대한 신용조사를 철저히 시행할 필요가 있다.

3. 클레임의 회피가능성 여부를 기준으로 한 분류

1) 회피가능 클레임(avoidable claim)

당사자의 '선의'(good-will) 또는 '상당한 정도의 주의'(considerable care and attention)에 의하여 사전에 충분히 방지할 수 있는 클레임을 말한다.

위에서 언급한 선의라 함은 문자 그대로 선량한 의사(good intention)를 말하며, 악의(evil intention)에 대칭되는 개념이다. 선의가 있는 경우에는 신의성실의 원칙(principle of sincerity and truthfulness)이 준수되므로 클레임 방지되는 선이 보통이다.

위에서 언급한 '상당한 정도의 주의'라 함은 채무자가 속하는 계급, 지위, 직업 등에 있어서 일반적으로 요구되는 만큼의 통상적인 주의를 말한다.

실제로 발생한 클레임 중에는 상당한 정도의 주의를 다하지 못했기 때문에 생긴 것이 아주 많다. 예컨대,

① 거래상대방의 선정 및 신용조사에 있어서의 주의의 결여
② 상담(business negotiation) 및 계약절차(contract procedure)에 있어서의 주의의 결여

③ 계약의 이행(fulfillment of contract)에 있어서의 주의의 결여 등의 원인으로 클레임이 발생되는 경우도 적지 않다는 말이다.

2) 회피불능 클레임(unavoidable claim)

당사자가 선의 또는 상당한 정도의 주의를 다한다고 하더라도 사전에 용이하게 방지할 수 없는 클레임을 말한다. 다시 말하면, 당사자 일방이 아무리 선의와 주의를 다한다고 하더라도 상대방에게 그것이 결여되어 있으면 발생할 수밖에 없는 클레임을 회피불능의 클레임이라 한다.

앞에서 설명한 시장 클레임(market claim)과 계획적 클레임(planned claim)은 회피불능의 클레임에 속한다고 말할 수 있다.

한편, 자기 자신과 상대방이 모두 선의와 주의를 다했음에도 불구하고, 불행히도 무역거래상의 착오(mistake) 또는 부득이한 과실(failure)로 말미암아 클레임이 생기는 경우도 있을 수 있다. 이와 같은 클레임은 참으로 방지하기 어려운 클레임이다.

4. 클레임의 발생원인을 기준으로 한 분류

1) 품질에 관한 클레임

약정된 품질조건의 위반을 이유로 제기되는 클레임이다. 품질에 관한 클레임의 발생원인이 되는 품질조건의 위반사항은 대체로 다음과 같다.

품질의 불량(inferior quality ; bad quality), 품질의 상이(different quality ; difference in quality), 불량품의 혼입(inferior quality mixed in), 품질 상이품의 혼입(different quality mixed in), 사용불능의 품질(unless quality ; unusable quality), 품질의 결함(defective quality ; defects in quality), 인수불능의 물품(unacceptable goods), 등급의 불량(inferior grade), 변질(deterioration in quality), 색깔의 상이(different color), 치수의 상이(different size) 등이다.

2) 수량에 관한 클레임

수량조건의 위반을 사유로 하여 제기하는 클레임이다. 수량에 관한 클레임의 발생원인이 되는 수량조건의 위반상항은 대체로 다음과 같다.

수량의 부족(shortage in quantity), 중량의 부족(shortage in weight ; short weight ; under weight), 양육수량의 부족(short landing), 과부족허용의 위반(breach of allowance) 등이다.

3) 선적 및 인도에 관한 클레임

선적 및 인도조건의 위반을 사유로 제기되는 클레임을 말한다. 선적 및 인도에 관한 클레임의 발생원인이 되는 선적 및 인도조건의 위한사항은 대체로 다음과 같다.

선적의 지연(지연선적), 인도의 지연, 부적, 불착, 분실, 부정출하, 유실, 적부의 불량, 하역손상, 화물취급의 불량 등이다.

4) 포장 및 하인에 관한 클레임

포장 및 하인조건의 위반을 사유로 하여 제기하는 클레임 말한다. 포장 및 화인에 관한 클레임의 발생원이인 되는 포장 및 하인조건의 위반사항은 대체로 다음과 같다.

포장의 불충분, 포장의 불량, 포장의 불완전, 부정한 포장, 하인의 누락, 하인의 상이, 하인의 불명확, 하인의 소멸 등이다.

5) 결제에 관한 클레임

결제조건의 위반을 이유로 제기되는 클레임을 말한다. 결제에 관한 클레임의 발생원인이 되는 결제조건의 위반사항으로는 대체로 다음과 같은 것이 있다.

신용장의 불발행, 신용장의 발행지연, 부당한 신용장의 발행, 대금의 불지급, 초과지급금의 불정산, 송장의 과오, 송장의 부정확, 송장의 계산착오, 서류의 불비 등이다.

6) 보험에 관한 클레임

보험조건의 위반을 이유로 제기되는 클레임이다. 보험에 관한 클레임의 발생 원인이 되는 보험조건의 위반사항으로는 부보의 태만(negligence in effecting insurance)이나, 약정한 부보조건이 담보되지 않았거나 또는 전쟁위험에 관련된 보험조건 등과 같은 것이다. 특히 전쟁위협에 관련된 보험료는 평상시에는 대체적으로 저율이지만, 국지적인 전쟁 또는 전쟁에 준하는 적대행위(warlike hostilities)가 발생하면 보험료율이 폭등하게 된다. 이러한 경우에 양등된 보험료는 국제관습상 수입업자가 부담하는 것이 원칙이지만, 이에 관한 당사자간의 사전 합의가 없는 경우에는 클레임의 발생원인이 될 수도 있다.

1.3 클레임의 제기와 대응

1. 클레임의 제기

1) 클레임의 제기로 인한 바이어의 유의사항

상습적이고 악의적인 바이어가 아닌 한 클레임 제기여부에 대하여 바이어는 심사숙고한다. 만약 클레임이 제기되었다면 그러한 심사숙고의 결과로 이해하는 것이 옳다. 왜냐하면 클레임을 제기한 경우 바이어에게는 다음과 같은 불리한 점이 있을 수 있기 때문이다. 따라서 바이어도 클레임을 제기함으로써 자신에게 미칠 수 있는 다음의 사실에 유의하여야 한다.

① 클레임을 빈발하게 제기하는 바이어에 대하여 셀러는 아예 거래를 기피하거나, 상담에 응하는 경우에도 다른 바이어에 비해 비싼 가격을 요구한다.

② 클레임을 빈발하게 제기하는 바이어란 소문이 업계에 빨리 퍼진다.

③ 일단 클레임을 제기하고 나면 동 물품을 판매할 수 없게 되므로 상기를 놓칠 수 있다.

④ 셀러와의 신용이 무너지고, 그 결과 셀러로부터 받을 수 있는 최고의 서비스를 못 받을 수 있게 된다.

⑤ 클레임은 양 당사자에게 시간과 비용의 낭비를 가져다준다는 등의 사실

2) 클레임의 제기방법

클레임은 쌍무적이고 객관적인 타당성을 가져야 하며, 적법한 제기절차를 밟지 아니한 클레임은 법률적 효력을 보장받을 수 없다.

클레임의 사유가 발생하며 클레임을 제기할 때에는 ① 제기방법에 대한 당사자 간의 약정이 있는 경우는 이미 약정한 방법에 따라 제기하고, ② 아무런 약정이 없는 경우는 대체로 다음의 요건을 갖추어야 한다.

- 물품을 검사하여 클레임 사유를 확인한다.
- 클레임 피제기자(claimee)를 확정한다.
- 신속한 통신수단으로 클레임의 발생을 통지한다.
- 문서를 갖추어 클레임을 제기한다.

2. 클레임의 통지기한

1) 당사자의 약정이 있는 경우

당사자의사자치의 원칙에 의거하여 계약당사자는 권리주장에 필요한 기한 즉 물품의 하자통지기한을 합의로서 정할 수 있으며 그렇게 하는 것이 바람직할 뿐만 아니라 실무상으로도 관례화 되어 있다.

목적물의 성질, 특성, 기타 모든 주위의 사정에 가장 정통한 당사자가 물품의 하자 통지기한을 직접 설정하는 것은 그로 인한 법률관계의 조기 및 합리적 확정을 도모하여 거래의 신속과 안정을 꾀하는데 그 목적이 있으므로 일단 정해진 기한은 원칙적으로 엄격하게 준수되어져야 한다. 그러나 종기(終期)있는 법률행위는 기한이 도래한 때로부터 그 효력을 잃게 되므로 당사자 합의로 정해진 물품의 하자통지기한이 경과되면 당사자는 모든 구제수단을 상실하게 된다.

2) 당사자의 약정이 없는 경우의 클레임 통지기한 관련규정

(1) 우리나라 상법 제69조

상인간의 매매에 있어서 매수인이 목적물을 수령한 때에는 지체없이 이를 검사하여야 하며, 하자 또는 수량부족을 발견한 경우에는 즉시 매도인에게 그 통지를 발송하지 아니하면 이로 인한 계약의 해제, 대금감액 또는 손해배상을 청구하지 못한다. 매매의 목적물에 즉시 발견할 수 없는 하자가 있는 경우에 매수인이 6개월 내에 이를 발견한 때에도 같다. 그리고 전항의 규정은 매도인이 악의인 경우에는 적용하지 아니한다.

(2) 일본 상법

상인간의 매매에 있어서 매수인이 계약목적물을 수취한 때에는 지체없이 이를 검사해야 하며, 하자 또는 수량부족을 발견한 경우에는 즉시 그러한 사실을 매도인에게 통지함으로써 하자 또는 수량부족을 원인으로 하는 계약의 해제, 대금감액 혹은 손해배상의 청구권을 행사할 수 있다. 매매의 목적물에 즉시 발견할 수 없는 하자가 있는 경우에는 매수인이 6개월 이내에 이를 발견한 때에도 같다.[2] 그리고, 전항의 규정은 매도인이 악의인 경우에는 적용되지 아니한다.[3]

(3) 중국 상법

매수인의 검사의무는 매수인이 목적물을 인수할 때 약정한 검사 기간에 안에 검사해야 한다. 검사기간을 약정하지 않는 경우, 즉시 검증해야 한다.[4] 매수인의 통지 의무 및 면제에 있어 당사자가 검사기한을 약정한 경우, 매

---

2) 第526条　目的物および瑕疵通知義務 第1条 商人間の売買において、買主がその目的物を受取りたるときは、遅滞なくこれを検査し、もし、これに瑕疵あること、またはその数量に不足あることを発見したるときは、直ちに売主に対してその通知を発するにあらざれば、その瑕疵または不足によりて契約の解除または 代金賠償の請求をなすことを得ず。売買の目的物に、直ちに発見することあたわざる瑕疵ありたる場合において、買主が6か月にこれを発見したるとき、また同じ。

3) 第526条 第2条 前項の規定は、売主に悪意ありたる場合には、これを適用せず。

4) 第一百五十七条[买受人的检验义务]买受人收到标的物时应当在约定的检验期间内检验。没有约定检验期间的，应当及时检验。

수인은 검사기한내에 목적물의 수량, 품질이 계약과 부적합할 때 합리적인 기간 내에 매도인에게 통지해야 한다. 매수인이 통지하지 않거나 늦게 통지하면 목적물의 수량, 품질이 계약과 적합하다고 본다.

당사자가 검사기한을 약정하지 않았다면 매수인은 목적물의 수량, 품질이 계약과 부적합하다는 것을 알았거나 알고 있을 때에 합리적인 기간 내에 매도인에게 통지해야 한다. 매수인이 합리적인 기간 내에 통지하지 않거나 목적물을 수령 후부터 2년 이내에 통지하지 않았다면, 목적물의 수량·품질이 계약과 적합하다고 본다. 그러나 목적물이 품질보증기한이 있을 경우, 품질보증기한을 적용하고 2년 규정을 적용하지 않는다.

매도인이 제공한 물품이 계약과 부적합하다는 것을 알거나 알고 있을 때, 매수인은 앞의 두 조항에 규정된 통지기한에 제한을 받지 않는다.[5]

(4) 독일 상법

쌍방적 상행위에 있어서 매수인은 매도인에 의하여 인도된 계약목적물에 대하여 합법적인 상관습에 따라 실행 가능한 한 지체없이(without delay) 계약목적물을 검사해야 한다.

(5) 미국 통일상법전

물품의 거절은 그 양도 또는 제공 후 합리적 기간 내에 하여야 한다. 매수인이 매도인에 대하여 시기적절하게 통자한 것이 아니라면 그 거절은 무효이다.[6] 물품수령의 구성요건은 해당 물품을 검사할 수 있는 합리적인 기간 후, 매수인이 그 물품은 적합하다는 것 또는 그것이 적합하지 않음에도 불

5) 第一百五十八条[买受人的通知义务及免除] 当事人约定检验期间的，买受人应当在检验期间内将标的物的数量或者质量不符合约定的情形通知出卖人。买受人怠于通知的，视为标的物的数量或者质量符合约定。当事人没有约定检验期间的，买受人应当在发现或者应当发现标的物的数量或者质量不符合约定的合理期间内通知出卖人。买受人在合理期间内未通知或者自标的物收到之日起两年内未通知出卖人的，视为标的物的数量或者质量符合约定，但对标的物有质量保证期的，适用质量保证期，不适用该两年的规定。出卖人知道或者应当知道提供的标的物不符合约定的，买受人不受前两款规定的通知时间的限制。

6) Sec. 2-602 (1) Rejection of goods must be within a reasonable time after their delivery or tender. It is ineffective unless the buyer seasonably notifies the seller.

구하고 매수인은 그 물품을 취득하는 혹은 보유하는 것을 매도인에 대하여 알리는 경우 또는 매수인이 유효한 거절을 하지 않은 경우, 다만, 매수인이 그것을 검사할 수 있는 합리적인 기회를 가지기 전까지는 해당 수령은 발생하지 않는다.[7)]

물품 제공이 수령된 경우 매수인은 위반을 발견했을 때 또는 발견할 수 있었던 때부터 합리적 기간 내에 그 위반을 매도인에게 고지하여야 하고, 그렇지 않으면 어떠한 구제방법도 사용할 수 없다.[8)]

(6) 국제물품매매계약에 관한 유엔협약

매수인은 상황에 따라 실행 가능한 단기간 내에 계약목적물을 검사하거나 또는 타인으로 하여금 검사하게 하여야 하며 물품운송이 포함되어 있는 계약의 경우에는 해당 계약목적물이 목적지에 도착할 때까지 계약목적물의 검사는 연기될 수 있다. 매수인이 물품을 검사할 수 있는 합리적인 기회를 갖지 못한 상태에서 운송 중인 물품의 목적지를 변경하거나, 또는 그 물품을 수송하는 경우, 매도인이 계약체결 당시에 그러한 변경이나 수송의 가능성을 알았거나 알았어야 하는 경우에는 그 물품이 새로움 목적지에 도착될 때까지 계약목적물의 검사는 연기될 수 있다.[9)]

---

7) Sec. 2-606 (1) : Acceptance of goods occurs when the buyer (a) after a reasonable opportunity to inspect the goods signifies to the seller that the goods are conforming or that he will take or retain them in spite of their non-conformity; or (b) fails to make an effective rejection (subsection (1) of Section 2-602), but such acceptance does not occur until the buyer has had a reasonable opportunity to inspect them.

8) Sec. 2-607 (3)(a) : Where a tender has been accepted (a) the buyer must within a reasonable time after he discovers or should have discovered any breach notify the seller of breach, or be barred from any remedy.

9) Article 38. (1) The buyer must examine the goods, or cause them to be examined, within as short a period as is practicable in the circumstances. (2) If the contract involves carriage of the goods, examination may be deferred until after the goods have arrived at their destination. (3) If the goods are redirected in transit or redispatched by the buyer without a reasonable opportunity for examination by him and at the time of the conclusion of the contract the seller knew or ought to have known of the possibility of such redirection or redispatch, examination may be deferred until after the goods have arrived at the new destination.

매수인이 계약목적물의 부적합을 발견했거나 발견했어야 하는 때로부터 상당한 기간 내에 매도인에 대하여 그 물품의 부적합을 통지하지 아니하면 매수인은 계약목적물이 부적합하다는 사실을 원용할 권리를 상실하며 여하한 경우에도 해당 계약목적물이 현실적으로 매수인에게 인도된 날로부터 2년 이내에 그 물품의 부적합 사실이 매도인에게 통지되지 아니하면 매수인은 해당 계약목적물이 부적합하다는 사실을 원용할 권리를 상실한다. 다만, 이러한 기한의 제한이 계약상의 보증(약정)기간과 모순되는 경우에는 그러하지 아니하다.[10)]

계약목적물의 부적합을 매도인이 알았거나 또는 알 수 있었을 경우에 매도인은 권리를 상실한다.[11)] 또한 매수인이 자신에게 요구된 통지를 하지 않은데 대한 합리적인 해명을 할 수 있는 경우, 매수인은 상실된 이익을 제외하고 대금감액이나 그 밖의 손해배상을 청구할 수 있다.[12)]

(7) 영국 물품매매법[13)]

합리적 검사기회와 합리적 기간의 경과 이전에 검사할 권리와 통지할 의무를 규정하고 있으며, 매매 당사자간 달리 명시적 합의가 없다면 적합성의

---

10) Article 39. (1) The buyer loses the right to rely on a lack of conformity of the goods if he does not give notice to the seller specifying the nature of the lack of conformity within a reasonable time after he has discovered it or ought to have discovered it.
(2) In any event, the buyer loses the right to rely on a lack of conformity of the goods if he does not give the seller notice thereof at the latest within a period of two years from the date on which the goods were actually handed over to the buyer, unless this time-limit is inconsistent with a contractual period of guarantee.

11) Article 40. The seller is not entitled to rely on the provisions of articles 38 and 39 if the lack of conformity relates to facts of which he knew or could not have been unaware and which he did not disclose to the buyer.

12) Article 44. Notwithstanding the provisions of paragraph (1) of article 39 and paragraph (1) of article 43, the buyer may reduce the price in accordance with article 50 or claim damages, except for loss of profit, if he has a reasonable excuse for his failure to give the required notice.

13) Sale of Goods Act(SGA) : 1893년에 공포된 영국물품매매법으로서 64개조로 구성되어 있다. 미국에서도 이법과 내용적으로 동일한 매매법(Uniform Sales Act)이 시행되고 있다.

여부에 따라 물품을 검사의 합리적인 기회를 부여한다.[14)]

(8) CIF 계약에 관한 바르샤바 – 옥스퍼드 규칙[15)]

특수한 거래에 의하지 않는 한 계약목적물이 약정된 도착지점에 도착할 때 또는 선적 전에 물품을 검사하기 위한 상당한 기회 및 검사에 필요한 상당한 기간이 매수인에게 부여되지 않으면 그것이 부여될 때까지 매수인은 해당 계약목적물을 인수한 것으로 보지 아니하고 매도인은 검사완료 후 3일 이내에 하자통보를 하여야 한다.[16)]

---

14) Article 34 (1) Where the goods are delivered to the buyer, and he has not previously examined them, he is not deemed to have accepted them until he has had a reasonable opportunity of examining them for the purpose of ascertaining whether they are in conformity with the contract. (2) Unless otherwise agreed, when the seller tenders delivery of goods to the buyer, he is bound on request to afford the buyer a reasonable opportunity of examining the goods for the purpose of ascertaining whether they are in conformity with the contract.

15) Warsaw-Oxford Rules for CIF Contract (1932) : 1932년 제정된 CIF계약에 관한 무역조건 통일규칙. 1920년대 국제무역에서 가장 많이 사용되던 CIF계약에 관한 문제를 명확하게 규정한 국제무역조건 통일규칙이다. 국제법협회(International Law Association, ILA)가 1928년 CIF 계약에 관한 국제적인 통일규칙의 초안을 바르샤바 회의에 상정하여 바르샤바규칙이 채택되었으며, 1932년 옥스퍼드에서 개최된 국제법협회 회의에서 개정되어 1932년에 현재의 명칭으로 채택되었다. 매도인 및 매수인의 권리와 의무를 21개 항목으로 나누어 상세하게 규정하였는데, 시아이에프 조건으로 무역계약을 하는 경우에 정형무역조건으로 원용되었다. 그러나 1932년 개정 이래 한번도 개정되지 않았고 오늘날에는 거의 사용되지 않는다.

16) Rule 19. RIGHTS OF BUYER AS TO INSPECTION OF GOODS Subject to the provisions of Rules 15 and 18, and to any usage of the particular trade, the buyer shall not be deemed to have accepted the goods unless and until he shall have been given a reasonable opportunity of inspecting them, either on arrival at the point of destination contemplated in the contract of sale or prior to shipment, as the buyer may in his sole discretion decide, and a reasonable time in which to make such inspection. The buyer shall, within three days from the completion of such inspection. even though this has been a joint inspection, give notice to the seller of any matter or thing by reason where of he may allege that the goods are not in accordance with the contract of sale. If the buyer shall fail to give such notice, he may no longer exercise his right of rejection of the goods. Nothing in this Rule shall affect any remedy to which the buyer may be entitled for any loss or damage arising from latent defect, or inherent quality or vice of the goods.

종합해보면 우리나라 상법(제69조)의 경우 물품의 검사는 목적물을 수령한 때로부터 지체없이, 하자[17]의 통지는 그를 발견한 즉시, 단 매매의 목적물에 즉시 발견할 수 없는 하자의 경우는 최장 6개월 이내에 발견하여 즉시 통지하여야 하며, 일본상법(제526조)인 경우는 우리나라의 경우와 동일하며, 미국 통일상법전(§2-606, 2-602)인 경우 매수인은 합리적인 물품의 검사기회를 가진 후(after a reasonable opportunity to inspect the goods) 합리적인 기한 내에(within a reasonable time) 적절하게(reasonably) 하자를 통지하여야 하며, 국제물품매매계약에 관한 유엔협약(제38과 제39조)인 경우 물품의 검사는 실행 가능한 단기간 내에(within as short a period as is practicable), 하자의 통지는 합리적인 기간 내에(within a reasonable time), 단 어떠한 경우에도 물품이 매수인에게 현실적으로 인도된 날로부터 늦어도 2년 이내에 통지되어야 한다.

위의 "지체없이(without delay)", "즉시(immediately)", "합리적인 기회(reasonable opportunity)", "합리적인 기간(reasonable time)", "실행 가능한 단기간(short a period as is practicable)", "적절하게(reasonably)"란 표현은 상호 교환적, 동의적으로 사용되고 있다. 문제는 실질적으로 어느 정도의 기간을 적절하고 합리적인 단기간으로 볼 것 인가하는 문제이다. 이는 개별적인 거래의 내용과 목적물의 특성, 거래의 관행, 검사의 장소나 시설 및 능력, 해당 목적물의 검사에 소요되는 통상적인 기간, 기타 모든 주위의 사정을 고려하여 종국적으로 결정할 수밖에 없는 문제이다.

---

17) 매매계약에 있어 하자담보기간이란 매매의 목적물에 알지 못한 숨은하자의 경우에 매도인이 지는 담보책임 기간을 말한다. 하자담보에서는 일반적으로 매수인이 선의이고 무과실이어야 한다. 그리고 이 "하자담보기간"은 무역실무에서는 "클레임 제기(통지)기한"이라고도 하고 있으며, 그 기간은 국제적으로 통일되어 있지 못하다. 클레임 통지기간은 소위 제척기간(除斥期間: time-limit)을 말한다. 제척기간이란 "권리관계를 신속히 확정시키기 위하여 일정한 권리에 관하여 법률이 정한 존속기간"을 말하며, 법문에는 이러한 용어가 없으나 학설·판례에서 인정되고 있으며 시효와의 구별은 일반적으로 법문상 "시효"라는 문자가 없는 경우는 "제척기간"으로 보면 된다.

3. 클레임 제기시의 필요서류

1) 클레임 노트(claim note)

이는 정식으로 클레임을 제출하는 서장(official claim letter)으로서 정해진 표준양식이 있는 것은 아니다. 여기에는 일반적으로 이미 송부한 클레임 통지서(notice of claim)를 참조하면서 관련서류들을 첨부하여 정식으로 클레임을 제기한다는 사실을 확인함과 동시에 가능하다면 희망하는 자구적 해결방법도 제시하면서 끝으로 클레임의 조속한 해결을 독촉하는 내용의 문언을 포함한다.

2) 클레임 명세서(statement of claim)

클레임 명세서는 클레임의 내용을 기재한 서류로써 일종의 법률문서이므로 제3자가 보더라도 객관적인 입장에서 청구의 내용을 쉽게 이해할 수 있도록 육하원칙에 의거 간단명료하게 작성되어야 한다. 여기에는 일반적으로 계약의 번호 및 일자, 신용장번호, 상품명, 선하증권번호, 선박명 및 항차번호, 선적항 및 양육지, 송장번호 및 송장금액, 청구원인 및 청구금액의 세목을 포함한 클레임의 구체적인 내용명세, 검사비용과 같은 기타 비용을 포함한 클레임 총액 등의 사항이 필요에 따라 그 일부 또는 전부가 기재되는 것이 보통이다.

3) 감정보고서(surveyor's report)

물품의 검사방법에 대하여 당사자간에 약정이 있으면 그에 따르되, 단 없다면 먼저 매도인에게 검사기관 및 검사방법 등에 대하여 동의를 구하여야 하며 매도인이 이를 묵살할 경우에는 일정기간을 최고한 후 목적물을 검사하여야 한다. 검사기관은 제3자의 입장에 있는 공인감정기관이어야 함이 원칙이다. 감정보고서에는 감정일자, 감정장소, 감정품목의 명세, 포장조건 및 손해액의 사정을 포함한 감정결과가 기재된다. 그러나 계약조건이나 거래상품의 특성상 수입지의 소비자가 발행한 품질증명서나 분석증명서 또는 검량증명서가 제3자의 감정보고서에 갈음되는 경우도 있다.

4) 클레임 청구서(claim bill)

상대방 즉 클레임의 피제기자로부터 지급받고자 하는 금액내용을 항목별로 기재하여 지급의 이행을 독촉하는 청구자료로써 「Debit Note for Claim」이라고도 한다.

5) 기타의 첨부서류

품질증명서나 분석(analysis)증명서, 중량증명서나 용적증명서, 선하증권, 보험증권, 견본채취증명서, 통관증명서, 시험사용증명서(certificate of using for test), 검사료영수증(receipt of inspection fee), 상공회의소의 손해증명서(certificate of loss and damage), 창고료명세서, 본선검수표(ship's tally), 본선적하목록(ship's manifest) 등의 서류는 필요에 따라 첨부될 수 있다.

4. 클레임에 대한 대응

1) 클레임의 정당성여부 확인을 위한 체크포인트

① 계약조건의 미비로 인한 클레임은 아닌가?
② 약정품이 인도된 후 합리적인 기한 내에 제기된 클레임인가?
③ 물품의 검사는 공인 검정기관에 의하여 합리적인 기간 이내에 이루어졌는가?
④ 하자를 입증하는 객관적인 증빙자료가 첨부되어 있는가?
⑤ 하자의 정도가 계약상 또는 상 관례상 허용비율을 초과한 것인가?
⑥ 청구한 구제수단은 제반사정을 고려한 합리적이고 실행가능한가?
⑦ 손해배상청구액은 합리적 산출에 의한 타당성을 지니고 있는 것인가?
⑧ 불가항력 또는 기타 면책조항의 직접적용이나 원용은 불가능한 것인가?
⑨ 기타 해당 계약상의 특성을 충분히 감안한 것인가?

2) 클레임에 대한 실전적 대응전략

일단 클레임이 제기된 이상 피제기자(claimee)는 당사자간에 원만한 해결을 원칙으로 하되 실전적 대응전략을 세워야 한다. 그러기 위해서 피제기자는 다음의 세 가지 사항에 대하여 자문해 본 후 그 결과에 따라서 대응전략을 세우는 것이 좋다.

① 계약조건을 충족시키는 양질의 약정품을 인도했음이 자명한 경우
② 다소 꺼림칙한 물품을 설마하고 선적한 경우
③ 어떤 이유로 선적 전에 이미 클레임을 각오한 경우

위의 ①의 경우에도 불구하고 일단 클레임이 제기되었다면 그것은 부당한 클레임으로 볼 수 있다. 따라서 이 경우에는 공인감정인(public surveyor)의 감정보고서를 요구하는 등 바이어의 주장이 정당하지 않은 한 바이어와의 거래가 단절되는 한이 있더라도 끝까지 바이어에게 클레임이 부당함을 이해시킨다. 만약 바이어의 클레임이 정당하지 못함에도 불구하고 어떻게 하여 이를 보상해 주면 이는 바이어의 술책에 넘어가는 꼴이 되고, 그렇게 될 경우 이 같은 클레임은 계속적으로 반복될 수 있다는 점에 유의해야 한다.

②의 경우는 다소 꺼림칙했던 부분만큼 양보를 한다. 그리고 ③의 경우에는 일단 백기를 들되 시간과 조건을 유리하게 할 수 있는 방안을 강구한다. 그렇지만 ②와 ③의 어느 경우이든 그렇게 된 이유와 명분을 제시하여야 한다.

3) 클레임의 보상원칙

구체적으로 어떻게 클레임을 해결할 것이냐 하는 점은 어디까지나 양측의 합의에 따를 수밖에 없는 일이다. 그러나 어떤 경우에도 자신에게 유리한 쪽으로 클레임이 해결될 수 있도록 전략을 세울 필요는 있다. 특히 클레임의 정당성이 인정되어 보상해 주는 경우에도 다음의 원칙에 입각하여 보상협상에 임한다.

① 보상해 주되 다음의 주문을 유도한다.
② 보상금액을 다음의 주문가격에서 상계 한다.
③ 대금전액을 보상해 주는 일은 피한다.

④ 현금보다는 상품으로 대체 보상하도록 유도한다.
⑤ 대금전액을 보상해 주는 경우에는 문제의 물품 전부를 반품 받는다.

5. 클레임의 예방책

무역거래에서 클레임이 발생하면 당사자 양측 누구에게도 유리할 것이 없다. 그러나 클레임은 언제 어디서든 제기될 수 있고, 메이커나 수출상을 아주 어려운 지경에까지 몰고 가기도 한다. 경우에 따라서는 클레임한 건으로 셀러가 도산하게 되는 경우도 있으며, 바이어 자신도 클레임 때문에 도산하는 경우도 없지 않다.

이처럼 그 후유증이 적지 아니한 클레임을 예방할 수 있는 가장 좋은 방법은 클레임을 당할 소지가 있는 물건을 수출하지 않으면 된다. 다시 말하면 바이어가 원하는 것과 똑같은 상품을 만들어 선적하면 된다. 그러기 위해서는 품질검사와 품질관리를 철저히 하여야 한다.

메이커가 경계해야 할 가장 위험한 발상은 자기위주의 단순한 추측이다. 예컨대 바이어가 원하는 것이 바로 이거겠지, 아니면 저렇게 하면 되겠지 하는 식의 막연한 자기 추측이나 판단에 의해 물품을 생산해낼 때이다. 또 위험한 생각은 좀 달리 만들었어도 혹은 잘못 되었어도 이 정도면 바이어가 받아줄 것이다 하는 식의 안일한 생각 내지는 믿음이다. 그것은 어디까지나 정적인 것에 지나지 않는다. 바이어는 정이나 감정보다는 계산에 의해 주문을 주고 계산에 의해 상품을 수입한다는 사실을 알아야 한다. 또 상품을 생산해 놓고 어딘가 좀 찜찜하거나 좀 자신이 안서는 것은 아예 선적을 안 해버리는 방법을 써도 좋다. 바이어가 까다로우면 이런 품목을 수백 번 보내봐야 클레임만 발생하고, 그렇게 되면 안 보내는 것만 못한 결과가 된다.

한편 정당한 클레임이 제기되면 피 제기자인 수출상에게는 물질적인 손해 말고도 다음과 같은 신용상의 문제가 발생한다.

① 주문한 것과 다른 상품이 인도되면 바이어는 다음의 주문에 인색해진다.
② 클레임이 원만하게 해결되더라도 바이어는 주문량을 줄이려는 경향이 있다.

③ 클레임 사유가 반복되면 바이어는 아예 주문을 안 하게 된다. 가령 주문하더라도 주문량이 보통 때보다 감소하게 된다. 결국 클레임은 수출상의 신용을 추락시키고 한번 추락한 신용을 만회하는 데는 적잖은 시간이 걸린다. 이외에도 신의·성실의 원칙에 입각하여 계약내용을 준수·이해함으로써 클레임의 발생을 최소화할 수 있는 것이다.

앞에서 살펴본 클레임의 발생원인을 이해하면 그 예방대책을 가늠할 수 있다. 이 말은 클레임의 발생원인을 최소화하면 그것이 곧 클레임의 예방책이 된다는 말이다. 그러므로 여기에서 자세한 설명은 피하되, 단지 일반적인 클레임의 예방책을 열거하면 다음과 같다.

① 비즈니스 파트너의 신용조사를 철저히 하되 수시로 체크할 것
② 계약서의 작성·교환을 습관화 할 것
③ 국제상관습에 대한 이해 및 무역실무지식을 겸비할 것
④ 신의성실의 원칙에 입각하여 계약을 준수·이행할 것
⑤ 시황(market situation)의 변화여부를 지속적으로 관찰할 것
⑥ 매사를 점검하고 확인하는 것을 습관화 할 것

6. 클레임 사례

무역 클레임은 그것이 어떤 종류의 것이든 간에 이유있는 정당한 클레임과 정당한 이유없는 부당한 클레임으로 구분할 수 있다. 이하에서는 클레임의 사례를 정당한 클레임과 부당한 클레임으로 구분하여 살펴보고자 한다.

1) 정당한 클레임의 사례

(1) 호루라기에 관한 클레임 사례

우리나라의 한 수출상은 호신용 호루라기가 달린 여자용 목걸이를 수출했다가 클레임을 당했다. 호루라기의 대부분이 소리가 안 난다는 것이 클레임의 이유였다. 속이 빈 놋쇠로 된 긴 대롱모양의 윗부분의 가운데에 구멍

을 뚫어야 소리가 나는데, 구멍을 뚫을 때 깎아낸 부분을 완전히 제거하지 않아 이를 불 때 공기가 차단되어 소리가 안 났던 것이다. 선적기일은 촉박하고, 그러다 보니 급해서 마무리 공정작업을 제대로 하지 않아 품질불량이 발생되었던 것이다.

수출상은 물건을 다시 되돌려 받아 다시 고친 후 재선적해서 이 문제를 해결했다.

(2) 모자에 관한 클레임

대만의 한 수출업자는 미국에서 카우보이모자가 크게 유행하고 있을 때 대만의 메이커들이 주문량을 제때 소화해내지 못할 만큼 바쁘게 되자, 이에 투자해서 공장을 신축하게 되었다. 플라스틱 원료를 섞어 찍어내는 이 모자는 한국의 농부들이 쓰는 밀짚모자를 모방하여 카우보이들이 쓰면 멋있게 보이도록 한 것이었다.

그런데 미국의 바이어로부터 많은 주문을 받아 선적한 것이 말썽이 되었다. 어떻게 된 노릇인지 이 모자는 애리조나 주나 네바다 주 같이 뜨거운 지방에 가서 한 시간만 쓰고 다니면 태양열을 못 이겨 모자 전체가 밑으로 내려앉는다는 것이었다. 화학원료배합에 잘못이 있었거나 열처리 과정이 잘못된 것이겠지만, 어쨌건 이 업자는 막대한 손해를 보았다.

(3) 노래하는 인형에 관한 클레임

홍콩의 P회사는 인형 메이커로 이름이 난 회사였다. 노래하는 음악인형과 자동으로 움직이는 인형을 개발해서 크게 히트한 바 있다. 그런데 많은 양을 사간 독일 바이어로부터 클레임이 제기되었다. 음악인형이 몇 번만 작동하면 고장이 나서 움직이지도 노래도 안한다는 것이었다. 음악인형은 인형 몸체 속에 음악이 나오는 부품을 집어넣고 태엽을 감아 소리를 내게 되어 있었다. 그런데 이것은 어느 홍콩의 업자가 자체 개발을 해서 일본제라고 속여 납품한 것이었다.

결국 문제의 수출품 전량의 반품은 물론 그에 따른 손해까지 물어주고 바이어까지 놓쳐 버렸다.

(4) 나무액자에 관한 클레임

대만의 한 메이커는 나무로 짠 그림액자와 사진액자를 수출했다. 로스앤젤레스에 수십 개의 화랑을 연쇄점으로 가지고 있는 회사가 이 물건을 수입해 간 지 두 달이 훨씬 지난 후에 클레임을 제기해 왔다. 그림액자들이 뒤틀리고 네 모서리에 틈이 벌어지거나 나무가 갈라져서 도저히 판매할 수가 없다는 것이었다. 원래 남 캘리포니아는 매우 건조한 지방이어서 잘 마르지 않은 나무제품은 도착 후 마르는 과정에서 뒤틀리거나 금이 가거나 한다. 결국 셀러는 반송비를 고려하여 문제의 물품을 전량 포기했고 대금도 전액 되돌려 주었다.

2) 부당한 클레임의 사례

(1) 볼펜에 관한 부당한 클레임 사례

미국 LA의 무역상이 한국으로부터 볼펜을 수입해서 큰 연쇄점에 납품을 했다. 약 한 달 후 이 연쇄점에서 연락이 왔다. 볼펜에서 잉크가 안 나오는 것이 많아 도저히 팔수가 없으니 반품하겠다는 것이었다. 이때 이 무역상은 우선 한국 수출업자에 대해 어떻게 클레임을 하느냐를 궁리하던 차에 반품된 볼펜에 열을 가해 잉크 자체를 완전히 말릴 계획을 세웠으나, 그래도 전부가 그런 것은 아니니 일부는 클레임을 내고 일부는 팔라는 주위의 권고로 이 계획을 취소했다고 한다. 만일 당초의 계획대로 일을 처리했더라면 한국의 수출상은 큰 피해를 입었을 것이다.

(2) 차기 주문의 값을 깎기 위한 부당한 클레임

한국의 P수출상은 결혼식 때 쓰이는 장식품을 미국의 R사에 수출해 왔다. 그런데 매번 클레임은 제기해 와서 그때마다 그 해결책으로 다음 번의 주문에 대해 항상 가격을 깎아주게 되어 사실은 손해보는 수출을 해왔다. 수출상은 실상을 알아보기 위해 현지를 방문했다. 마침 담당자가 없어 공장 내부를 살피다 직접 일하는 책임자에게 "이것이 바로 우리가 수출한 품목인데 질이 어떠냐?"고 물었다. 그 책임자 대답이 "대만제보다 훨씬 좋을 뿐 아니라 판매하는데 아무 지장이 없다"는 것이었다. 바이어는 아무하자 없는 물건에 대하여 매번 클레임을 제기하고 다음번 주문의 값을 깎아 부당이득을 취하는 상습적인 사기수법을 쓰고 있었던 것이다.

(3) 악의적 클레임의 사례

홍콩의 한 인형 메이커는 멕시코에 소리를 내는 인형을 수출했다. 이를 수입한 멕시코의 수입상이 클레임을 제기해 왔다. 하나같이 제품불량이니, 손해보상을 해 달라, 아니면 와서 제대로 고쳐주던지 하라는 내용이었다.

이에 대해 셀러는 자사의 제품은 품질이 좋기 때문에 그럴 리가 없다고 생각했다. 그래서 셀러는 멕시코의 수입상을 방문해서 바이어에게 현품을 보여달라고 했더니 현재는 다른 곳에 있으니 다음에 보여주겠다면서 현물 제시를 기피했다. 그때 셀러는 그가 몹시 당황해 하는 표정을 읽을 수 있었다. 보여준다던 현품은 한 개도 안 남고 다 팔렸는데 그걸 미리 클레임을 걸어 놓은 것이었다. 수출상이 그곳까지 오리라고는 미처 생각하지 못하고 흥정을 기대했던 것임을 알 수 있다. 이후 바이어는 전보다 더 비싼 가격으로 수입할 수밖에 없게 되었다.

(4) 악의적 클레임의 또 다른 사례

LA에서 꽃 도매업을 하는 한 바이어는 대만으로부터 유리로 된 화분을 수입해왔다. 각 꽃집에서는 이 물건이 잘 깨진다는 이유로 사주기를 꺼려 팔 길이 막막해지자 대만의 수출상에게 클레임을 걸었다. 깨진 물건만 보냈다는 이유였다. 이 클레임의 경우는 선박회사와 보험회사 그리고 수출상 사이를 오가다 결국 보험회사에서 손해배상을 해주었지만, 그 변상액을 받기 위해 바이어는 수입했던 화분을 모두 상자 채로 사전에 다 깨버려야 했다.

3) 착오로 인한 클레임의 사례

필라델피아의 한 장난감 도매상은 대만 메이커로부터 사이즈가 큰 자동차 장난감을 한 컨테이너 분이나 수입해 왔다. 물건을 다 내리고 상자를 뜯어보니, 상자마다 바퀴가 떨어져 나갔거나, 차체에 금이 간 것 또는 일부가 깨어진 것이 있었다. 열 상자를 뜯어보았지만 뜯는 것마다 그 꼴이 되자 엄중한 항의와 함께 클레임을 걸었다.

이 대만의 메이커는 품질 면에서는 꽤 이름이 난 회사였다. 이 회사는 공인감정인(public surveyor)의 감정보고서를 요구했고, 이를 바이어가 수락해서 공인감정인이 세밀한 검사를 했다. 공교롭게도 이 감정원이 뜯은 상자에는 파손된 물품이 없었다. 이에 바이어는 자기들 고용원이 컨테이너에서 물품을 내릴 때 일어난 사고임을 자인하고 정중한 사과와 함께 클레임을 철회한 경우도 있다.

1.4 클레임의 구제방법 및 범위

1. 금전적 구제방법 및 범위

1) 대금감액의 청구

대금감액(reduction of price)의 청구란 목적물의 수량이 부족하거나 품질이나 포장 및 하인 또는 상표 등이 불량한 경우에 매수인이 매도인에 대하여 계약가격보다 감액된 가격으로 해당 목적물을 인수하겠다고 요청하는 것을 말한다.

우리나라와 독일은 물론 국제물품매매계약에 관한 유엔협약[18] 역시 이

---

18) United Nations Convention on the Contract for the International Sale of Goods : 1980년 유엔이 채택한 국제적인 물품 매매계약에 관한 조약. 국제적으로 물품의 매매방식을 통일시키기 위한 국제협약이다. 물품매매에 관해서는 대개 자국의 법률과 관습을 적용하여 무역거래에서 혼란이 초래되었는데, 이를 해결하기 위한 것으로 간략히 CISG라고도 한다. 또한 조약에 채택된 곳이 비엔나이므로 비엔나조약, 또는 비엔나통일물품매매법협약이라고도 한다. 1964년 이탈리아 로마의 사업통일국제협회가 채택한 헤이그조약에 반발한 개발도상국들이 주도하고 국제연합의 국제상거래법위원회(UNCITRAL)가 초안을 만들었으며, 1980년 3월 비엔나에서 개최된 국제연합외교회의에서 만상일치로 채택되었다. 이후 1988년 1월 1일부로 발효되어 미국·프랑스·스웨덴·중국·독일 등 30여 개국이 비준하였다. 국제적인 상거래의

같은 대금감액청구권을 명시적으로 인정하고 있다. 따라서 결제조건이 후불인 경우에는 대금지급이전에 감액을 청구할 수 있겠지만, 그러나 이미 대금이 지급된 이후라 하더라도 매수인이 수량부족이나 하자의 사실을 합리적인 기간 내에 매도인에게 통지 및 입증함으로써 이미 지급된 대금 중에서 하자나 수량부족에 상응하는 금액의 반환을 청구할 수 있다.

대금감액의 방법으로는 ① 해당 계약금(잔액)에서 직접 감액하거나 ② 다음 계약에서 감액하거나 ③ 감액금액을 별도로 반환 송금하는 방법이 이용되고 있다. 한편 수량부족이 아닌 하자의 경우에 대해서는 손해배상을 청구할 수는 있어도 대금감액은 청구할 수 없다는 판례가 있기는 하지만 그러나 실무에서는 하자있는 목적물의 인수거절로 인한 반송운임 및 부수적 비용 등을 고려해서 인수거절 대신에 대금감액을 해주겠다는 매도인의 요구를 매수인이 받아들임으로써 해당 클레임이 해결되는 경우도 적지 않다.

2) 대금지급 거절

대금지급의 거절이란 채무자인 매수인이 채권자인 매도인에 대하여 자신의 채무, 즉 대금지급 의무의 이행을 거절하는 것을 말한다. 무역대금결제방식을 ① 송금(remittance)방식 ② 추심(collection)방식 ③ 신용장(L/C)방식으로 분류한다면 ①은 다시 사전송금방식과 사후송금방식으로, ②는 다시 서류인수도(D/A)방식과 서류지급도(D/P)방식으로 구분되는 바, 사전송금이나 서류지급도 및 신용장의 방식 하에서 대금지급의 거절은 원칙적으로 불가능하고 오직 사후송금 및 서류인수도의 방식인 경우에만 대금지급 거절이 가능하다. 대금지급 거절권의 행사가 불가능한 경우 클레임 제기자는 이와는 별개의 구제권을 행사할 수밖에 없다.

3) 손해배상의 청구

손해배상(compensation for damages)이란 법률이 규정하는 일정한 경우에

현실을 반영하는 포괄적인 법체제로 구성하였으며, 가능한 많은 국가의 가입을 위해 통일법의 적용대상을 국제매매로 한정하였다. 또한 매매계약 당사자들의 합의를 우선시하는 특징이 있다.

타인이 입은 손해를 보상하여 손해가 없는 것과 같은 상태로 하는 법률행위로써 그 성격상 일방당사자의 귀책사유에 의한 계약위반으로 인하여 타방이 입은 손해를 금전적으로 보상함으로써 가능한 한 상대방을 계약이 이행된 것과 동일한 지위에 놓이게 하려는 데 그 목적이 있다.

손해배상은 실 손해(actual loss)의 배상을 목적으로 하는 피해자로 하여금 그 이상의 이익을 취득하게 하는 것은 본래의 취지에 반하므로 손해를 입은 것과 동일한 원인으로 이익도 얻은 때에는 그 손익을 상계하여 손해로부터 이익을 공제한 잔액만을 배상할 손해로 한다. 그러나 예외적으로 실 손해의 유무다소를 묻지 않고 일정한 배상을 요하는 경우(예컨대 배상액의 예정이나 지연이자)가 있다.

손해배상의 방법은 다른 의사표시가 없는 한 금전배상을 원칙으로 하고 예외적으로 원상회복이 인정된다. 무역거래에서

① 계약당사자의 일방이 부당하게 계약을 해제한 때
② 약정된 신용장을 부당하게 발행하지 않거나 발행을 지연하거나 또는 정당한 정정 요청을 거절한 때
③ 약정품을 부당하게 인도하지 않거나 또는 지연인도한 때
④ 약정품의 인수를 부당하게 거절하거나 지연한 때
⑤ 대금지급을 부당하게 거절하거나 지연한 때
⑥ 불량품이나 상이품을 수령한 때
⑦ 하자품이나 수량 부족품을 수령한 때
⑧ 기타 계약내용을 위반한 때

에는 경제적 손해가 발생하므로 이 경우 피해당사자는 상기한 손해발생사유로 인한 파생적·부가적 손해(consequential incidental damages)를 포함한 일체의 손해를 배상 청구할 수 있다.

2. 비금전적 구제방법 및 범위

1) 목적물의 인수거절

목적물의 인수거절이란 현저히 저질의 물품이 공급된 때, 약정내용과 다

른 물품이 공급된 때, 허용면책비율 이상의 이물질이 혼입된 물품이 공급된 때에 매수인이 목적물의 일부 또는 전부의 인수를 거절하는 것을 말한다.

목적물의 인수거절은 매수인의 지급 거절권이나 반환청구권 또는 대체품 청구권을 당연히 수반하게 된다. 그런데 무역대금은 실무상 거의가 취소불능화환신용장에 의하여 결제되므로 은행의 지급약정이 없는 단순한 후불급이 아닌 한 현실적으로 대급지급 거절권의 행사는 불가능하고 오직 대금반환이나 대체품을 청구할 수 있을 뿐이다.

한편 목적물의 인수거절은 목적물이 인도 또는 제공된 때로부터 합리적인 기간 내에 행해져야 하는바, 매수인이 적시에 이를 매도인에게 통지하지 아니하는 한 그 거절은 효력이 없다. 따라서 매수인이 목적물을 검사할 수 있는 합리적인 기회가 있었음에도 불구하고 합리적인 기간 내에 거절의 취지를 매도인에게 통지하지 아니하고 그 목적물을 취득 또는 보유하고 있는 경우 해당 목적물은 매수인에 의하여 수리된 것으로 간주된다.

2) 대체품의 청구

매수인이 목적물의 인수를 거절하고 매도인으로 하여금 다시 약정품을 선적하도록 요구하는 것을 대체품의 청구라 한다. 민법상 특정된 목적물에 하자가 있는 때에 매수인은 계약해제 또는 손해배상청구를 하지 아니하고 하자없는 물건을 요구할 수 있다. 이 경우 당초의 목적물이 반송되더라도 대금은 반환하지 아니하므로 매도인에게 대체품을 송부할 때에 무환수출허가를 받아야 한다.

한편 매도인이 계약을 위반하여 제공된 물품으로써는 도저히 계약의 목적을 달성할 수 없을 경우 매수인은 성실·신속하게 그리고 합리적으로 매도인이 인도를 해태한 물품에 대한 대품매입권을 가지며, 이에 기하여 만약 매수인이 대품을 매입하였다면 매수인은 대품매입가격과 계약가격과의 차액에다가 그로 인한 파생적 또는 부가적 손해액(consequential or incidental damages)을 합산한 금액에서 매도인의 계약위반으로 인하여 매수인이 지출하지 않아도 되는 비용을 공제한 금액을 배상 청구할 수 있다. 또한 대체품이 송부된 때에도 당초의 도착시기와 대체품의 도착시기 사이에 시장가격의 변동으로 생긴 손해나 또는 착화지연으로 생산공정에 지장을 초래하여 생긴 손해 등이 있다면 매수인은 이들 손해도 배상 청구할 수 있다.

3) 계약 해제

우리나라 민법상 매매 목적물에 하자가 있는 때에 매수인은 그 하자로 인하여 계약의 목적을 달성할 수 없는 경우에만 계약을 해제할 수 있다. 이 같은 계약해제권은 일본이나 독일에서도 인정되고 있으며 영미법에서도 매도인이 계약의 중대한 사항에 대하여 그 담보책임을 위반한 때에 매수인에게는 계약해제나 또는 대체품을 매입할 수 있는 권한이 보장되어 있다.

그러나 취소불능신용장에 의하여 무역대금이 결제되는 실무적 여건을 고려할 때 이 같은 해당 계약의 해제는 현실적으로 불가능한 것이나, 단 할부선출(shipments by instalments)방식에 의한 계약 하에서는 별도의 약정이 없는 한 원칙적으로 각각의 부분은 독립된 별개의 계약 분으로 취급되긴 하지만, 특정의 할부분에 대한 중대한 위반이 있는 경우 잔여 계약 분의 해제가 가능하다.

실제로 매수인이 계약위반이 있는 특정 할부 분에 대하여 클레임을 제기함과 동시에 잔여 할부분에 대하여도 해약을 신청하면 매도인이 이를 승낙함으로써 해제되는 경우가 빈번하다. 해제 시에는 계약 당시의 약정내용에 따라 무조건 해제나 아니면 해제 손해금의 청구를 수반하는 경우도 있을 수 있다.

4) 특정이행의 청구

특정이행(specific performance)의 청구란 손해배상이 충분한 구제가 되지 못하는 경우에 원래의 계약내용에 따라 약정한대로 이행할 것을 청구하는 형평법상의 구제수단이다.

우리나라를 비롯한 대륙법계 국가에서는 클레임의 구제수단으로서 특정이행을 원칙으로 하는데 반하여 영미법계 국가에서는 특정이행을 예외적으로만 인정하고 있다. 대륙법상 특정이행의 청구범위 및 내용에는 ① 계약대로의 약정품인도청구뿐만 아니라 ② 대체품의 인도청구 ③ 부족분의 인도청구 ④ 인도품에 대한 부적합의 수리·수선청구 ⑤ 기타 계약이행의 완료를 위하여 필요로 하는 모든 구제행위의 청구가 포함된다.

그러나 영미법 상 특정이행의 청구는 약정품이 고유하여 도저히 대체품의 매입이 불가능하므로 인하여 당초의 계약대로 이행되지 않는 한 충분한 구제를 받을 수 없는 경우에 한하여 예외적으로만 인정된다.

이상과 같이 대륙법상 특정이행청구는 1차적인 구제수단이고 손해배상청구는 2차적인 구제수단이므로 매수인 측의 주된 구제는 계약이행을 청구하는 것이라 할 수 있다. 이에 비하여 영미법상의 특정이행은 단지 형편법상의 임의적 구제일 뿐이며, 물품은 특정물이거나 확정 가능한 것이어야 한다는 특정이행의 인정요건을 구비한 경우에도 중재판정부나 법원은 특정이행의 청구를 기각할 수 있다.

영미법상이든 대륙법상이든 간에 공히 특정이행의 청구가 있었음에도 타방이 이에 응하지 않을 경우에는 최종적으로 법원이 특정이행을 명령하지만 이의 명령은 법원의 재량권에 속하는 사항이다. 특히 이를 명할 경우 피고의 입장이 지극히 곤란하게 되거나 또는 "단순한 무상취득자는 보호하지 아니한다"는 형편법 상의 기본원칙에 반할 경우 법원은 동 명령을 부여하지 않는다. 특정이행의 명령이 부여되지 않으면 원고는 손해배상청구의 방법으로 구제받을 수밖에 없다.

5) 대품매입권

매도인이 계약을 위반하여 인도한 물품으로는 도저히 계약의 목적을 달성할 수 없는 경우 그에 대신할 다른 물품을 다른 매도인으로부터 구매할 수 있는 매수인의 권리를 대품매입권이라 한다. 이 같은 대품매입권은 대품을 매입하지 않을 경우 그로 인한 경제적 손해가 크게 가중되는 경우에만 인정된다. 대품을 매입한 경우 매수인은 대품매입가격과 계약가격과의 차액에다가 그로 인한 파생적 또는 부가적 손해액(consequential or incidental damages)을 합산한 금액에서 매도인의 계약위반으로 인하여 매수인이 지출하지 않아도 되는 비용을 공제한 금액을 배상 청구할 수 있다.

1.5 클레임의 해결방법

클레임은 분쟁의 당사자가 이를 직접 해결하는 방법과 제3자가 개입하여 이를 해결하는 방법으로 구분할 수 있다.

1. 당사자에 의한 해결방법

1) 청구권의 포기(waiver of claim)

청구권의 포기란 클레임을 제기한 자(claimant)가 클레임을 포기하는 방법이다. 클레임을 포기하는 경우로는 ① 제기한 클레임의 정당성이 결여된 경우나, ② 클레임의 청구금액이 적은 경우이다. 이러한 경우 클레임 제기자(claimant ; claimer)는 자의적인 판단에 따라 자발적으로 클레임을 포기하기도 하지만 때에 따라서는 클레임 피제기자(claimee)의 요구로 클레임을 포기하는 경우도 있다.

2) 화해(amicable settlement)

매매당사자 쌍방간에 합리적인 선에서 화해(和解)를 통하여 클레임 청구내용을 합의하는 것을 말한다. 화해는 타협(compromise)과 양보를 통하여 이루어진다. 클레임의 해결은 가급적 쌍방간에 화해를 통하여 종결짓는 것이 가장 바람직한 것이라고 할 수 있다.

2. 제3자 개입에 의한 해결방법

1) 소송(litigation)

소송(訴訟)이란 국가기관인 법원의 판결에 의하여 클레임을 강제적으로 해결하는 방법을 말한다. 사람과 사람이 살아가는 사회 속에서 분쟁이 발생하는 것은 지극히 당연한 일이고, 국가는 이를 공정하고 신속하게 해결하기 위하여 국가공권력에 터잡아 매우 엄격하고도 구체적인 소송제도를 마련하여 놓고 있다. 따라서 사인(私人)간에 법률적 분쟁이 생긴 경우에 위 소송제도에 이용하는 것이 가장 용이한 것은 두말할 나위도 없다. 당사자 간에 민사상 분쟁해결에 관한 합의가 이루어지지 않을 때, 구제를 원하는 당사자는 법원에 저렴한 인지대만을 부담하여 민사소송을 제기하면 되고, 그 이후의 모든 절차는 이미 확립된 재판절차에 따라 진행될 뿐 아니라 그 재판결과도 국가공권력에 힘입어 강제로 실현되게 된다. 즉 당사자는 소송제도가 마련하여 준 길을 따라 가면서 법원이 요구하는 행위만을 충실히 하면 그 목적을 달성할 수 있는 것이다.

그러나 소송제도는 모든 종류의 분쟁을 하나의 틀 안에 넣고 획일적으로 처리할 수밖에 없으므로 개개의 분쟁해결에는 적합하지 않은 경우가 많이 발생한다. 또한 공정성과 적정성을 강조하다 보니 절차가 지나치게 엄격해지고, 법적 안정성 확보를 위하여 판단결과가 구체적 타당성을 해치는 경우도 있게 된다. 더구나 서로 다른 국민들 간에 분쟁, 즉 국제적 분쟁이 있을 경우에 소송제도에 의존하는 것은 매우 불편하다. 다시 말하면, 구제를 원하는 당사자는 대개 상대방 당사자의 국가법원에 소송을 제기하여야 하는데, 이 경우 언어, 소송제도 등에 익숙하지 못하여 많은 어려움이 발생하고, 상대방 국가법원의 편파성에 대한 불안감도 적지 않다. 또한 자신의 국가법원에 소송을 제기하여 승소판결을 받아 보았자 이를 상대방 국가에서 집행받으려 하면 많은 제약이 따른다. 그러므로 국내 또는 국제계약 기타 법률관계의 당사자들은 그 분쟁의 해결을 국가재판권에 맡기는 것보다는 그들의 분쟁에 적합한 해결방안을 찾고자 하는 경우가 생기게 된다.

2) ADR

(1) ADR[19]의 제도적 의의

ADR은 재판외의 대안적인 분쟁해결제도를 의미하는 것으로서 그 종류는

19) ADR(Alternative Dispute Resolution System)이란 대안적 분쟁해결수단을 말한다. 대안적 분쟁해결수단이란 소송의 보완적·보조적인 것이 아니라 소송제도가 대신할 수 없는 대체적 분쟁해결수단으로써 소송제도의 단점을 보완해 주는 탈소송적 분쟁해결 방법인데, 중재, 조정 및 알선 등이 이에 해당되나 중재가 대표적이다.

분쟁의 특성과 사안에 따라 다양하다. 일반적으로 ADR은 분쟁의 근원적 해결, 접근의 편리성, 법원의 보완적 기능, 법형성 기능, 비밀보장, 판정의 유연성, 임의이행률의 확보 등이 그 장점으로 되고 있다. ADR은 크게 협상이나 조정절차를 통하여 당사자들이 입안한 규칙이나 합의에 따라 분쟁을 해결해 나가는 사적 ADR과 법원의 쟁송절차와 연계된 법원연계형 ADR로 나눌 수 있다.

재판외의 분쟁해결 방법은 무역거래, 보험, 금융, 건설, 제조물 등에 관한 현대형 분쟁의 다양화 내지 대형화가 그 원인이지만 그 해결방법은 장래를 향한 이익조정적 분쟁해결에 그 비중을 두는 방향으로 옮겨가고 있다는 점에서 그 의의를 찾아볼 수 있다. ADR이 이해당사자 사이의 이해관계에 기초한 성공적인 협상에 의해 조정이 이루어지고, 화해가 성립하게 된다.

(2) ADR의 제도의 장·단점

장점으로는 법원의 간섭이나 통제는 필요한 경우 최소한에 그치며, 관계분야의 전문지식과 풍부한 경험을 가진 사람들 중에서 분쟁을 해결할 중재인 등을 당사자 스스로 선임할 수 있고, 소송보다 비교적 절차진행이 신속하고 경제적이어서 시간과 비용을 절약할 수 있고, 절차의 진행이 법에 묶이지 아니하여 탄력적이며, 특히 엄격한 소송절차법칙이 적용되지 않는다. 또한 절차진행이 비공개적이기 때문에 기업의 비밀이나, 개인의 이익이 잘 보호되며, 비형식적이기 때문에 분쟁을 해결한 후에도 당사자간에는 재판에서처럼 적대적이 아닌 우의적인 관계가 지속될 수 있다는 점 등을 들 수 있다.

그러나 일반적으로 지적되고 있는 위와 같은 ADR의 장점에는 다음과 같은 문제점들도 있어 이에 대한 비판이 제기 되고 있다. 충분한 절차보장과 사실관계의 조사가 행해지지 않을 수 있기 때문에 잘못하다가는 ADR제도가 경제적·사회적 강자로부터 양보를 얻어내는 절차로 전락할 수 있다는 것이고, 경제적 약자를 위한 소송상 구조가 어렵고, ADR에 의한 분쟁해결이 기업의 소비자보호보다는 그들의 책임회피를 위해 숨는 곳으로 되는 것을 경계하여야 할 것이며, 신속하고 저렴한 비용에 의한 분쟁해결만을 강조하다가 분쟁의 공정한 해결을 침해받을 가능성이 많다는 것이다.

또한 ADR의 대표적인 중재의 경우에는 판단기준이 애매하여 주관적, 자의적이거나 양당사자의 주장을 단순히 반으로 나누는 식의 절충주의적 판단이 될 위험성이 있으며 당사자에 의해 선임된 중재인은 대리인 의식이 작용하여 공정한 판단을 해할 우려가 있고 상소절차가 없기 때문에 잘못된 판단이 내려진다면 돌이킬 수 없는 위험이 부담해야만 하는 등의 문제도 있다.

3) ADR의 종류

(1) 알선(intercession)

알선(斡旋)이란 공정한 개인 또는 대한상사중재원[20](KCAB)과 같은 기관이 양당사자의 일방 또는 쌍방의 의뢰에 의하여 사건에 개입해서 해결을 위한 조언을 하는 해결방법을 말한다. 알선의 경우에는 양당사자 쌍방의 협력이 없으면 실패하기 쉽다. 알선은 강제력이 없으나, 알선을 맡은 알선인이나 알선기관이 클레임의 양당사자에게 강한 영향력을 미칠 수 있는 경우에는

---

20) 대한상사중재원(Korean Commercial Arbitration Board, KCAB) : 국내외 상거래에서 발생하는 분쟁을 해결 또는 예방함으로써 상거래 질서를 확립하여 국민의 편익을 증진하기 위해 설립한 중재기관. 중재법(법률 제1767조)을 제정·공포하면서 1966년 3월 22일 대한상공회의소 내에 국제상사중재위원회가 설립된 것이 시초이다. 1970년 3월 21일 사단법인으로 독립하면서 대한상사중재협회로 바뀌었으며, 1980년 9월 2일 지금의 이름으로 바꾸고 기구를 확대 개편하였다. 1996년 8월과 2000년 4월 두 차례에 걸쳐 상사중재규칙을 개정하였다. 주요 활동은 ① 중재·알선·상담을 통한 분쟁해결 및 예방 ② 세계무역기구(World Trade Organization, WTO) 협정에 따른 선적 전 검사와 관련한 분쟁 조정 ③ 중재제도 보급 및 인식 확산을 위한 홍보 ④ 중소기업 분쟁 해결을 위한 무료 계몽강좌 ⑤ 중재에 관한 조사연구·자료수집·간행물 발간 ⑥ 외국 중재기관과의 중재협정 및 업무협조약정 체결 ⑦ 국제상사중재회의 개최 및 국제회의 참석 등이다. 활동 가운데 상담은 무료이며, 주요 상담내용은 분쟁예방을 위한 계약서 작성 안내, 분쟁의 합리적 해결방안 모색, 외국중재기관 및 외국중재법규 정보제공, 중재 및 알선제도 소개 등이다. 알선은 당사자의 의뢰에 따라 중재원이 해결책을 모색하는 업무로 무료이며, 중재인이라는 제3자에게 판단을 맡겨 그 판단에 복종할 것을 약속하는 자치해결제도이다. 선적 전 검사 관련 분쟁 조정은 유료로, 수출자와 검사기관 사이에 문제가 발생할 경우 조정하여 분쟁을 해결하는 제도이다. 여기서 합의되지 않으면 국내 법원의 중재나 소송 또는 WTO의 분쟁해결제도를 이용할 수 있다.
http://www.kcab.or.kr/jsp/kcab_kor/index.jsp

성공률이 높다. 알선이 조정이나 중재와 다른 점은 형식적인 절차를 요하지 않고, 당사자 일방의 의뢰에 의해서도 가능하다는 점이다.

(2) 조정(conciliation ; mediation)

조정(調停)이란 클레임의 양당사자가 공정한 제3자를 조정인(conciliator ; mediator)으로 선임하고, 이러한 조정인이 제시하는 구체적인 해결방안(조정안)에 대하여 합의함으로써 클레임을 해결하는 방법이다.

조정은 양당사자의 합의에 의하여 행해지므로 어느 일방이 조정을 신청하더라도 다른 상대방이 이에 응하지 않으면 조정의 방법으로 클레임을 해결할 수 없다. 더욱이 클레임의 양당사자는 제시된 조정안을 수락할 의무가 없으므로, 만약 어느 일방이 조정안을 거절하면, 결국 조정은 실패하게 된다.

특히 우리나라에서 조정은 중재신청 후 당사자 쌍방의 요청이 있을 때 대한상사중재원의 사무국이 조정인을 선정, 조정을 시도할 수 있고 조정이 성립되면 화해에 의한 판정방식으로 처리, 중재판정과 동일한 효력이 있으나 이에 실패하면 조정절차는 폐기되며, 중재규칙에 의한 중재인을 선정, 중재절차가 진행된다.

(3) 중재(arbitration)

중재(仲裁)란 클레임의 양당사자가 중재합의에 따라 공정한 제3자를 중재인(arbitrator)으로 선임하고, 이러한 중재인의 중재판정(arbitral awards)에 복종함으로써 클레임을 최종적으로 해결하는 방법을 말한다.

중재는 중재로 분쟁을 해결할 것을 당사자가 미리 합의하여야 한다는 점에서는 조정의 경우와 같다. 그렇지만 조정의 경우에는 조정인의 조정안을 수락할 것인가의 여부는 양당사자의 자유의사에 속하는데 반하여, 중재의 경우에 당사자는 중재인의 중재판정을 거부할 수 없을 뿐만 아니라 그 중재판정에 구속을 받게 된다. 이 점에서 중재는 소송과 유사한 강행적인 면을 지니고 있다. 더욱이 중재의 경우에는 단 1회의 판정에 의하여 클레임이 모두 해결되고 상소의 길이 없다. 따라서 중재에 회부된 사건은 소송에 의하여 나둘 수 없다는 점이 중재의 특징이다.

제3자의 개입에 의한 클레임의 해결방법 중에서 가장 효과적인 해결방법은 중재에 의한 방법이라고 말할 수 있으며, 실제로 무역업계에서도 국제간의 상사분쟁은 중재의 방법을 통하여 주로 해결되고 있다.

(4) ICC DOCDEX

DOCDEX 제도란 Documentary Instruments Disputes Resolution Expertise의 약어로써, 우리말로는 「화환결제수단 분쟁해결전문가 자문제도」로 번역할 수 있다. DOCDEX 제도는 ICC가 1997년 10월 1일에 처음 도입한 새로운 형태의 화환결제수단분쟁해결을 위한 ADR제도의 하나이다. DOCDEX 제도는 그 본질상 기존의 상사중재나 소송제도와는 차별화된 분쟁해결제도임과 동시에 다른 한편으로는 중재나 소송과 경합하는 제도가 아니라 오히려 이들 두 제도의 단점을 보완해 주는 기능이나 역할을 할 수도 있는 소위 전문가 주도형 분쟁해결 방식이며 다기능적·다목적적 분쟁해결 방식이라는 점에서 새로운 미래형 신용장분쟁해결 메커니즘이라 할 수 있다.

본 제도는 ICC 은행위원회의 후원 하에 국제전문가자문센터(International Center for Expertise)에 의해 관리되고 있다.

02

제2장 우리나라 클레임 현황과 국제상사 중재제도의 필요성

Chapter 02

우리나라 클레임 현황과 국제상사중재제도의 필요성

대한상사중재원은 한국무역협회[1])와 공동으로 무역업체의 클레임 발생현황 및 이에 대한 관리실태를 파악하기 위해 2006년 6월 26일부터 8월 2일까지 클레임 실태조사를 실시하였다. 이번 조사는 우리나라 기업의 전체 클레임에 대한 최초의 대대적인 실태조사로 연간 미화 30만 달러 이상 무역액 실적이 있는 무역업체를 모집단으로 하여 그 중 1,002개 업체를 대상으로 조사하였다.

---

1) 한국무역협회(Korea International Trade Association, KITA) 1946년 7월 31일 8·15광복 직후의 정치·경제·사회적 혼란 속에서 무역 증진 및 확대의 지원을 위하여 뜻있는 무역인 105명에 의해 사단법인으로 설립되었다. 경제4단체 가운데 하나로, 무역업계의 의견을 수렴 및 조정하고 무역진흥에 필요한 제반사업을 수행함으로써 무역업계의 권익을 옹호하는 한편, 궁극적으로는 국민경제 발전에 이바지하는데 목적이 있다. 주요업무는 무역업계의 애로타개, 해외시장 개척, 전문전시회 개최, 민간통상협력, 무역관련 조사연구 및 정보제공, 무역기금 지원, 무역전문인력 양성, 전자무역 인프라(u-Trade Hub) 확충, 수출입 물류개선 및 하주권익 옹호 등 무역증진을 위한 제반 사업을 수행한다. 주요사업으로는 무역업계의 의견을 수렴 및 조정하며 무역진흥에 필요한 제반 사업을 수행, 한국종합전시관(COEX) 운영, 전자무역인프라구축(KTNET), 한국도심공항(CALT) 운영 등 출자법인을 통해 무역업계 지원활동 전개 하고 있다. 그밖에 출자법인으로 전시컨벤션 전문기관인 (주)COEX, 전자무역 추진기관인 (주)한국무역정보통신(KTNET), (주)한국도심공항(CALT) 등이 있으며 출연기관으로 대한상사중재원, 산학협동재단, 한미경제협의회 등이 있다. http://www.kita.net/

2.1 우리나라 국제상사분쟁의 추세

1. 우리나라 클레임의 실태

1) 클레임 경험업체의 현황

우리나라는 2005년 기준으로 연간 미화 30만 달러 이상의 무역실적이 있는 무역업체 1,002개사 중 428개사(42.7%)가 최근 3년간 클레임을 1번 이상 경험하였다고 한다. 우리나라에서 무역업등록을 한 업체는 2005년 말 기준으로 92,098개사인데, 그중 4만여 업체가 최근 3년 동안 1번 이상 클레임을 경험하였다는 것을 나타낸다. 제기 양태별로 보면 외국업체에 대해 클레임을 제기해 본 경험이 있다고 응답한 업체는 261개사(26%)였고, 외국업체로부터 클레임을 제기받아 본 경험이 있는 업체는 334개사(33.3%)여서 클레임을 제기받은 업체수가 더 많았다.

이러한 결과는 우리나라의 경우 수출이 수입보다 많은데, ① 수입보다는 수출을 할 때 클레임을 더 많이 제기받고 있다는 점, ② 다른 면에서 우리나라 무역업체는 외국업체에 비해 클레임을 제기하는데 다소 소극적이라는 점으로 분석된다.

▌표 2.1▌ **클레임 경험업체 현황**

구 분	빈도수	백분비
전체 업체	1,002	100.0
경험 없음	574	57.3
경험 있음	428	42.7
클레임 제기함	261	26.0
클레임 제기 받음	334	33.3
모두 경험	167	16.7

출처: 대한상사중재원 클레임 실태조사, 2006.

2) 클레임 발생건수 및 금액

우리나라의 무역업체는 100건의 무역거래를 할 때 평균 3건의 클레임이 발생하고 클레임의 금액은 무역거래의 2.9%에 해당하는 것으로 조사되었다. 또한 수출입별로는 수출업체는 수출거래의 100건당 2건에서 그리고 수출금액의 2.1%에서 클레임이 발생하였으며, 수입업체는 수입거래 100건당 1.8건에서 수입금액의 1.6%에서 클레임이 발생한 것으로 나타났다.

클레임의 발생건수의 경우 클레임을 경험하였다고 응답한 업체(428개사)는 100건의 무역거래를 할 때 평균 7건의 클레임이 발생하였다고 응답하였는데, 이를 무역업체 전체로 환산할 경우 무역거래 100건당 평균 3건에서 클레임이 발생한 결과가 된다. 클레임 금액에 대해 클레임을 경험하였다고 응답한 업체(428개사)는 무역거래액의 평균 6.8%의 클레임이 발생하였다고 응답하였고, 이를 전체무역업체로 환산하면 무역거래액의 2.9%에서 클레임이 발생한 것으로 분석되었고, 금액으로는 15조 원 가량의 클레임이 발생한 것으로 추산되었다.

┃표 2.2┃ 클레임 발생건수 및 금액

구 분	클레임 경험업체	전체업체
업체수	428	1,002
클레임 발생건수 비율(%)	7.0	3.0
클레임 발생금액 비율(%)	6.8	2.9

3) 클레임 발생지역 및 국가

클레임이 발생한 지역은 아시아(57.7%), 북미(23.3%), 유럽(13.8%) 순으로 많이 발생한 것으로 나타나 우리나라 교역현황과 유사한 결과를 나타내고 있다. 지역별로는 아시아의 경우 국내업체가 클레임을 제기하는 경우가 제기받은 경우보다 더 많았고, 북미와 유럽지역은 이와 반대로 클레임을 제기받은 경우가 더 많은 것으로 나타났다. 클레임의 발생 원인으로는 품질불량이 가장 많았는데, 이를 연관시켜 보면 품질수준은 아시아보다는 높고, 북미와 유럽보다는 낮다는 것을 보여준다.

이점은 수출입별 클레임에서 아시아 지역의 경우 수출보다 수입을 할 때 클레임이 더 많이 발생하고, 북미와 유럽지역은 수입보다 수출을 할 때 클레임이 더 많이 발생한 것으로 나타난 것에서도 동일한 분석이 가능하다.

클레임이 많이 발생한 국가는 중국(25.9%), 미국(22.6%), 일본(20.3%) 순이었다. 클레임은 이들 3개국과 거래에서 집중적으로 발생하였고(68.8%), 그 외 국가는 모두 3% 미만으로 낮았다. 클레임이 발생한 국가도 지역별 발생현황과 마찬가지로 교역액에 비례하는 것으로 나타났다.

▌표 2.3▌ 클레임 발생지역 현황

지역별	전 체	수출시	수입시
–	100.0	100.0	100.0
아 시 아	57.7	50.4	67.0
북 미	23.3	27.8	17.6
유 럽	13.8	14.7	12.7
기 타 지 역	5.2	7.1	2.7

중국은 우리나라의 최대 교역국으로 대두됨에 따라 클레임도 증가한 것으로 나타났다. 중국의 경우 수출보다 수입을 할 때 클레임이 더 많이 발생하였고, 국내업체가 클레임을 제기 받은 비율보다 클레임을 제기한 비율이 더 높은 것으로 조사되었는데, 이러한 사실은 국내업체가 중국으로부터 물품을 수입할 때 특히 품질불량을 이유로 클레임을 제기하는 비율이 높다는 점을 의미하므로 중국으로부터 물품을 수입할 때에는 품질조건에 관하여 각별한 주의가 필요하다고 하겠다. 미국의 경우에는 중국과 반대로 수입보다는 수출을 할 때, 그리고 클레임을 제기한 경우보다 제기 받은 경우가 더 많은 것으로 나타나, 국내업체가 미국으로 물품을 수출할 때는 품질조건에 대해 더 많은 주의가 필요한 것으로 나타났다.

2. 우리나라 클레임의 발생원인과 해결방법

1) 클레임의 발생원인

클레임이 발생한 원인에 대해 품질문제 때문에 발생하였다는 응답이 47.7%로 가장 높았고, 다음으로 선적지연이나 불이행과 같은 선적이행상의 문제(19.1%), 수량문제(16.1%), 운송문제(7.5%), 대금문제(6.3%) 순으로 나타났다.

특히 수출클레임에서는 클레임 발생원인이 품질, 선적, 수량문제 등 국내수출업체에 책임을 돌릴 수 있는 사유로 발생한 클레임이 88.8%(분쟁금액의 경우 91%)로 대부분을 차지하고 있어, 클레임 예방을 위해서는 국내수출업체의 품질관리에 대한 더욱 깊은 주의가 필요한 것으로 나타났다.

❙ 표 2.4 ❙ 클레임 발생원인

구 분	전 체	수 출
빈 도 수	1,274	744
백 분 비	100.0	100.0
품 질 불 량	47.7	48.4
선 적 문 제	19.1	18.2
수 량 문 제	16.14	14.7
운 송 문 제	7.5	7.5
대 금 문 제	6.3	7.5
기 타	3.3	3.7

2) 클레임의 해결방법

클레임을 경험한 업체들은 클레임을 해결하는데 평균 655만 원이 지출된 것으로 조사되었다. 특히, 응답업체 중 클레임 해결에 평균 6개월 이상이 소요되었고 응답한 업체는 56개사였고, 클레임 1건당 해결비용으로 평균 1,000만 원 이상의 고액의 비용이 들었다고 응답한 업체는 52개사였는데, 무역업체의 5~6%가 클레임 해결에 장기간 또는 고액의 비용이 소요되어 애로를 겪고 있는 것으로 나타났다.

▌표 2.5▌ **클레임 해결기간, 비용, 합의해결률**

구 분	전 체	제기시	피제기시
평균처리기간(개월)	3.0	3.3	2.8
평균소요비용(만원)	655	668	648
합의해결비율(%)	64.7	62.7	66.2

클레임을 해결하는 방법과 관련하여 무역 클레임을 경험한 업체 중 64.7%는 당사자 간에 합의로 해결하였다고 응답하였다. 이처럼 당사자간 합의에 의한 클레임 해결건수는 국내업체가 외국업체를 상대로 클레임을 제기한 경우보다 외국업체로부터 클레임을 제기받은 경우가 더 높아서 국내 무역업체의 클레임 수용률이 더 높은 것으로 나타났다.

▌표 2.6▌ **합의해결이 안될 경우 분쟁해결 방법**

이용방법	빈도수	백분비
	97	100.0
국 내 ADR	14	14.4
국 외 ADR	5	5.2
소 송	16	16.5
포 기	34	35.0
기타(자체해결 등)	28	28.9

합의해결이 되지 않을 경우에 이용하는 해결방법으로는 채권추심기관 등

을 통해 자체해결을 시도하거나 중도 포기하는 경우가 63.9%로 높게 나타났으며, 반면, 클레임 해결과 관련된 제도권 기관의 이용(소송, 중재기관)은 36.1%로 상대적으로 낮았다. 한편, 우리나라 업체가 클레임을 제기하였으나 합의로 해결하지 못하여, 중도포기 등으로 회수하지 못하는 금액은 2005년 기준 약 1조 8천억 원 정도로 추산되었다.

3) 중재원 이용현황 및 건의사항

조사대상 업체 중 대한상사중재원의 서비스를 이용해 본 경험이 있다고 응답한 업체는 48개사였으며, 이 중 중재원이 클레임 해결에 도움이 되었다고 응답한 업체는 52.1%로 높게 나타났다. 클레임 해결을 위해 대한상사중재원 중재를 이용한 경우는 7건으로 0.7%에 그쳤으나, 반면 대한상사중재원의 중재조항을 규정하고 있다고 응답한 업체는 23.3%로 상대적으로 높았다.

클레임 예방과 해결을 위해 필요한 조치에 대해서는 일시적 자금지원(25.8%), 교육기회 제공(23.6%), 중재원 홍보 및 이용확대(16.8%) 순으로 응답하였고, 건의사항 중에서는 클레임 해결 지원기관과 제도에 대한 홍보 및 클레임 관련 교육 확대에 대한 사항이 가장 많았으며(42.5%), 그 다음은 체계적인 클레임 지원체계 마련, 클레임 해결 전문기관과 인력의 확충(18.7%)에 관한 사항이었다.

4) 시사점

우리나라는 무력클레임을 경험한 업체가 4만여 업체에 이를 정도로 무역업계 전반에 포괄적으로 걸쳐 있고, 클레임 금액도 2005년 기준 약 15조 원인 것으로 나타나 그 규모도 매우 큰 것으로 나타났다. 더욱이 이러한 클레임이 일단 발생하면 여기에 소요되는 시간과 비용도 매우 높은 것으로 나타났다. 이와 같이 클레임이 양적, 질적으로 상당한 수준인 것으로 밝혀짐에 따라 이에 대한 종합적인 대응책 마련이 시급한 것으로 판단된다.

이를 위해서는 첫째, 클레임을 개별기업에게만 맡기기에는 범위나 규모가 크고, 또한 업체에 많은 시간, 비용부담을 지우므로 클레임 예방 및 해결에 관하여 정부, 유관기관에서도 적극적인 대책마련이 필요하다. 둘째, 클레임 해결에 상당한 비용과 시간이 소요되는 것으로 나타나 클레임 예방이 중요한 것으로 나타났고, 이에 따라 클레임에 대한 업체의 주의와 관심이 요망된다.

이에 더하여 정부, 유관기관에서도 클레임 관련 교육, 계약서 작성, 신용조사 지원 등 클레임 예방사업의 확대실시가 필요하다. 셋째, 대한상사중재원의 ADR서비스 이용현황은 높지 않은 반면, 일단 서비스를 이용한 경우 상대적으로 높은 만족도(52.1%)를 보이고 있어 무역업체들이 ADR을 이용하여 클레임을 보다 손쉽게 해결할 수 있도록 적극적인 홍보가 요망되고, 클레임의 예방 및 해결에 관한 다양한 업무를 포괄하여 원스톱으로 처리할 수 있도록 기능 강화도 필요하다고 하겠다.

5) 2009년 클레임 통계

▮표 2.7▮ **클레임 접수 현황**

(단위: 건, US$, %)

구 분		2009년		2008년		증감률	
		건 수	금 액	건 수	금 액	건 수	금 액
총계	국내	694	588,191,620	743	129,689,356	−6.59	353.54
	국제	288	151,205,582	304	69,567,447	−5.26	117.35
	계	982	739,397,202	1,047	199,256,803	−6.21	271.08
중재	국내	240	575,606,710	215	121,677,605	11.63	373.06
	국제	78	78,235,734	47	48,664,533	65.96	60.77
	소계	318	653,842,444	262	170,342,138	21.37	283.84
알선	국내	454	12,584,910	528	8,011,751	−14.02	57.08
	국제	210	72,969,848	257	20,902,914	−18.29	249.09
	소계	664	85,554,758	785	28,914,665	−15.41	195.89

출처: 대한상사중재원 통계자료, 2010.

표 2.8 원인별 클레임 현황

(단위: 건, US$, %)

구 분	2009년		2008년		증감률	
	건 수	금 액	건 수	금 액	건 수	금 액
대 금 결 제	323	336,393,836	422	95,586,860	-23	252
계약조건 해석	242	288,528,853	215	58,935,355	13	390
품 질 불 량	218	58,771,096	170	25,099,627	28	134
선적 및 납기불이행	107	22,941,670	149	12,506,909	-28	83
원인미상 및 기타	54	26,813,621	42	5,756,076	29	366
운 송	32	2,067,597	42	1,200,471	-26	72
지 적 재 산 권	5	3,814,858	3	0	67	0
기 타	0	0	1	0	0	0
포 장 불 량	1	65,671	0	0	0	0
수 량 부 족	0	0	3	171,505	-100	-100
총 계	982	739,397,202	1,047	199,256,803	-6	271

표 2.9 금액별 클레임 현황

(단위: 건, US$, %)

구 분	2009년		2008년		증감률	
	건 수	금 액	건 수	금 액	건 수	금 액
10,000$ 미만	357	848,487	408	1,042,332	-12	-19
10,000$ 이상 100,000$ 미만	238	9,332,720	279	11,494,148	-15	-19
금액이 없는 경우	189	0	190	0	-1	0
100,000$ 이상 500,000$ 미만	108	25,318,944	106	22,728,016	2	11
500,000$ 이상 1,000,000$ 미만	39	28,874,611	22	16,133,101	77	79
1,000,000$ 이상 5,000,000$ 미만	27	60,855,753	34	59,540,575	-21	2
5,000,000$ 이상 10,000,000$ 미만	13	95,809,198	4	26,624,100	225	260
10,000,000 이상	11	518,357,489	4	61,694,531	175	740
총 계	982	739,397,202	1,047	199,256,803	-6	271

▌표 2.10▌ **계약종류별 클레임 현황**

(단위: 건, US$, %)

구 분	2009년		2008년		증감률	
	건 수	금 액	건 수	금 액	건 수	금 액
매매계약	435	134,056,687	487	87,706,508	-11	53
판매, 대리점계약	116	53,362,030	129	13,467,408	-10	296
용역계약	96	6,042,280	73	5,419,638	32	11
건설계약	92	413,458,835	91	40,782,112	1	914
운송계약	50	5,379,729	48	1,812,405	2	197
광고계약	46	202,993	70	30,784	-34	559
기타	34	1,562,641	39	3,424,697	-13	-54
기술 및 지적재산권계약	26	37,298,080	25	10,420,441	4	258
임대차계약	22	3,326,848	25	2,708,040	-12	23
대행계약	19	460,883	23	4,105,820	-17	-89
합작투자계약	16	12,337,212	11	18,605,747	45	-34
근로계약	14	42,717	9	61,774	56	-31
금융계약	9	71,403,415	11	10,499,761	-18	580
임가공계약	7	462,852	5	211,668	40	119
기타	0	0	1	0	0	0
총계	982	739,397,202	1,047	199,256,803	-6	271

‖ 표 2.11 ‖ 클레임 다발 15개국 현황

(단위: 건, US$, %)

구 분	2009년		2008년		증감률	
	건 수	금 액	건 수	금 액	건 수	금 액
미 국	43	63,536,597	43	4,695,415	0	1,253
인 도	23	6,523,968	22	1,028,337	5	534
중 국	22	33,863,083	47	2,918,435	-53	1,060
일 본	12	502,317	16	1,321,114	-25	-62
U . A . E	12	2,356,832	18	3,649,146	-33	-35
터 키	12	172,452	7	1,229,711	71	-86
독 일	12	2,278,366	10	3,374,391	20	-32
싱 가 포 르	11	2,409,728	7	242,494	57	894
대 만	8	1,586,739	8	755,347	0	110
영 국	8	464,287	10	1,596,493	-20	-71
태 국	7	511,861	4	1,816,667	75	-72
베 트 남	7	344,973	4	12,692,646	75	-97
쿠 웨 이 트	7	117,520	40	138,918	-30	-15
말 레 이 시 아	6	2,360,122	3	211,187	100	1,018
홍 콩	5	805,480	6	874,166	-17	-8
총 계	195	117,834,325	215	36,544,467	-9	222

2.2 국제상사중재제도의 의의 및 필요성

1. 국제상사중재제도의 정의

1) 국제상사중재란?

중재가 사인간의 사적인 분쟁을 법원의 소송에 의하지 않고 당사자들이 선정한 중재인의 판단에 맡김으로써 분쟁을 우호적 최종적으로 해결하는 자발적 분쟁해결 방법이라는 점을 앞에서 언급한 바 있다.

그런데 중재의 대상이 되는 분쟁이 내국인간의 분쟁이 아니라 외국인과의 분쟁인 경우를 국제분쟁이라고 하고 또한 그것이 상행위로 인한 경우라면 이는 국제상사분쟁에 해당된다. 이 같은 국제상사분쟁의 해결을 위한 한 제도를 국제상사중재라고 한다.

2) 국제상사중재제도의 필요성

지구상에는 이질적인 수많은 국가가 존재한다. 이들 국가상호간에는 필연적으로 상사활동이 수반되기 마련이며, 거기에는 언어의 상이, 상거래관습의 상이, 그리고 관련법규의 상이와 그에 따른 상호이해부족 등으로 인하여 국제상거래에는 예측불허의 상사분쟁이 발생할 수 있다.

국제상사분쟁이 발생하게 되면 그 분쟁은 반드시 해결되어야 하고, 그 분쟁해결 방법 또한 가장 경제적이어야 한다. 그런데 한 국가의 재판권은 국가주권, 즉 통치권의 일부이기 때문에 일국의 법원이 내린 판결은 다른 나라에는 효력을 미치지 못한다. 그러므로 국제간의 상사분쟁을 소송으로 해결하기 위해서는 상대방 국가의 관할법원에 제소하여야 되므로 그에 따른 시간과 비용 및 여러 가지 위험이 수반된다. 또한 소송은 경직된 절차와 형식에 따라 진행되므로 복잡한 국제상거래 업무현상에 능동적으로 대처할 수 없고, 그에 부응하는 신속한 무역분쟁을 해결할 수 있는 제도도 아니다.

이에 소송의 대안으로 등장한 것이 국제상사중재제도이다. 소송은 국가통

치권의 발동이므로 원칙적으로 타국에는 그 효력이 미치지 못하지만 중재 판정은 민간인에 의한 자주적 분쟁해결 방법이기 때문에 국가의 주권문제와는 상관없이 국제적으로 그 효력을 보장받을 수 있다. 또한 각 분야에 전문가에 의한 판정을 기대할 수 있기 때문에 급변하는 무역환경에 부응하는 사실적 판정이 가능하다.

따라서 선진제국을 포함한 대다수국가에서는 중재제도를 도입·운용하고 있으며, 분쟁당사자들도 자발적으로 국제상사중재제도를 활용하여 분쟁을 최종적으로 해결하고 있다. 우리나라에도 중재에 관한 중재법과 상사중재규칙이 제정되어 있으며 대한상사중재원(The Korean Commercial Arbitration Board)이 상설중재기관으로 활동하고 있다.

3) 국제상사중재의 대상

국제적 상거래분쟁은 물론 건설, 운송, 보험, 하도급, 지적재산권 분쟁 등 당사자가 자유로이 처분할 수 있는 사법(private law)상의 분쟁은 모두 중재의 대상이 된다.

2. 국제상사중재제도의 분류

1) 상사중재와 비상사중재

'商事去來'(commercial transaction)라는 개념은 민사거래와 구별되는 개념으로서 대륙법계 국가들에서 사용되어 왔다. 즉 임대차계약관계, 근로계약관계 및 가사법률관계 등 일반인들의 법률관계와는 달리, 상사거래는 전문적이고 합리적 속성을 가진 상인들 간의 거래라는 이유에서 중재에 있어서는 물론, 다른 분야에서도 민사거래와는 다른 취급을 받아왔다.

현대에 들어서도 일부 국가에서는 아직도 상사거래에 관하여만 중재를 허용하고 있으므로 국제협약들은 비상사거래에 대하여도 중재가 가능하도록 입안되었다. 즉 중재에 관한 최초의 국제조약인 1923년의 '중재조항에 관한 제네바의정서'(the Geneva Protocol on Arbitration Clauses of 1923, 이하

'제네바의정서'라고 한다) 제1조는, "상사적 문제(commercial matters) 또는 중재에 의하여 해결가능한 모든 문제에 관한 계약으로부터 발생한 분쟁"을 대상으로 한다고 규정하였고, 뉴욕협약도 같은 취지로 규정하고 있다. 그러나 위 협약들은 입안과정에서 체약국들의 의견을 존중하여, 체약국이 그 조약상 의무를 '그 국가의 법에 따라 商事라고 인정되는 계약(contracts which are considered as commercial under its national law)'으로 제한할 수 있게 하였는바,[2] 이것이 소위 '상사유보'(the commercial reservation)로서 상사중재와 비상사중재를 구별할 가장 큰 이유가 되었다.

이처럼 상사중재와 비상사중재는 국제협약의 적용에 관하여 그 구별의 실익이 있으므로, 집행국의 상사에 관한 법규를 살펴보아야 한다.[3] 그러나 국제중재에 있어서는, 일반적으로 대부분의 법원이 거의 모든 형태의 거래를 상사거래로 보고 있으므로, 실제상 크게 문제되는 경우는 드물다.

2) 국내중재와 국제중재

어느 중재가 국내중재(domestic or national arbitration)인가, 국제중재(international or transnational arbitration)인가의 문제는 실무상 매우 중요하다. 즉 국내중재는 한 국가의 국민간에 소송대신 이루어지는 것으로서 국가 입장에서는 계약당사자간의 불균형제거, 소비자 등 경제적 약자의 보호 등 국가정책의 수행을 위하여 중재에 관여할 필요성을 크게 느끼는 반면, 국제중재는 계약당사자간 경제적 우열이 적을 뿐 아니라 국가관련성도 상대적으로 희박하므로 그 관여의 정도가 보다 탄력적이고 너그러워진다.

국내중재와 국제중재를 구별하는 기준은 보통 분쟁의 성격(nature of the dispute)에 따르는 경우와 당사자의 국적(nationality of parties)이나 주소지(habitual residence)에 따르는 경우로 나뉘나, 결국 문제가 된 국가의 입법에 따라 결정될 수밖에 없다. 또한 중재판정이 내국판정인가, 외국판정인가의 구별실익은 국제조약, 특히 뉴욕협약이 적용되는가에 있다. 즉 뉴욕협약 제

2) 제네바의정서 제1조, 뉴욕협약 제1조 제3항.

3) 모범법안(Model Law)은 상사거래에 관한 정의를 내리지는 않았지만, 제1조 제1항의 각주에서 다양한 형태의 국제상사계약을 예시하고 있다.

1조 제1항은 ① 집행국 이외에서 내려진 판정 및 ② 집행국에서 국내판정이라고 간주되지 않는 판정을 외국판정이라고 규정하고 있으므로 외국판정인가의 여부에 따라 뉴욕협약의 적용대상 여부가 결정된다.

3) 임시중재와 상설(기관)중재

임시중재(ad hoc arbitration)는 보통 분쟁이 발생한 후에 당사자간의 합의에 따라 이루어진다. 분쟁당사자들이 상설중재기관을 이용하지 아니하고 계약에 의해 자신들의 분쟁을 해결하기 위한 틀을 정하여 행하는 중재형태이다. 기관중재를 이용할 경우의 비용을 절감하려는 이유 때문이다. 당사자와 중재인이 각 단계별 절차를 스스로 마련해야 하지만 대개 UNCITRAL 규칙을 적용하며, "본 계약이나 계약의 위반 종료 또는 무효로 인한 분쟁, 논쟁 또는 청구는 현재 효력을 가지고 있는 UNCITRAL 중재규칙에 의한 중재에 의해 해결된다"라고 계약서에 기입하면 된다. 임시중재를 하면서 중재규칙을 미리 정해 놓지 않으면 결국 법정지의 법원의 조력을 얻어 보충해야 한다.

이에 반하여 상설(기관)중재(Institutional arbitration)는 상설전문중재기관에서 그 중재규칙에 따라 이루어지는 중재를 상설중재라고 하는바, 중재를 관리하는 기관의 감독하에 행하는 중재로서 대표적인 기관으로는 ICC 국제중재법원, 런던국제중재법원, 미국중재협회 등 70여개 정도가 있으며, 우리나라에도 상설중재기관으로 대한상사중재원이 있다. 권위있는 국제중재기관에서 내린 중재판정은 국제적으로도 존중받기 때문에 집행이 용이하다.

3. 중재합의의 정의 및 방법

1) 중재합의의 정의

중재합의[4](arbitration agreement)라 함은 일정한 법률관계(legal relationship)에

4) 우리나라 중재법에서는 중재계약이란 용어 대신에 이를 중재합의로 통일하여 사용하고 있다. 사실 합의(agreement)와 계약(contract)이란 말은 법률상 동지(同旨)의 의미로 사용되고 있으므로 중재계약으로 칭하는 것이 옳을 수도 있다는 견해도 없지 않다. 실제로 프랑스 중재법에서는 중재계약(arbitration contract)이라 칭하고 있다.

대하여 당사자 간에 이미 발생하고 있거나 또는 장래에 발생 가능한 모든 분쟁을 중재로 해결하기로 하는 당사자 합의이다. 중재로 분쟁을 해결하기 위해서는 이 같은 중재합의가 있어야 된다.

2) 중재합의의 방법

(1) 중재조항삽입방법

중재조항삽입방법이란 일반거래조건약정서(general agreement)와 같은 주 계약서 상에 여러 가지 거래조건(terms and conditions) 중의 한 조건으로서 해당 계약과 관련하여 발생하는 분쟁은 중재로 해결한다는 취지의 중재조항(arbitration clause)을 삽입하는 방법을 말한다.

(2) 독립계약방법

독립계약방법이란 중재부탁계약 또는 중재부탁(submission to arbitration)과 상호 교환적으로 사용되는 말로서 중재합의가 주된 계약과는 별도로 구분되는 독립문서(separate document)의 형식에 의한 단독적인 중재합의방법을 의미한다.

분쟁을 중재에 부탁한다는 취지의 중재합의는 중재조항삽입방법 또는 독립계약방법 중 어느 방법에 의거해도 무관하며 그 여부와는 관계없이 적법한 중재계약으로 인정된다. 오늘날 대부분의 국가들이 선호하고 있는 중재합의방법은 중재조항 삽입방법이다. 중재조항 삽입방법은 장래의 분쟁을 위해 보다 적합한 중재계약방법이며, 독립계약방법은 장래의 분쟁은 물론 현재의 분쟁을 위해서도 공히 적합한 중재합의 방법이다.

(3) 영문표준중재조항의 실례

① 대한상사중재원(KCAB Standard Arbitration Clause)

All disputes, controversies, or differences which may arise between the parties, out of or in relation to or in connection with this contract, or for the breach thereof, shall be finally settled by arbitration in Seoul, Korea in accordance with the Commercial Arbitration Rules of the Korean Commercial Arbitration Board and under the Laws of Korea. The award rendered by the arbitrator(s) shall be final and binding upon both parties concerned.

② 미국중재협회[5](AAA Standard Arbitration Clause)

The parties can provide for arbitration of future disputes by inserting the following clause into their contracts: Any controversy or claim arising out of or relating to this contract, or the breach thereof, shall be settled by arbitration administered by the American Arbitration Association under its Commercial Arbitration Rules, and judgment on the award rendered by the arbitrator(s) may be entered in any court having jurisdiction thereof.

Arbitration of existing disputes may be accomplished by use of the following: We, the undersigned parties, hereby agree to submit to arbitration administered by the American Arbitration Association under its Commercial Arbitration Rules the following controversy: (describe briefly) We further agree that the above controversy be submitted to (one) (three) arbitrator(s).We further agree that we will faithfully observe this agreement and the rules, that we will abide by and perform any award rendered by the arbitrator(s), and that a judgment of any court having jurisdiction may be entered on the award.

③ 국제상업회의소[6](ICC Standard Arbitration Clause)

All disputes arising out of or in connection with the present contract shall be

5) 미국중재협회(The American Arbitration Association, AAA) AAA는 이해관계 당사자들의 ADR을 위한 공공서비스의 일환으로 시작되었다. 1922년 미국중재협회의 전신인 미국중재회(The Arbitration Society of America)가, 그리고 1924년에는 연구단체로서의 성격을 띤 중재재단(The Arbitration Foundation)이 설립된다. 상호 경쟁적 관계에 있던 양 단체는 우여곡절 끝에 통합되어 마침내 1926년 오늘의 AAA가 설립되었다. www.adr.org

6) ICC 중재법원은 프랑스 파리에 본부를 둔 국제중재기관으로 어떤 나라에도 속하지 않은 국제 민간조직이다. ICC는 80여 개국의 상공회의소가 회원으로 가입한 국제조직으로 그 산하에 국제중재법원을 두고 있다. 중재는 당사자들의 합의에 따라 여러 국가에서 진행되는데 현재 전세계에서 22개의 다양한 언어로 연간 700건 정도의 중재사건을 처리한다. 최근 홍콩에 사무국을 열고 아시아지역 사건을 처리하고 있다.

finally settled under the Rules of Arbitration of the International Chamber of Commerce by one or more arbitrators appointed in accordance with the said Rules.

④ 런던중재법원[7](LCIA Standard Arbitration Clause)

All dispute arising out of or in connection with the this contract, including any question regarding its existence, validity or termination, shall be referred to and finally resolved by arbitration under LCIA Rules, which Rules are deemed to be incorporated by reference into this clause.

⑤ UNCITRAL[8] 중재규칙(UNCITRAL Standard Arbitration Clause)

All disputes, controversies, or claim arising out of or in relating to this contract, or the breach, termination or invalidity thereof, shall be settled by

---

7) 런던중재법원(London Court of International Arbitration, LCIA) 런던중재법원은 런던에 본부를 둔 민간 국제중재기관. 명칭은 런던중재법원이지만, 영국과 관계없는 순수 민간기관. 법원이라는 표현을 쓰지만 재판관들이 재판하는 법원이 아니라 중재인이 결정을 내리는 중재기관이다. 런던중재법원은 계약 당사자 간에 분쟁이 생겼을 때 중재인 선정, 송달, 중재 결정 검토 등을 하며, 대개 국제법률중재 전문가 3인으로 중재판정부를 구성한다. 법원의 확정 판결과 동일한 효과가 있지만 강제 집행력은 없다. 이긴 쪽은 집행지 관할 법원에 집행 판결 청구소송을 할 수 있으며, 진 쪽은 중재절차의 하자 등을 이유로 중재판정 취소 청구소송을 제기할 수 있다. 그러나 대부분 중재 결정에 따른다. www.lcia.org

8) 유엔국제무역법위원회(United Nations Commission on International Trade Law, UNCITRAL)는 1966 년 12 월 17 일 유엔총회 결의 2205(XXI)로 설립되었다. 1926년에 설립된 UNIDROIT가 국제 무역법의 통일을 위해 많은 노력을 하였으나 참여국들이 대부분 유럽국가에 그쳐 별 실효성이 없었으므로 유엔총회는 유엔을 중심으로 범세계적인 국제무역법을 연구하고 발전시킬 기구를 출범시키고자 한 것이다. 총회는 유엔헌장 제1조가 유엔이 "경제적·사회적·문화적 또는 인도적 성격의 국제문제를해결하고, 이러한 공동의 목적을 달성함에 있어서 각국의 활동을 조화시키는 중심이 된다"고 규정하고 있음을 상기시키면서, 국제무역을 규율하는 각국의 국내법체계가 상이하여 국제무역의 흐름에 장애가 됨을 지적하고, UNCITRAL이 이러한 장애를 완화 또는 제거하는 도구가 될 수 있을 것이라고 기대하였다. 이러한 맥락에서 총회는 UNICTRAL에 국제무역법의 점진적인 조화 및 통일이라는 포괄적인 임무를 부여하였다. UNCITRAL의 목표는 규제가 아니라 법적명확성과 예측가능성 확보이며, 동 기구는 설립 이래 국제무역법 분야에서 유엔의 핵심 법률기구로 자리 잡았다. www.uncitral.org

arbitration in accordance with the UNCITRAL Arbitration Rules as at present in force.

Note-parties may wish to consider adding:

(a) The appointing authority shall be-(name of institution or person);

(b) The number of arbitration shall be-(one or three);

(c) The place of arbitration shall be-(town or country);

(d) The language(s) to be used in the arbitral proceedings shall be;

3) 중재합의의 서면성과 진의확보

중재합의는 그들간 분쟁의 해결을 국가기관이 아닌 사인(私人)에게 맡기는 매우 특수한 성격의 계약이다. 그러므로 합의 진실성이 담보되어야 할 뿐 아니라, 계약당사자들로 하여금 그 계약내용이 가지는 중요성을 일깨워 주어야 하는바, 이를 위하여 국가는 그 계약에 매우 엄격한 형식을 요구하여 왔다.

(1) 서면성(agreement in writing)

중재합의의 방식 중 가장 중요한 것은, 중재합의는 반드시 서면으로 작성되어야 하는 것이다.

① 입법례

a. 서면성의 요구여부

대다수의 국가가 서면성을 요구하고 있다. 그러나 독일은 중재합의가 상인간에 거래에 관하여 이루어진 경우에는 서면성을 요구하고 있지 않고, 일본이나 스웨덴 등에서는 어느 경우에도 이를 요구하고 있지 않다.

b. 서면에 의하지 않은 중재합의의 효력

서면성을 입법으로 요구하는 국가에서는 서면에 의하지 않은 중재합의는 무효로 하는데 반하여, 그렇지 않은 나라에서는 이는 입증에 관한 문제로 본다. 프랑스는 서면성이 결여된 중재합의중, 장래 분쟁에 관한 것은 무효로 하면서, 현재 분쟁에 관한 것은 증거의 문제로만 본다.

② 국제협약

a. 제네바의정서 및 제네바협약

제네바의정서와 제네바협약은 중재합의의 형식과 그 위반시의 효력에 관하여 전적으로 각국의 입법에 맡겨놓았다.

b. 뉴욕협약

뉴욕협약은 제2조에서 중재합의의 형식에 관하여 규정하고 있다. 즉 제2항은 "서면에 의한 중재합의(agreement in writing)란, 당사자들에 의하여 서명되었거나, 서신 또는 전보교환속에 포함된, '주된 계약속의 중재조항'(an arbitral clause in a contract) 또는 '중재계약'을 포함한다" 라고 규정하고 있는바, 그 해석에 관하여 많은 논의가 있다.

먼저 문리해석상 위에서 규정하고 있는 중재합의의 방식은 다음과 같다.

① 당사자들이 서명한 주된 계약에 들어 있는 중재조항
② 주된 계약과 별도의 중재합의로서 당사자들의 서명이 있는 것
③ 서신이나 전보의 교환에 포함된 주된 계약에 들어 있는 중재조항
④ 서신이나 전보의 교환에 의하여 별도로 체결된 중재합의

여기에 대하여는 다음과 같은 의문이 제기된다. 먼저 위 조항은 중재합의의 형식을 제한적으로 열거한 것인지, 아니면 예시적으로 열거한 것인지의 문제이다. 후자에 의한다면, 각국의 입법이 위 형식과 다른 중재합의형식을 만들 수 있고 따라서 그에 따른 중재합의의 효력도 인정되어야 하는 반면에, 전자에 의하면 이는 부정되어야 한다. 그러나 이에 대하여는 모든 학자들이 일치하여 전자의 입장을 취하고 있고, 독일과 이탈리아의 판례도 이에 따르고 있다.

c. 유럽협약

유럽협약 제1조 제2항 a호는, "중재합의란, 당사자들에 의하여 서명되거나, 서신(letter)·전보(telegram)·전신(teleprinter)의 교환 속에 포함된, 주된 계약에 포함된 중재조항 또는 중재부탁합의, 그리고 법에 서

면성을 요구하지 않는 국가에 관하여는 그 법에 의하여 인가된 형식에 따라 이루어진 중재합의를 말한다"라고 규정하고 있다.[9]

d. 우리나라 중재법

우리 중재법 제2조 제3항이 들고 있는 중재합의 방식은 다음과 같다.

① 당사자가 중재를 합의한 서면에 기명·날인한 것

② 계약중에 중재조항이 기재되어 있는 것

③ 교환된 서신 또는 전보에 중재조항이 기재된 것

이와 같이 우리나라 중재법과 뉴욕협약 간에 차이가 있다. 우선 우리나라 법상으로는 중재조항이 들어 있는 주된 계약에 당사자의 서명이 있을 것을 반드시 요구하지 않는다. 따라서 주된 계약에 서명이 없을 경우, 우리 법상으로는 유효하나 뉴욕협약의 적용을 받지 못하게 된다. 한편 우리 법은 적어도 외관상으로는 서신 또는 전보의 교환에 의한 독립된 중재합의를 인정하지 않는 것처럼 보이나, 서신이나 전보의 교환에 의한 중재합의도 유효하다고 보아야 할 것이다.

(2) 중재합의당사자의 진의확보

중재합의는 국가재판의뢰권을 포기하는 중요한 의사표시이므로 이에 관한 당사자의 진의를 담보하여야 하는바, 다음과 같은 문제들이 있다.

중재조항이 주된 계약(principal contract)의 본문에 포함되어 있지 않은 경우, 즉 주된 계약에는 '일반거래약관(general conditions of business)을 인용한다' 또는 '...규칙에 의한다'라고 인용하고, 그 일반거래약관 또는 규칙에 중재조항이 포함되어 있는 경우에, 위 중재합의는 유효한가의 문제가 있다.

일반적으로는, 이 경우 일반거래약관 또는 규칙이 계약의 내용에 화체(化體)된 것으로 보아 중재조항의 효력을 인정하고 있다. 우리 대법원도 "매매계약서 앞면에 '뒷면의 조건에 따라 공급하여 주십시오'라고 부동문자로 인쇄되어 있고 그 뒷면에 중재조항이 있다면 이는 뉴욕협약에서 말하는 '계약중의 중재조항'에 해당된다"고 판시하고 있다. 다만 이러한 일반거래약관을

---

[9] 이 점에서 중재합의에 서면성을 요구하고 있는 뉴욕협약과 다르다.

계약당사자에게 적용하는 것이 적절하지 않은 경우에는 그 효력을 부인한다. 예를 들면, 이탈리아에서는 일반적인 법제도와 동떨어진 조항은 다른 당사자가 특별히 인정한 경우가 아닌 한 그 당사자를 구속하지 않는다고 하고, 이러한 취지는 다른 입법에서도 종종 발견된다.

한편 중재조항이 부합계약(adhesion contract)에 포함되어 있는 경우에도 그 효력을 인정할 것인지가 계약당사자의 진의와 관련되어 문제된다. 즉 부합계약이란 일방 당사자의 포괄적 청약에 대하여 다른 당사자는 승낙여부만이 문제이지 계약내용을 수정할 처지가 되지 않으므로 과연 중재조항과 같이 중요한 규정이 이에 포함되었다고 하여 그 효력이 있는가이다. 각국이 부합계약에 관하여는 중재조항문제만이 아닌 전반적인 효력을 논하고 있으므로 그에 따라야 할 것이다.

(3) 중재합의내용의 특정

중재합의에는 필요한 요소를 특정하여야 한다. 즉 각국의 입법은 중재합의의 요소, 예를 들면, 중재인, 중재지, 준거법 등을 특정할 것을 요구하고 있고, 만일 그것이 없을 때에는 중재합의의 효력이 발생하지 않도록 하고 있다. 다만 각국의 입법은 중재합의에 요소가 명시되지 않은 경우에도 그 보충규정을 마련하고 있고, 또한 대부분의 중재합의가 상설중재기관의 중재에 의한다는 취지로 맺어지므로 이로 인하여 중재합의가 무효로 되는 일은 흔하지 않다.

우리나라 대법원도 "비록 중재판정부, 준거법이나 중재지의 명시가 되어 있지 않더라도 장래 분쟁을 중재에 의하여 해결하겠다는 명시적 의사표시가 있었다면 그 중재합의는 유효하다"고 판시하고 있다. 또한 서울민사지방법원도 "중재의사만 서면상 명백히 나타나 있으면 되고, 중재기관, 준거법, 중재장소 등이 명백히 확정되어 있어야만 중재약정이 성립되는 것은 아니다"라고 판시하였다.

4) 중재합의의 효력

중재합의는 직소금지의 효력을 지니고 있다. 따라서 적법한 중재합의(계약)가 있는 사건은 바로 법원에 소송을 제기할 수 없다. 이를 직소금지(直訴禁止)의 효력이라 한다. 그런데 현실적으로 중재합의가 있는 사건임에도 불구하고 당사자 일방이 법원에 제소한 경우 상대방 당사자는 중재합의가 있음을 항변해야 된다. 이를 방소항변(妨訴抗辯)이라 한다. 이때 항변하면 해당 소는 각하된다. 각하란 소송요건을 구비하지 않은 사건으로써 본안심사 없이 소송을 종료시키는 것을 말한다. 만약 항변 없이 심리에 응할 경우에는 중재합의를 묵시적으로 철회한 것으로 간주되어 항변권이 소멸될 수 있다.

(1) 직소금지의 효력

중재제도의 성격상 중재합의에 의하여 국가 재판관할권을 배제하는 것은 당연한 일이다. 그러므로 일부 국가에서 장래 분쟁에 관한 중재합의에 한하여 이를 제한적으로 인정하는 것을 제외하고는 모든 입법에서 중재합의의 위 효력을 인정하고 있다. 이 효력에 의하여, 어느 계약당사자가 분쟁에 관하여 소송을 제기한 경우, 다른 당사자가 중재합의존재의 항변을 하면 법원은 그 소송을 진행하지 못하고 사건을 중재절차에 회부하여야 한다.

① 미국

연방중재법 제3조는, "해당 법원은 당사자의 신청에 의하여 소송절차를 중지(stay)하여야만 한다"고 규정하고 있다.

② 영국

영국 중재법 제9조도, "국제중재에 관하여는, 같은 조 제4항의 사유(중재합의의 무효, 효력상실 또는 이행불능)가 없을 때에는 중지(stay)하여야 한다"고 규정하고 있다.

③ 프랑스

프랑스 민사소송법 제1458조에 의하면, 중재판정부가 이미 구성된 후 소가 제기되었으면 법원은 관할위반을 이유로 소를 각하하고, 중재판정부가 아직 구성되어 있지 않을 때에는 중재계약이 명백히 무효가 아닌 한 소를 각하한다. 즉 후자의 경우에는 법원이 중재계약 무효 사유를 검토한 후 각하여부를 결정하게 된다. 이 모든 경우에는 당사자의 신청이 있어야 한다.

④ 독일

독일 민사소송법 제1027a조는, "중재합의가 있는 분쟁에 관하여 소송절차가 개시되었다면, 법원은 당사자의 신청에 따라 소를 각하하여야 한다"고 규정하고 있다.

⑤ 국제협약

제네바의정서 제4조는 중재합의 또는 중재가 진행될 수 없거나 이행불능일 때, 법원은 관할을 가진다고 하였다.

뉴욕협약 제2조 제3항도 "체약국의 법원은, 본조에서 의미하는 중재합의 사항에 관한 소가 제기되었을 때, 당사자들의 신청에 따라 당사자들을 중재에 회부(refer)하여야 한다"고 규정하여 그 구체적 효력을 각국의 입법에 위임하고 있다. 다만 '중재가 외국에서 이루어진 경우' 또는 '그 외국이 뉴욕협약의 체약국이 아닌 경우' 등이 명시되어 있지 않으나, 이러한 경우도 당연히 포함된다고 할 것이다.

유럽협약 제6조 제1항은, "중재합의존재를 이유로 한 법원의 관할위반항변은 피고로부터 실질적 항변 이전 또는 동시에 행하여져야 한다"고 규정하고 있고, 제3항은 "체약국의 법원은 타당하고 실질적인 이유가 없는 한 중재판정이 내려질 때까지 중재인의 권한에 관한 판단을 정지하여야 한다"고 규정하였다. 또한 제4항은 "법원에 대한 중간처분 또는 보전처분신청은 중재계약과 양립되지 않고, 사안을 법원으로 부탁하는 것으로 간주되지 않는다"라고 규정하여 중재계약의 법원관할배제원칙을 천명하였다.

⑥ 우리나라

우리 중재법 제3조는 "중재합의의 당사자는 중재판정에 따라야 한다. 다만 중재합의가 무효이거나 효력을 상실하였거나 이행이 불능일 때에 한하여 소를 제기할 수 있다"라고 규정하고 있다. 그러므로 소가 제기된 법원이 그 소송물에 관하여 중재합의가 존재한다고 인정하면 그 법원은 위 소에 관하여 부제소의 합의가 있어 소의 이익이 없다는 이유로 본안에 들어감이 없이 소를 각하하여야 한다.

4. 중재판정의 효력

1) 중재판정이란?

중재판정(arbitral awards)은 분쟁에 대해 중재인(arbitrator)이 내리는 최종적인 결정이다. 그러므로 중재합의 당사자들은 이 판정에 구속된다.

중재판정부(arbitral tribunal)의 의사결정은 다수결에 의한다. 중재합의에 별도의 약정이 없는 한 중재판정부가 여러 명의 중재인으로 구성되어 있는 경우 그 과반수의 찬성으로 판정하게 된다는 말이다. 그런데 이때 중재인의 최종 결정이 可否同數(ayes and nays are equal)인 때에는 해당 중재판정은 무효로 된다.

중재판정이 무효로 되는 경우에는 당사자가 다시 중재합의를 하여야 중재관할권이 생긴다. 다시 중재합의가 불가능한 때에는 법원에 소송을 제기할 수 있다.

2) 중재판정의 효력

중재판정이 내려짐으로써 중재절차에서는 분쟁이 종국적으로 종결되고, 당사자에게는 그 내용에 따를 의무가 생기게 한다. 그렇다면 이러한 효과를 발생시키는 중재판정의 효력은 무엇인가, 예컨대, 우리 중재법 제35조에 의하면 "중재판정은 당사자간에 있어서는 법원의 확정판결과 동일한 효력이 있다"고 하는데. 이 '확정판결과 동일한 효력'이라는 것은 구체적으로 무엇인가의 문제인바, 이 점은 해석에 맡겨져 있다.

(1) 기속력(effect of sentence)

중재인이 중재판정을 내리면 중재인의 임무와 권한은 종료한다. 따라서 중재인 자체도 일단 그들이 판정을 내린 후에는, 판정문의 오류정정 등 비본질적인 수정을 제외하고는 위 판정을 고치거나 번복할 수 없는바, 이것이 중재판정의 기속력이다.

(2) 구속력(binding force)

당사자는 중재판정의 내용에 따르기로 합의한 것이므로 중재판정에 따를 의무가 있다. 즉 중재판정은 당사자들에 대하여 구속력이 있다. 만일 이같은 구속력에도 불구하고 당사자가 중재판정의 내용을 임의로 이행하지 않을 때에는 어떻게 할 것인가? 실무상으로는 그 이행을 사실적으로 강제하기 위한 여러 가지 방편이 마련되어 있지만, 이론상으로는 뒤에서 보는 집행력을 부여받아 강제집행하는 수밖에 없다.

(3) 확정력(finality, conclusiveness)

판결이 확정되면 형식적 확정력과 실질적 확정력이 생기는데, 이를 중재판정과 관련하여 살펴보기로 한다.

먼저 판결이 확정되면 당사자가 통상의 절차에 의하여는 그 판결에 불복할 수 없는 효력, 즉 형식적 확정력(finality, conclusiveness)은 중재판정에도 발생한다. 즉 중재에는 상소제도가 없어 통상의 불복방법이 없으므로 일단 판정이 내려지면 위와 같은 형식적 확정력이 발생한다고 볼 것이다. 다만 확정판결이 불복을 허용하는 재심의 사유보다 넓은 사유에 의하여 중재판정이 취소될 수 있으므로 이러한 확정력은 상당히 유동적이다.

또한 판결이 확정되면 동일한 당사자가 그 소송물에 관하여 다시 다툴 수 없는 효력, 즉 기판력의 문제가 중재판정에도 발생하느냐의 문제가 있다. 소송제도의 단점을 보완하기 위한 중재제도가 되기 위하여는 이미 판정이 내려진 법률관계에 관하여 동일한 당사자가 다시 중재신청을 하면 그 신청은 위 판정의 기판력에 반하는 것으로서 기각 또는 각하된다고 해석하여야 할 것이다.[10)]

---

10) 프랑스 민사소송법 제1476조는 "중재판정이 내려지면 법원에 의하여 집행결정이 나기 전이라도 판단받은 사실(res judicata)로 간주된다"라고 규정하여 이를 인정하였고, 네덜란드, 벨기에, 독일, 이탈리아도 같다. 영미법계에서도 반복금지원칙(The Doctrine of Eestoppel)에 의하여 위와 같이 인정된다.

(4) 집행력(vollstreckbarkeit)

확정판결과 마찬가지의 효력으로서 집행력이 생기는 것 또한 당연하다. 다만 확정판결에 대한 집행력은 원칙적으로 법원의 사무관 등에 의하여 집행문을 부여받음으로써 생기는데 반하여 중재판정은 법원의 집행판결을 받아야만 집행력이 생기므로 그 때까지는 잠정적인 집행력만을 가진다할 것이다.

중재판정의 집행을 허가하는 절차 및 형식은 나라마다 다르다. 우리나라와 일본은 집행판결절차에 의하여 중재판정의 집행을 허용하고 있고, 독일은 변론없이 또는 변론을 거쳐 결정으로 집행의 허가여부를 결정하며[11] 프랑스에서는 이를 비송절차로 보아 집행명령(exequatur)을 받도록 하고 있고,[12] 미국은 확인명령(order of confirmation)에 의하도록 하고 있다.[13]

(5) 대법원 확정판결의 효력

중재판정은 법원의 확정판정과 동일한 법적 효력을 가진다. 따라서 일단 중재판정이 내려지면 당사자는 이에 복종해야 된다. 왜냐하면 중재의 경우에는 소송제도에서 널리 허용되고 있는 불복절차가 없기 때문이다. 그런데 우리나라에서는 아직까지 중재제도에 대한 인식도가 낮아 이 같은 중재판정의 효력을 모르는 사람이 많은 것 같다. 대법원의 판결은 더 이상 다툴 수 없다는 사실을 누구나 잘도 알고 있으면서도 말이다. 중재판정도 더 이상 다툴 수 없다는 점에서 대법원의 확정판결과 같다는 말이다.

(6) 국제적 효력

중재판정은 국내적으로는 법원의 확정판결과 동일한 효력이 인정될 뿐 아니라 국제적으로도 「뉴욕협약[14](New York Convention)」에 의하여 체약국

---

11) 독일 민사소송법 제1042조, 제1042a조.

12) 프랑스 민사소송법 제1500조, 제1477조.

13) 미국 연방중재법 제207조.

14) 이의 공식명칭은 「외국중재판정의 승인 및 집행에 관한 유엔협약(The United Nations Convention on the Recognition and Enforcement of Foreign Arbitral Awards)」인데 1958년 뉴욕에서 채택하였다고 하여 뉴욕협약이라고도 부른다. 우리나라는 1973년

간에 국제적 효력이 인정되고 있다. 이의 주된 내용은 이 협약에 가입한 국가 중 어느 나라의 중재기관에서 내린 중재판정이라 하더라도 상호 그 효력을 승인하고 강제집행도 보장한다는 것이다. 중재기관이나 준거법이 어느 나라의 것이든 불문하고 외국에서 내려진 중재판정도 자국의 법에 의하여 자국 내에서 내려진 중재판정과 동일한 효력을 갖게 된다. 그러므로 대한상사중재원에서 내려진 중재판정도 협약 체약국 간에서는 상호주의의 원칙에 따라 그 승인 및 집행이 국제적으로 인정된다.

5. 국제상사중재제도의 특징

1) 국제상사중재제도의 장점

(1) 법원에 제소할 수 없다.

중재합의(계약)가 없는 한 사인(private person)은 누구나 자신의 민사상의 분쟁을 법원에 제소할 수 있다. 그러나 현존 또는 장래의 분쟁을 중재로 해결하겠다는 중재합의가 있는 경우에는 해당 분쟁을 법원에 제소할 수 없다. 왜냐하면 중재합의는 당사자가 특정의 분쟁에 대하여 법원의 관할권을 배제한다는 취지의 약속이기 때문이다. 그럼에도 불구하고 일방이 제소한 경우 타방이 중재합의가 존재한다는 사실을 입증하면 법원은 해당 소를 각하해야 된다.

(2) 자주적 분쟁해결 수단이다.

중재는 분쟁의 당사자가 법원의 판결에 의존하지 아니하고, 그들의 자유의사에 의한 중재합의에 따라 자신이 선임하는 중재인에게 분쟁의 해결을 위임하고 양 당사자는 그들이 내린 판정의 결과에 복종하기로 하는 자주적인 분쟁해결수단이다.

에 가입하였다. 2010년 현재 가입국가의 수는 145국에 이른다.
http://www.uncitral.org/uncitral/en/uncitral_texts/arbitration/NYConvention_status.html

(3) 중재는 단심제이다.

법원의 소송은 3심제이므로 하급심에서 패소한 당사자가 상소수단을 남용하여 절차를 의도적으로 지연시킬 수 있는 여지가 있다. 그러나 중재는 단심제이므로 분쟁이 신속히 종결된다. 특히 중재판정은 중재합의에서 약정된 기간 내에, 또는 중재가 개시된 날로부터 일정기간 내에 중재판정을 내려야 하기 때문에 분쟁이 조기에 해결된다.

(4) 중재인의 전문성이 발휘된다.

국제상거래는 상관습에 지배를 받는 경우가 많으므로 일반법만을 연구한 일반법관에게 국제상거래에 관한 분쟁해결을 맡기는 것보다는 상거래와 관습에 정통한 중재인에게 판정을 맡김으로써 보다 현실적이고 합리적인 해결을 도모할 수 있다.

(5) 심리절차가 비공개로 진행된다.

소송의 경우에는 재판절차나 판결문이 각각 공개되기 때문에 사업의 내용과 경영상의 기밀이 외부에 노출될 위험이 있다. 그러나 중재에 있어서의 심리절차는 비공개를 원칙으로 한다. 그러므로 특히 국제상사분쟁의 경우에는 중재판정문도 공개되지 않으므로 거래의 기밀이 보장된다.

(6) 비용이 저렴하다.

중재는 분쟁을 조기에 해결하기 때문에 비용이 매우 저렴하다. 또한 소송의 경우에는 위탁변호사수, 소송기간의 연장에 따라 비용이 많이 소요되나 중재의 경우에는 이러한 비용이 절약된다. 특히 상설중재기관의 경우에는 미리 합리적으로 책정된 중재요금 표가 작성·제시되고 그 비용도 저렴하다.

(7) 중재판정의 효력이 국제적으로 보장된다.

재판은 국가공권력의 발동이므로 원칙적으로 국경을 초월하여 그 효력을 미칠 수 없다. 그러나 중재판정은 민간인의 자주적인 분쟁해결 방법이기 때문에 국가의 주권문제와도 무관하다. 또한 뉴욕협약(New York Convention)

에 가입한 체약국간에는 외국중재판정을 상호간 승인하고 강제집행도 보장한다.

(8) 민주적 분쟁해결 수단이다.

소송은 제소(complaint)와 소환(summons)의 수단에 의하여 위압적인 분위기 속에서 진행되어 일도양단의 판결을 내리지만 중재의 경우는 중재인과 당사자가 평등한 입장에서 심리가 진행되며 상호간 인격을 최대한 존중한다.

2) 국제상사중재제도의 단점

(1) 예측가능성의 결여

상소절차가 없기 때문에 잘못된 판단이 내려진다면 돌이킬 수 없는 위험을 부담해야 한다. 또한 신속하고 저렴한 비용에 의한 분쟁해결만을 강조하다가 분쟁의 공정한 해결을 침해받을 가능성이 많다. 소송에 있어서의 절차의 엄격성은 절차적 공정을 보장하기 위한 것인데, 중재에서는 이러한 엄격성을 완화함으로써 절차적 공정이 보장되지 않으므로 중재판정의 공정성이 담보되지 않는다.

또한 중재판정이 법률 또는 판례 등에 의하지 않음으로써 결과를 예측하기 어려워 예측가능성(predictability)이 감소된다. 특히 중재판정이 '衡平과 善'(ex aequo et bono) 또는 '友誼的 仲裁'(amiable composition)에 의할 경우에는 더욱 그러하다.

(2) 전문가의 자질

당사자에 의해 선임된 중재인은 대리인 의식이 작용하여 공정한 판단을 해할 우려 중요한 법률문제가 개재되어 있을 경우에는 일반적으로 그 판단능력이 미흡하다는 단점이 있다.

(3) 절충주의적 판단

판단기준이 애매하여 주관적, 자의적이거나 양당사자의 주장을 단순히 반으로 나누는 식의 절충주의적 판단이 될 위험성 있다. 그리고 충분한 절차

보장과 사실관계의 조사가 행해지지 않을 수 있기 때문에 중재절차가 경제적. 사회적 강자로부터 양보를 얻어내는 절차로 전락할 수도 있다.

(4) 진실발견의 어려움

중재판정부의 제한된 권한으로는 실체적 진실을 발견하는데 부족하다. 즉 국가공권력의 도움을 받지 못함으로써 증인신문 등 증거조사에 어려움이 있다.

(5) 국내중재에 있어서 집행가능성의 감소

국내중재판정의 승인과 집행을 위하여는 새로운 절차를 밟아야 하므로 판결에 비하여 집행의 가능성과 효율성이 떨어진다.

(6) 다수당사자 간 분쟁해결의 어려움

다수당사자가 모두 중재지, 준거법 및 중재절차에 합의한 경우에는 가능하나, 그렇지 않다면 중재인이 제3자를 당사자로 끌어 들일 수 있는 방법이 없으므로 분쟁의 일회적 해결이 소송절차보다 어렵다.

위와 같이 중재제도에는 장점과 단점이 공존하나, 서로 다른 법질서 속에 있는 당사자 사이의 국제거래에 있어서는 장점이 단점을 앞선다. 즉 국제거래의 당사자들은 상대방의 국가법질서에 따라 분쟁을 해결하려 할 때의 실질적 또는 정신적 불안함, 예컨대 상대방 국가 법체계에 대한 無知라든가 그 국가법원의 편파적 판단에 대한 우려 등을 극복하기 위하여 보다 전문적이고 객관적이며 그들의 손에 의하여 직접 선정된 제3자에 의하여 분쟁을 해결하고 싶어 한다. 특히 상대방이 국가 또는 국영기업체인 경우에는 상대방 법원의 편파적 판단에 대한 우려가 극심하게 되어 중재를 선호하게 된다.

이처럼 국제거래에 있어서 발생되는 분쟁은 대부분 상사거래로 인한 분쟁이므로 이를 중재에 의하여 해결하는 제도를 국제상사중재제도라고 하는데, 다만 구체적으로 어떤 중재가 국제상사중재인가, 즉 국제중재의 범위에 대하여는 각국의 입법이나 판례에 따라 다소 차이가 있다.

03

제3장 우리나라 국제상사중재제도의 절차 및 특성

- 3.1 중재절차
- 3.2 중재합의
- 3.3 중재판정부
- 3.4 중재절차의 관리
- 3.5 중재심리와 증거조사
- 3.6 중재판정
- 3.7 우리나라 국제상사중재제도 적용상의 쟁점사안

우리나라 국제상사 중재제도의 절차 및 특성

우리나라 중재제도는 세계 무역규모 11위 국에 걸맞지 않게 최신성 및 국제성이 결여되어 있다는 지적을 받아왔다. 그러나 2000년 중재법규의 전문개정을 통해 UNCITRAL[1] 표준중재법(이하 표준중재법으로 칭한다)을 수용함으로써 우리나라 중재제도도 이제 선진화의 기틀이 마련된 셈이다. 우리나라의 국제상사중재제도를 직접 규율하는 법규로는 중재법과 대한상사중재원의 중재규칙이 있고, 민사소송법과 민사집행법의 관련규정이 준용된다. 중재법은 1966년 제정된 후 1973년에 부분개정 된 바 있고, 1999년 12월 31일

1) 유엔국제무역법위원회(United Nations Commission on International Trade Law, UNCITRAL)는 1966년 12월 17일 유엔총회 결의 2205(XXI)로 설립되었다. 1926년에 설립된 UNIDROIT가 국제 무역법의 통일을 위해 많은 노력을 하였으나 참여국들이 대부분 유럽국가에 그쳐 별 실효성이 없었으므로 유엔총회는 유엔을 중심으로 범세계적인 국제무역법을 연구하고 발전시킬 기구를 출범시키고자 한 것이다. 총회는 유엔헌장 제1조가 유엔이 "경제적·사회적·문화적 또는 인도적 성격의 국제문제를 해결하고, 이러한 공동의 목적을 달성함에 있어서 각국의 활동을 조화시키는 중심이 된다"고 규정하고 있음을 상기시키면서, 국제무역을 규율하는 각국의 국내법 체계가 상이하여 국제무역의 흐름에 장애가 됨을 지적하고, UNCITRAL이 이러한 장애를 완화 또는 제거하는 도구가 될 수 있을 것이라고 기대하였다. 이러한 맥락에서 총회는 UNICTRAL에 국제무역법의 점진적인 조화 및 통일이라는 포괄적인 임무를 부여하였다. UNCITRAL의 목표는 규제가 아니라 법적 명확성과 예측가능성 확보이며, 동 기구는 설립 이래 국제무역법 분야에서 유엔의 핵심 법률기구로 자리잡았다.

전문개정 되어 법률 제6083호로 공포·시행되었다. 그 후 2001년 4월 17일(법률 제6465호)부터 2010년 3월 30일(법률 제10207호)까지 각각 부분개정 되어 지금에 이르고 있다. 중재규칙은 1973년 제정된 이래 수차례 개정된 바 있으며 최근에는 2008년 11월 13일 대법원의 승인을 얻어 시행되고 있다.

3.1 중재절차

1. 일반절차[2)]

1) 중재합의

분쟁을 중재에 의하여 해결하기로 하는 중재합의가 있어야만 중재신청이 가능하다.

(1) 중재합의의 구성내용

중재합의(arbitration agreement)이라 함은 앞서 언급 했듯이 일정한 법률관계에 대하여 당사자 간에 이미 발생하고 있거나 또는 장래에 발생 가능한 모든 분쟁을 중재로 해결하기로 하는 당사자 합의이며, 중재로 분쟁을 해결하기 위한 전제조건이다. 중재합의에는 필수사항이 규정되어야 하며, 그 내용은 중재지[3)], 중재기관, 준거법[4)] 그리고 중재판정부의 구성 등을 규정해

2) 중재절차는 중재사건이 접수되면서 판정이 내려질 때까지의 모든 절차를 의미하며, 당사자 간의 중재합의로 정할 수 있다.(중재법 제12조 제2항 및 제20조 제1항). 여기서 설명하는 일반절차 대한상사중재원에서 시행하고 있는 일반적 중재절차이다.

3) 중재지(place of arbitration)란 중재가 이루어지는 곳이다. 그런데 중재는 어느 한 곳에서만 이루어지는 것이 아니다. 예컨대 중재인들의 편의상 또는 필요상 그 심리를 여러 곳에서 할 수 있고, 현장조사 또는 증인신문의 경우에는 현장이나 증인소재지에서 중재절차가 진행될 수도 있다. 또한 심리를 한 곳과 평결을 한 곳 또는 중재판정서에 서명한 곳 등이 다를 수 있다. 이 중 어느 곳을 중재지로 할 것이냐의 문제인바, 보통 중재판정에 서명한 곳을 중재지로 본다.

4) 중재에 적용되는 준거법(governing law, applicable law)에는 절차법(procedural law)과

된다. 만약 중재합의의 내용이 규정되지 않는다면 또 다른 분쟁이 야기될 수도 있다.

중 재 합 의 서

아래 당사자들은 아래 내용의 분쟁을 대한상사중재원의 중재규칙 및 대한민국 법에 따라 대한상사중재원에서 중재에 의하여 해결하기로 하며, 본 분쟁에 대하여 내려지는 중재판정은 최종적인 것으로 모든 당사자에 대하여 구속력을 가지는 것에 합의한다.

1. **분쟁내용 요지**: (예: 계약(주문)번호×××에 관련한 모든 분쟁)

2. **부가사항**: (중재인 수나 위 규칙 제8장에 따른 신속절차 및 형평과 선에 의한 판정 가능 여부 등에 관하여 합의할 수 있음)

****년**월 **일

상 사 명 :	상 사 명 :
위대표자 :	위대표자 :
주 소 :	주 소 :
위대리인 :	위대리인 :

출처: 대한상사중재원

▌그림 3.1▌ **중재합의서(한글)**

실체법(substantive law)이 있다.

Submission to Arbitration

We the undersigned parties, hereby agree to submit the below dispute to the Korean Commercial Arbitration Board for arbitration in Seoul, Korea in accordance with the Arbitration Rules of the Korean Commercial Arbitration Board and under the Laws of Korea with impeccable understanding that the arbitral award to be rendered on the dispute shall be final and binding upon all the parties concerned.

(1) Points of Dispute : All disputes in relation to the contract No. **** dated ****, ****, ****

(2) Further References : Number of Arbitrators desired (one[ ], three[ ])

Party(A)

Name of Corporation :

Address :

Name of Representative(or Agent) :

Signed by : ______________________

Date of Signature : ****, ****, ****

Party(B)

Name of Corporation :

Address :

Name of Representative(or Agent) :

Signed by : ______________________

Date of Signature : ****, ****, ****

▌그림 3.2▌ 중재합의서(영어)

2) 중재신청 및 비용예납

중재를 신청하고자 할 때에는 대한상사중재원의 본부(서울)나 지역본부(부산)의 사무국에 중재비용과 함께 다음의 서류를 작성 제출해야 한다. 신청하기 전에 전화로 문의하거나 내방하여 안내를 받으면 더욱 편리하다.

(1) 중재신청시 구비서류

① 중재합의서
② 중재신청서
③ 신청의 원인사실을 입증하는 서증(원본 또는 사본)
④ 대리인이 신청시 그 위임장
⑤ 신청인 및 피신청인 법인 등기부등본(개인은 주민등록등본)

(2) 중재비용

일방 당사자가 분쟁의 최종 해결을 위해 중재를 신청한 후 판정이 내려질 때까지 소요되는 비용을 중재비용이라 하며 중재비용은 요금, 경비, 수당으로 구분되는데 중재신청서를 접수할 때 신청인으로부터 미리 예납받으나, 중재판정부에 의하여 부담비율이 판정에서 정해진다.

중재신청서

1. 신청인

회사명: (주)성건제약
주 소: 서울특별시 강남구 삼성동 159
대표자: 대표이사 김 성 건
대리인: 김 태 위
서울특별시 강남구 삼성동 300
전 화: ○○-○○○-○○○○
팩 스: ○○-○○○-○○○○
이메일: ○○○@○○○○

2. 피신청인

회사명: 산티아고(SANTIAGO LTD.)
주 소: 칠레 산티아고시 페르난데즈 1000
(FERNANDEZ 1000, SANTIAGO, CHILE)
대표자: 빅터 신(Victor Shin)
전 화: ○○○-○○○-○○○○
팩 스: ○○○-○○○-○○○○
이메일: ○○○@○○○○

3. 신청취지

(1) 피신청인은 지불기한이 지난 신청인의 수출환어음금액 미화 71,070달러 및 이에 대하여 ****년 **월 **일부터 완제일까지 연 18%의 비율에 의한 금원을 지급하라.

(2) 중재비용은 피신청인의 부담으로 한다.

라는 판정을 구합니다.

4. 신청이유

(1) 신청인은 한국의 계약회사인 (주)성건제약으로서 피신청인에게 의약품을 수출하였고 피신청인은 칠레 산디아고에 소재한 수입상으로서 신청인으로부터 의약품을 수입하였습니다.

(2) 신청인은 피신청인과 ****년부터 거래를 시작하였으며 초기 결제조건은 신용장 방식이었습니다.

(3) ****년 피신청인은 신청인에게 신용장방식 대신 D/A 120days로 결제조건의 변경을 제의하여 신청인은 거래를 확대하기 위하여 본 조건을 수용하였습니다.

(4) D/A 조건으로 거래를 한 후 피신청인은 결제 만기일을 넘겨 지불하기 시작하였고 ****년 **월 기준으로 미화 12,690달러가 미지급상태에 있었습니다.

(5) 신청인은 본건 해결을 위하여 ****년 **월 대리인을 현지에 파견하여 미화 19,260달러를 회수하였으며 동시에 잔액 미화 105,430달러에 대하여는 ****년 **월 **일까지 분할 상환하겠다는 각서를 받았습니다.또한, 본 각서에는 분쟁 발생시 대한상사중재원에서 중재로 해결할 수 있는 중재조항을 삽입하여 두었습니다.

(6) 그러나 그 이후 신청인은 미화 34,360달러만 피신청인으로부터 회수하였고 현재 미결재 잔액 미화 71,070달러가 남겨져 있고 그동안 피신청인의 지불지연으로 신청인은 이자자부담을 안게 되었습니다.

(7) 그러므로 신청인은 미결제잔액 미화 71,070달러와 은행연체이자율에 근거하여 지연이자를 피신청인에게 법적으로 청구하기 위하여 귀원에 중재를 신청합니다.

5. 입증방법

갑제1호증합의서

갑제2호증각서

갑제3호증의 1내지 3각송장

갑제4호증서신

****년 **월 **일

위 신청인 (주)성건제약 대표이사 김 성 건 (인)

대한상사중재원 귀중

▮그림 3.3▮ **중재신청서(한글)**

Statement of Claim

Claimant::###### Cargo #######Co., Ltd.

Address: #159-1, Samsung-dong, Kangnam-ku, Seoul, Korea

Representative Director: Sang-Jin, Lee

Tel : ○○-○○○-○○○○

Fax : ○○-○○○-○○○○

E-mail : ○○○@○○○○

Respondent::********* Freight Consolidators, Inc.

Address: LG * & *, ****** Cityland Dela Rosa Condominium

Dela Rosa Corner Washington St., Makati City,

Manila, Philippines

Representative Director: Gyu-Beom, Lim

Tel : ○○-○○○-○○○○

Fax : ○○-○○○-○○○○

E-mail : ○○○@○○○○

Basis of the Claim

1. The Respondent shall pay to the Claimant the sum of US$20,620.12.
2. The Arbitration Cost shall be borne by the Respondent.

Grounds of the Claim

The Claimant is a Korean Corporation engaged in sea and air freight forwarding business. The Claimant and the Respondent executed "Sea and Air Cargo Transportation Agency Contract(“Agency Agreement”) on November 01, **** (see the attached Exhibit A-1),

Based on this “Agency Agreement”, the Claimant and the Respondent had transported sea and air cargo reciprocally and had settled the freight charge accounts within 1 month.

The Respondent failed to make payment on the accounts outlined below and had no special reasons. The exact calculation is as follows:

* Accounts amount : US$ 20,620.12
* Period: from June **** to December ****

The Claimant met the Respondent in Manila on June 14, **** and verified the amount owed and the detail statement for cargo business. The Respondent and the Claimant agreed that the Respondent would pay to the Claimant US$20,620.12 before September 30, **** and that all disputes arising from the Respondent''s inability to fulfill the above obligations would be resolved by arbitration. (see the attached Exhibit A-2)

The Respondent did not pay the freight charge. Accordingly, the Claimant requested arbitration to be conducted by the Korean Commercial Arbitration Board as set forth in the Purport.

Method of Proofs

Exhibit A-1 : Agency Agreement
Exhibit A-2 : Certificate of outstanding payment to ###
Exhibit A-3 : Letter
Exhibit A-4 : Fax dated February 7, ****
Exhibit A-5 : Dunning letter dated May 11, ****
Exhibit A-6 : Fax dated May 27, ****
Exhibit A-7 : Fax dated September 2, ****

April 25, ****
####### Cargo #######Co., Ltd.

(Signature)
Sang-Jin, Lee
Representative Director

출처: 대한상사중재원

❙그림 3.4❙ 중재신청서(영어)

3) 중재신청의 접수 및 통지

중재신청서가 제출되면 중재합의서, 중재신청서, 중재신청의 취지를 입증하는 서류의 유무, 대리인이 선임된 경우 위임장 등 적합여부를 확인하고, 사무국에서 적합하다고 판단하는 경우에는 소정의 중재비용을 예납받고 접수한다.

4) 답변서 제출

피신청인은 신청인의 중재신청서를 검토한 후 중재신청 접수통지의 수령일(기준일)로부터 국제중재의 경우 30일(국내중재의 경우 15일) 이내에 답변서를 사무국에 제출하여 답변할 수 있다. 답변서의 기재사항은 다음과 같다.

① 양당사자의 성명 및 주소(당사자가 법인인 경우에는 법인의 명칭 및 주소, 대표자의 성명 및 주소를 병기한다)
② 대리인이 있는 경우에는 그 성명과 주소
③ 답변의 취지와 이유 및 입증방법

사무국은 답변서를 제출받음과 동시에 그 답변이 적합한 것인지의 여부를 확인하고 적합한 경우에는 이를 접수하고 양당사자에게 접수사실을 통지한다. 이 경우 신청인에게는 답변서 1부를 보낸다. 만일 피신청인이 위의 기간내에 답변서의 제출이 없는 경우에는 신청인이 주장하는 청구의 기각을 구하는 것으로 본다.

동일 사안에 대해 피신청인이 중재신청을 하는 것을 반대신청이라 하는데, 피신청인이 스스로 판단하여 직접 하는 방법과 답변의 취지나 이유가 반대신청의 내용을 포함하고 있다고 판단할 경우, 그 부분에 대하여 중재판정부의 요구에 의해 행하는 방법 등 두 가지가 있다. 절차는 당초의 중재신청 절차와 동일하다.

5) 중재판정부 구성

중재사건을 판정할 중재인은 분쟁당사자가 직접 선정하거나 중재원에서 추천한 중재인 후보 중에서 선임하게 된다. 중재인은 법조계, 학계, 업계 등 각계권위자로서 최소한 20년 이상 해당분야에 경험 있고 전문지식, 신뢰성, 성실성, 신망, 판단력 등이 갖추어진 인사라야 한다.

(1) 당사자에 의한 직접 선정방법

당사자간의 약정으로 중재인을 당사자가 직접 선정 또는 선정방법을 정하였을 경우, 선정통지수령일로부터 15일(국제중재: 30일)이내에 중재인취임수락서를 중재인으로부터 받아 제출해야 한다.

(2) 사무국에 의한 선정방법

중재인 명부 중에서 5인 또는 10인의 후보자를 선정 후 당사자에게 명단을 보낸다. 당사자는 동 명단에 자신이 희망하는 순위를 의장중재인과 기타 중재인란에 번호를 기재하여 후보자명단수령일로부터 15일(국제중재: 30일) 이내에 반송하여야 한다. 사무국은 양당사자의 순위를 집계한 후 희망순위가 가장 높은 사람(1~3인)으로부터 취임수락서를 받아 선정하게 되고, 중재판정부가 구성되면 중재인과 양당사자에게 중재인 선정사실과 제1차 심리기일을 서면으로 통지한다.

6) 중재심리

심리일시 및 장소의 결정과 통지, 중재판정부는 심리(hearing)의 일시, 장소와 방식을 결정하는데 심리의 일시와 장소가 결정되면 사무국은 당사자에게 심리개시 10일 전(국제중재: 20일)까지 통지한다.

(1) 심리준비

중재판정부는 양당사자에게 심리를 시작하기 전에 주장, 증거방법, 상대방 주장에 대한 의견을 기재한 준비서면을 제출하게 할 수 있다.

(2) 심리절차

① 심리는 사건번호와 당사자의 호명으로 개시된다.

② 심리절차는 비공개를 원칙으로 한다.
③ 당사자의 일방이 증거물을 제출하는 경우 판정부는 이를 증거로 접수할 수 있다.
④ 판정부는 필요하다고 인정할 경우 절차를 변경할 수 있다.
⑤ 당사자는 사무국이나 판정부가 요구하는 서면, 증거 또는 기타 문서의 번역문을 제출해야 한다.
⑥ 판정부는 당사자를 직접 심리한다.
⑦ 심리시에 판정부에 제출치 못하고 심리 당시의 합의나 그 이후의 합의 및 판정부의 요구에 의해 제출하는 모든 서류는 사무국이 접수하여 판정부 및 타방당사자에게 송달하여야 한다.
⑧ 판정부가 판정에 필요하다고 인정하는 증거의 조사를 직접 할 수 없는 것은 직권 또는 당사자의 요구에 의해 관할법원에 이를 신청할 수 있다.
⑨ 당사자의 일방이 정당하게 통지 또는 고지되었음에도 불구하고 출석치 아니하거나 출석하여도 심리에 응하지 아니하는 경우에도 중재는 그대로 진행시킬 수 있다.
⑩ 중재판정부는 상당한 이유가 있으면 직권이나 당사자의 요구에 의하여 심리를 연기하거나 속행할 수 있는데 다만, 심리기일 연기신청은 심리기일 3일 전까지 하여야 하며, 계속하여 2회 이상 연기하지 않도록 해야 한다.

(3) 심리종결

중재판정부는 당사자가 주장 및 입증을 다하였다고 인정할 때 심리의 종결을 선언하여야 한다.

7) 중재판정

(1) 판정의 범위 및 기간

① 중재판정부는 중재합의의 범위 내에서 계약의 현실이행 뿐만 아니라 공정하고 정당한 배상이나 기타의 구제를 명할 수 있다. 따라서 중재

합의의 범위를 벗어난 판정은 효력이 인정되지 아니하고 중재판정부는 책임있는 당사자에게 중재비용의 부담비율을 명하여야 한다.

② 중재판정부는 당사자 간의 별도 약정이 없는 한 중재심리가 종결된 날로부터 30일 이내에 중재인 과반수 찬성으로 판정하고 당사자가 합의하면 판정이유의 기재를 생략할 수 있다.

(2) 판정의 형식

① 중재판정은 서면으로 작성하고 다음 사항을 기재하여 중재인이 서명하여야 한다.[5]

② 중재판정은 한국어로 작성한다. 다만 당사자의 요구가 있거나 중재인 중에 외국의 국적을 가진 자가 있을 때는 한국어와 영어를 공용할 수 있으며, 이때 국문과 영문으로 작성되는 판정문은 모두 이를 정본으로 한다. 그러나 국영문간에 해석상의 차이가 있을 때는 한국어에 의하여 해석한다.

(3) 판정의 송달

① 사무국은 판정의 정본을 당사자 또는 대리인에게 최후로 알려진 주소에 등기우편(배달증명)으로 발송하거나 직접 교부한다.

② 판정의 정본을 당사자에게 송달한 후 이의 수령을 확인하는 우편물 배달증명서가 도착하면, 사무국은 판정문원본과 송달의 증서를 첨부하여 관할법원에 이송보관 한다.

(4) 판정의 효력

중재판정부는 당사자 간에 있어서는 법원의 확정판결과 동일한 효력이 있다. 또한 뉴욕협약(외국중재판정의 승인 및 집행에 관한 UN협약)에 따라 외국에서도 중재판정의 승인 및 집행이 보장된다.

---

[5] ① 당사자의 성명 또는 명칭과 주소, ② 판정주문 및 판정이유, ③ 대리인이 있는 경우에는 그 대리인의 성명과 주소, ④ 판정문 작성일자 및 중재지

2. 신속절차

1) 의의

신속절차는 중재제도의 강점을 최대로 살려 국내외 상사분쟁을 보다 더 신속·저렴하게 해결함으로써 중재 이용자들에게 편익을 제공하는 제도

2) 적용범위

당사자간에 신속절차에 따르기로 하는 별도의 합의가 있는 중재사건 또는 신청금액이 1억 원 이하인 국내중재의 경우 신속절차를 적용한다.

3) 절차의간소화

① 중재인의 선정에 대해 당사자간에 별도의 합의가 없는 경우에는 사무국이 중재인명부 중에서 1인의 중재인을 선정한다.

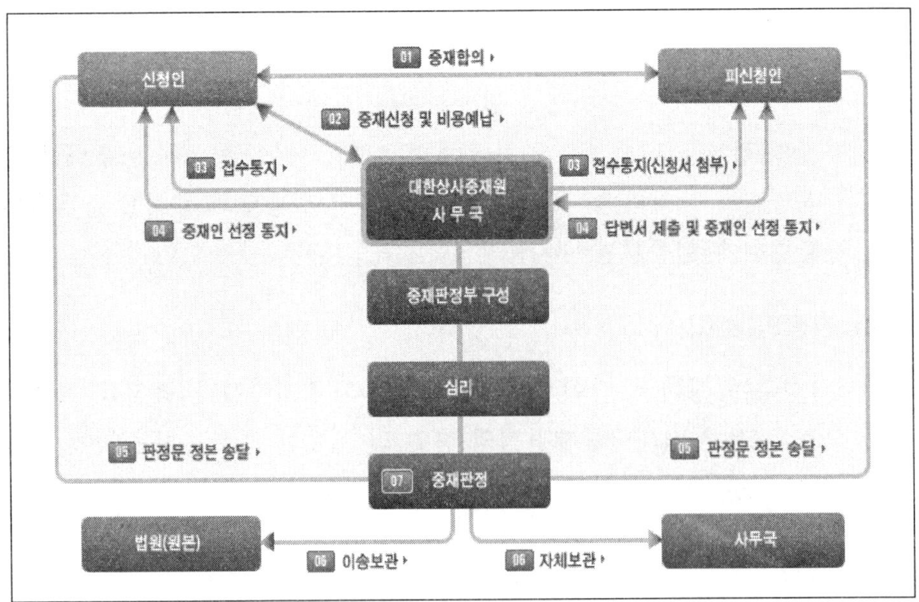

출처: 대한상사중재원

▌그림 3.5▐ **대한상사중재원 중재절차**

② 중재판정부는 심리일시와 장소를 결정하며, 사무국은 이를 심리개시 3일 전까지 구술, 인편, 전화 또는 서면 등 적합한 방법으로 당사자에게 통지한다.
③ 심리는 1회로 종결함을 원칙으로 하나 중재판정부는 상당한 이유가 있다고 인정하는 경우에는 심리를 재개할 수 있다.
④ 피신청인은 심리종결 전까지 반대신청을 할 수 있다.
⑤ 중재판정부는 심리종결일로부터 10일 이내에 판정하여야 하며, 당사자가 합의하면 판정이유의 기재를 생략할 수 있다.

3.2 중재합의

1. 중재합의의 존부(存否)

1) 중재합의 존부의 다툼

중재합의는 분쟁에 관한 중재관할의 선언이자 법원관할의 배제를 의미하므로 법원에 제소할 수 없다. 당사자는 중재합의가 없거나 무효 및 실효이거나 그 이행이 불가능한 경우에만 법원에 제소할 수 있다. 그러므로 중재합의의 대상인 분쟁에 관하여 소가 제기된 경우 피고가 최초의 변론 시까지 이를 항변하면 법원은 그 소를 각하하여야 한다.

중재판정부는 자신의 권한 및 이와 관련된 중재합의의 존부 또는 유효성에 대한 이의에 대하여 결정할 수 있다. 따라서 중재판정부는 중재합의 존부의 다툼에 대하여 그 주장이 중재합의의 부존재[6], 무효, 효력 상실, 이행불가능으로서 이유 있다고 인정될 때에는 중재신청을 기각하는 중재관할부존재의 결정을 내리게 되지만, 반대로 이유 없는 것으로 인정될 때에는 소

---

6) 중재법에서는 중재합의가 무효, 효력상실, 이행불능인 경우에만 제소할 수 있도록 한 구 중재법(제3조)의 규정에 중재합의 부존재의 경우가 추가되었다.

가 법원에 계속(繫屬)중인 경우에도 중재절차를 개시 또는 진행하거나 중재판정을 내릴 수 있다. 그러므로 이에 불복하는 당사자는 중재판정이 내려진 후에 중재판정취소의 소를 통하여 이를 다툴 수 있을 뿐이다.

2) 주 계약 존·부의 다툼

중재조항의 독립성 원칙은 국제적으로 널리 인정되고 있다. 우리나라의 제도하에서도 중재합의가 중재조항의 형식으로 되어 있는 경우 다른 계약조항의 효력은 중재조항의 효력에 영향을 미치지 못한다. 중재조항이 삽입되어 있는 주 계약의 존·부에 관한 다툼은 판정부가 그 배타적 관할권을 행사하게 되므로 중재절차 진행 도중에 법원에서 이를 다투는 것은 인정되지 않는다. 따라서 당사자가 중재조항에 동의했는지의 다툼에 관한 소송절차는 주 계약존부의 문제가 판정부에 의하여 결정될 때까지 중지된다.

2. 중재합의와 법원의 보전처분

국제상사중재에서 법원의 보전처분은 중재절차와 병존할 수 있는가? 그리고 보전처분 신청권의 포기를 위한 당사자 합의는 존중되는가?

법원의 보전처분은 중재합의와 모순되지 않는다. 중재합의의 당사자는 중재절차의 개시 전 또는 진행 중 본 안 문제를 보존하거나 증거를 확보하기 위하여 법원에 보전처분을 신청할 수 있기 때문에 보전처분은 중재절차와 병존할 수 있다. 그리고 중재법상에는 후자의 의문에 관한 명시적 규정이 없다. 그러나 보전처분 신청권을 포기한다는 별도의 당사자 합의는 보전처분의 공익성 및 사태발생의 예측불가능성 등에 비추어 존중되지 않는 것으로 이해함이 타당할 것으로 보인다.

3. 중재청구권의 포기

1) 청구권포기의 성립요건

중재합의도 일종의 계약이므로 중재합의가 성립한 후에 당사자의 합의 또는 행위에 의거 이의 포기가 가능하며, 동시에 중재합의에 기한 중재신청권 역시 다른 권리들과 마찬가지로 그 포기가 가능한 것으로 인정되고 있다.

중재신청권의 포기는 명시적 포기뿐만 아니라 묵시적 포기도 인정된다. 다만 당사자가 이를 다툴 경우 명시적 포기에 비해 묵시적 포기는 그 성부의 판단이 용이하지 않을 뿐이다. 묵시적 포기가 성립하는 경우로는 ①합의된 기한 내에 중재신청을 하지 아니한 경우, ②합의된 기한은 없지만 중재신청권의 행사가 현저하게 지연된 경우, ③중재합의와 모순되는 행위를 한 경우이다.

2) 청구권포기의 성립과 판단권한

위 ①의 경우 기한경과여부의 판단은 판정부의 몫이고, ②의 경우 "상당한 기간 권리를 행사하지 않은 경우 그 권리의 행사는 인정되지 않는다"는 형평법상 해태의 법리가 적용되어 중재신청권의 포기가 성립한다. 이때 어느 정도의 지연이 권리의 포기를 성립시킬 만큼 현저한 지연인가에 대한 판단권한 역시 판정부의 몫인 만큼 판정부가 그 여부를 결정한다.

중재합의는 분쟁에 관한 중재관할의 선언이자 법원관할의 배제를 의미하므로 법원에 제소할 수 없다. 그럼에도 불구하고 ③의 경우와 같이 당사자가 중재합의와 모순되는 행위인 제소와 응소를 행함으로써 중재합의의 포기가 성립되는 수도 있다. 계쟁목적물의 보전조치를 법원에 신청하는 행위나 또는 중재관할이 있는 분쟁에 대해 당사자가 이를 법원에 단순히 제소하는 행위만으로 중재관할권이 소멸되는 것은 아니므로 소장을 제출한 단계에서는 중재청구권의 포기가 성립되지 않는다.

또한 중재합의의 당사자인 피제소자가 소송절차에서 단순히 중재관할을 주장하는 답변을 행한 것만으로도 중재청구권의 포기는 성립되지 않는다. 그러나 본 안 분쟁에 대해 법원에 그 관할권이 없음을 제때에 항변하지 않고 소송절차에 따라 변론을 행한 단계에서는 중재합의의 포기가 성립된다는 다수의 판례가 있다. 그러므로 중재관할을 주장하는 당사자일지라도 법원의 소송절차에 깊이 개입하면 본인의 의사와는 달리 법원에 의해 중재청구권의 포기가 인정될 수 있다.

3) 청구권포기의 효과

중재판정부가 합의된 기한이 경과하였다고 판단하거나 또는 중재신청이 현저하게 지연되었다고 판단하게 되면 ①과 ②의 어느 경우이든 청구권의 포기가 성립하므로 중재합의가 소멸하여 중재신청이 불가할 뿐만 아니라 소권도 소멸되므로 추후 이를 법원에 제소할 수도 없게 된다. 그러나 이 경우에도 당사자가 합리적인 기한이내에 중재합의의 포기를 합의하게 되면 그때에는 소권이 소멸된 것은 아니므로 제정법상의 규정에 따라 분쟁을 법원에 제소할 수는 있다. 그리고 만약 법원이 ③의 경우를 이유로 중재합의의 포기가 성립함을 인정하면 중재관할은 그것으로 소멸되고 소송절차가 속행된다.

3.3 중재판정부

1. 중재인의 자격

중재인이란 중재합의에 의거 중재신청된 분쟁을 자신의 책임하에 최종적으로 판정할 수 있는 능력과 권한을 가진 자를 말한다. 그러므로 중재, 즉 중재인이며, 좋은 중재는 곧 좋은 중재인에 비유된다.

그럼에도 불구하고 표준중재법은 물론 프랑스의 민사소송법과 일본, 독일, 중국, 영국 등의 중재법 상에도 중재인의 자격에 관한 명시적 규정은 없다. 이 점은 우리 중재법도 같다.

그렇다고 해서 누구나 중재인으로 선임될 수 있다는 의미는 아니다. 따라서 준재판관의 자격으로 행동하는 중재인에게는 자신의 수임직무를 수행해 낼 수 있는 능력과 불편부당성이 요구된다고 할 수 있다. 이를테면 공민권이 박탈되거나 법률적 행위능력이 없는 자, 당사자가 합의한 자격요건을 결한 자, 중재의 결과에 관하여 법률적 또는 경제적 이해관계가 있는 자, 기타 편파의 의심을 받을 만한 자 등은 중재인의 자격요건을 결한 것으로 이해하면 된다. 이 같은 자격요건을 결한 것으로 판단되는 중재인을 당사자는 중재인 기피의 방법을 통해 배척할 수 있다.

2. 중재판정부의 구성

1) 중재인의 선정

(1) 당사자에 의한 선정

당사자는 자의적 합의로 중재인을 직접 선정하거나 제3자에게 위임할 수도 있으며, 중재인의 수 및 선정절차도 합의로 정할 수 있다. 당사자 합의에 의해 중재인이 선정되어 있다면 선정된 중재인이, 위임한 경우에는 위임받은 기관에 의해 선정된 중재인이, 중재인의 선정방법과 기한이 약정되어 있으면 그 선정방법에 따라 기한 내에 선정된 중재인이 판정부를 구성하게 된다.

(2) 법원에 의한 선정

중재인의 선정절차에 관한 당사자 합의가 없거나, 또는 그러한 합의가 있음에도 불구하고 제때에 중재인이 선정되지 않을 때에는 일방당사자의 신청으로 법원이 중재인을 선정하게 되는데, 법원의 결정에 대하여 당사자는 항고할 수 없다. 그러나 법원은 분쟁당사자들의 국적과는 다른 중립국적인을 중재인으로 선임하거나, 해당 중재절차에 사용될 공용어에 정통한 자를 고려하는 등 적임의 중재인을 선정하기 위해 노력해야 된다.

(3) 중재원 사무국에 의한 선정

당사자가 중재인을 선정하지 아니하거나 선정방법을 정하지 아니한 경우 또는 당사자가 중재인을 직접 선정하기로 합의한 경우라도 그 합의내용을 지키지 아니하였는 경우 중재인은 중재원 사무국에 의해 선정된다.

2) 중재인의 수 및 국적

판정부를 구성하는 결정적 요소이며 판정부의 주체인 중재인의 수를 당사자는 합의로 정할 수 있다. 그러나 당사자 합의가 없는 때에는 대한상사 중재원 사무국(이하 사무국이라 한다)이 중재인의 수를 정한다. 당사자의 반대합의가 없는 한 중재인의 국적은 문제되지 않으나 당사자 일방의 요구가 있는 때에는 제3국인을 중재인으로 선정해야 된다.

3. 중재인의 기피와 보궐

1) 기피사유

중재법에 따르면 당사자들은 합의로 중재인의 자격요건을 정할 수도 있고, 중재인은 공정성이나 독립성에 관하여 의심을 야기할 수 있는 사유가 있는 때에는 지체없이 이를 당사자들에게 고지하도록 되어있다. 고지의무를 위반한 중재인이나 당사자들이 합의한 자격요건은 물론 기타 중재인의 자격요건을 결한 중재인은 기피대상이 된다.

따라서 중재인은 ① 편파나 편견을 의심받을 만한 사정이나 불편부당성에 영향을 끼칠만한 이해관계나 사정이 있다면 이를 고지해야 되며, ② 중재절차를 진행함에 있어 정직하고 공정해야 되고, ③ 당사자와 접촉 시 타당성을 결하는 일이 없도록 신중하게 행동해야 되고, ④ 공정하고 성실하게 절차를 진행해야 되고, ⑤ 공명정대하고 독립적이며 신중하게 판단해야 되고, ⑥ 당사자의 신뢰와 직무상 비밀유지에 충실해야 된다.

이상의 규범에 반하는 행동을 한 중재인을 당사자는 중재절차 중 하시라도 기피할 수 있음은 물론 그러한 중재인이 내린 중재판정은 취소의 대상이 될 수 있다.

2) 기피절차

당사자는 중재인의 기피절차를 합의로 정할 수 있다. 당사자 합의가 없는 경우 중재인을 기피하고자하는 당사자는 판정부가 구성된 날 또는 기피사유를 안 날로부터 15일 이내에 판정부에 서면으로 기피신청을 해야 된다. 기피신청된 중재인이 스스로 사임하거나, 아니면 당사자는 합의로 해당 중재인을 해임할 수 있다.

그럼에도 불구하고 문제의 중재인이 사임하지 않거나, 기피에 관한 당사자 합의가 불가한 때에는 판정부가 독자적으로 기피여부를 결정할 수 있다. 판정부의 그러한 결정에 동의할 수 없는 기피신청당사자는 결과통지접수일로부터 30일 이내에 해당중재인에 대한 기피를 법원에 신청할 수는 있으나 법원의 결정에 대하여는 항고할 수 없다. 그러나 기피신청이 법원에 계속중인 때에도 판정부는 중재절차를 진행하거나 중재판정을 내릴 수 있다.

3) 중재인의 보궐

중재인이 사임하거나, 당사자 합의에 의거 해임되거나, 판정부의 결정으로 해임되거나 또는 사망 등과 같이 직무수행불능의 사유로 중재인이 궐위된 경우에는 별도의 당사자 합의가 없는 한 보궐중재인의 선정방법 및 절차는 기피된 전임중재인을 선정할 때 적용한 것과 동일한 방식 및 절차에 따라 보궐중재인을 선정한다.

4. 중재판정부가 명할 수 있는 구제범위

판정부는 중재합의의 범위내에서 계약의 현실이행 뿐만 아니라 공정하고 정당한 배상이나 기타의 구제를 명할 수 있다. 따라서 판정부는 분쟁의 대상인 재산의 보전처분, 집행을 보장하기 위한 담보차입명령은 물론 최종판정에 추가하여 임시, 중간, 일부 또는 전부판정에 의한 일체의 구제를 명할 수 있다.

3.4 중재절차의 관리

1. 중재의 개시와 비용의 예납

1) 중재의 신청과 절차개시

KCAB에 중재관할권이 있다면 중재신청인은 중재원의 사무국에 중재신청서를 제출한다. 이때 중재합의를 인증하는 서면과 대리인이 있는 경우는 위임장을 함께 제출하고 소정의 중재비용을 예납한다.

중재신청서에는 ① 당사자의 성명 및 주소, ② 대리인이 있는 경우에는 그 성명 및 주소, ③ 중재신청의 취지, ④ 중재신청의 이유 및 입증방법을 필히 기재하고, 필요하다면 중재인의 수, 중재지 및 공용어 등에 관한 제안을 포함시킬 수 있다. 그리고 KCAB에 의한 국제상사중재절차는 별도의 당사자 합의가 없는 경우 피신청인이 중재요청서를 수령한 날부터 개시된다.

2) 답변 및 반대신청과 그 변경·보완

피신청인은 소정의 기한내에 서면답변서를 사무국에 제출하거나 중재절차 도중에도 반대신청을 할 수 있다. 소정의 기한 내에 답변서를 제출하지 않는 경우에는 신청인이 주장하는 청구의 기각을 구하는 것으로 본다. 반대신청이 타방의 이익을 해하거나 절차지연술책으로 인정되면 판정부는 직권으로 이를 거절할 수 있다.

당사자는 중재합의의 범위내에서 중재신청이나 반대신청 또는 답변의 내용을 변경하거나 보완할 수 있다.다만 판정부가 구성되기 전에는 당사자의 사만으로 가능하지만, 판정부가 구성된 이후에는 판정부의 허가없이 당사자가 자의적으로 이를 변경하거나 보완할 수 없다.

3) 중재비용의 예납

중재비용은 요금, 경비, 수당으로 구분되는데, 이는 사무국이 지정하는 지정통화로 중재신청시에 신청인이 예납해야 된다. 요금이란 관리요금과 심리기일변경요금을 말하고, 경비란 중재인 및 서기의 소요경비, 증거·증인·감정인의 소요경비, 검사 또는 조사경비, 녹음 또는 속기록의 작성경비, 통역 또는 번역경비, 기타 중재에 소요되는 일체의 경비를 말하며, 수당이란 중재인의 수당을 말한다. 이 같은 중재비용은 판정부가 정하는 부담비율에 따라 부담하게 된다. 그러나 판정에서 별도의 정함이 없는 때에는 양당사자가 이를 균등부담하게 된다. 사무국은 중재절차진행 중에도 필요시 신청인에게 중재비용의 추가예납을 요구할 수 있고, 추가예납이 이루어지지 않을 경우 판정부는 중재절차의 진행을 종료할 수 있다. 이상과 같이 예납된 금액 중에서 지불되지 않은 잔금은 당사자에게 추후 반환된다.

2. 중재지와 공용어의 결정

1) 중재지의 결정

계약상에 중재지가 약정되어 있거나 그러한 약정이 없더라도 추후 이에 대한 당사자 합의가 있으면 약정된 장소나 합의된 장소가 중재지로 된다. 만약 중재지에 관한 약정이 없거나 당사자 합의가 불가한 때에는 판정부가 정한다. 이때 판정부는 당사자의 편의와 해당 사건에 관한 제반 사정을 고려하여 중재지를 정해야 된다. 이렇게 결정된 중재지에서 반드시 모든 중재절차가 진행되어야 되는 것은 아니므로 판정부는 중재지외의 적절한 장소에서 중재인간의 협의, 증인·감정인 및 당사자 본인에 대한 심리, 물건·장소의 검증 또는 문서를 열람할 수 있다.

2) 공용어의 결정

당사자 합의가 있으면 합의된 단수 또는 복수의 언어가 공용어로 된다. 합의가 없으면 중재판정부가 이를 지정하며, 판정부의 지정이 없는 경우에는 한국어로 한다. 다만 당사자의 일방 또는 쌍방의 요구가 있거나 또는 외국의 국적을 가진 중재인이 있는 때에는 한국어와 영어를 공용할 수 있고,

이들 두 언어로 작성된 판정문은 모두 이를 정본으로 하되, 이들 정본간에 해석상의 차이가 있을 때는 한국어에 의하여 해석하게 되어 있다.

3. 변호사에 의한 대리 및 그 비용

1) 변호사에 의한 대리

표준중재법과 ICC 중재규칙은 물론 대부분 국가의 중재법규는 대리인제도를 인정하고 있다. 우리나라의 경우도 마찬가지이다. 따라서 당사자는 중재의 전 과정을 통하여 또는 절차중에도 변호사 등을 대리인으로 지명할 수 있다. 다만 이때 대리인의 적합성여부의 판단은 판정부의 권한사항이므로 당사자가 지정한 대리인을 판정부는 거부할 수 있다.

2) 변호사의 보수

변호사의 보수도 중재비용에 포함되는 것인가? 이를 직접 언급하고 있는 중재법규는 발견할 수 없다. 그러나 "합리적인 변호사의 보수(reasonable attorneys' fees)[7]는 소송비용에 포함할 수도 있다"는 캘리포니아 주법원의 판례와는 달리 뉴욕 주법원은, 변호사강제의뢰주의를 배척하고 본인소송을 허용하는 우리나라 민사소송제도의 경우에서와 같이, "미국에서도 변호사의 보수에 관해서는 법령상 또는 계약상 특별한 규정이 없는 한 각 당사자가 각자의 변호사에게 직접 지급하게 되며 동 보수는 손해의 항목이 되지 아니한다는 원칙이 이미 널리 확립되어 있다"고 판시한바 있다. 또한 계약이나 법령상 특별한 규정이 없는 한 변호사의 보수는 중재비용에 포함되지 않는다는 판례도 있다. 따라서 당사자일 방의 변호인으로써 중재에 참여하는 변호사의 보수는 중재조항이나 중재합의상에 그에 관한 명시적 규정이 없는 한 중재판정의 일부로 될 수 없는 것으로 이해함이 옳다.

---

7) 중재판정부가 변호사의 선임을 명한 경우와 같은 변호사의 보수

4. 제정법 상 출소기한의 적용

사법(private law)상의 계약에서 당사자는 계약자유의 원칙에 기인하여 청구권 주장을 위한 중재신청기한을 합의하여 결정할 수 있으며, 그렇게 약정된 기한은 중대한 사유가 없는 한 침해받지 아니한다. 그러나 이 같은 약정이 없는 경우, 중재신청은 분쟁이 발생한 때로부터 일정기한 내에 이루어져야 되는가 아니면 하시라도 중재신청이 가능한 것인가? 우리 중재법규는 물론 표준중재법과 ICC 중재규칙에도 이점에 관한 명시적 규정이 없다. 일반적으로 출소기한의 문제는 제정법상에 규정되어 있다. 그렇다면 제정법에 규정되어 있는 출소기한은 중재신청기한에도 그대로 적용되는 것인가?

이점에 관하여는 부정설과 긍정설이 대립되고 있으나 필자는 다음과 같은 논지에 근거하여 긍정설에 가담하고자 한다.

부정설에 따르면 원래 중재란 소송을 배제한 대안적 분쟁해결의 한 방법으로써 당사자의사의 최대한 존중이라는 바탕위에서 고안된 제도인 만큼 당사자 합의가 없다고 해서 제정법상의 출소기한을 중재신청기한에 당연히 적용하는 것은 무리라고 생각하는 중재인이 적지 않다는 현실적 고려에서 출발한다. 그러나 중재인이 출소기한법령을 적용하지 않음으로써 야기될 수 있는 다음과 같은 실질적인 중요성 때문에 이를 적용할 수밖에 없다.

이를테면 중재합의만 있고 중재신청기한에 대한 당사자 합의가 없거나 불가능한 경우 만약 출소기한법령이 중재에 적용되지 않는다면 오래 전에 발생한 클레임을 해결하고자 중재를 신청하는 행위도 그 적법성을 인정받을 수 있게 된다. 이때에는 이미 모든 증거가 그 입증력을 상실하게 되고 관련서류도 폐기되고 시간이 경과하여 권리가 소멸함에 따라 진상의 대부분이 애매모호해진 때이므로 결국 출소기한의 적용을 부정한다면 이는 적법성이 결여된 클레임을 오히려 비호하는 결과가 된다.

뿐만 아니라 중재인이 출소기한법령에 구속되지 않는다면 당사자들은 중재합의와 동시에 법령상의 권리를 포기하는 데 합의하는 결과가 된다. 이 같은 포기는 공서의 개념에도 부합되지 못할뿐더러 대부분의 사법권역에서는 무효로 간주될 수도 있다. 따라서 중재인이 제정법상의 출소기한을 실제로 적용한 사례도 있으며, 중재인이 출소기한을 적용하지 않을 경우 해당 중재판정은 공서에 반하므로 당연히 무효라는 견해도 있다.

3.5 중재심리와 증거조사

1. 심리의 개시 및 종결

1) 심리의 일시·장소·방법

중재심리의 일시와 장소 및 방법은 당사자의 사정을 고려하여 판정부가 결정하되, 사무국은 심리개시 20일 전까지 당사자에게 이를 통지한다. 심리장소는 KCAB로 결정되는 것이 상례이지만 정황에 따라 달리 결정될 수도 있다. 판정부는 일방당사자의 신청이 있는 경우 서면심리 외에 구술심리를 하여야 된다.

2) 심리의 개시

(1) 쟁점사안의 확인

심리는 사건과 당사자의 호명으로 개시된다. 이때 중재인은 관련자의 면전에서 본안 분쟁의 내용과 분쟁당사자를 확인하고 이를 분명히 한다. 판정부는 필요한 경우 심리개시 전에 분쟁의 쟁점을 설명하는 진술을 당사자에게 요구할 수 있고, 당사자는 진술 또는 항변과 함께 증거서류를 제출하고 증인을 출석시킨다.

(2) 추가정보의 고지

중재인은 중재인 고지의무의 필요성과 이유를 설명하고 본안 분쟁과 관련한 이해관계자의 유무를 당사자에게 확인한다. 이때 중재인은 중재인선정시에 미처 고지하지 못한 사항이나 추후에 발생한 당사자 및 이해관계자와의 업무상 또는 개인적으로 편파의 추정을 의심받을 만한 추가적 정보를 상세히 고지한다. 중재인이 고지한 내용 중에서 독립성을 의심받을 만한 사정이 있으면 당사자는 해당 중재인의 기피를 신청한다.

(3) 주장과 입증

중재인의 요구에 따라 신청인은 쟁점사안에 대한 주장과 입증을 행한다. 이에 대해 중재인과 피신청인은 질문한다. 질의응답을 거쳐 피신청인은 각 증거의 인부를 명확히 한다. 이때 신청인이 신청한 증인이 있으면 증인을 출석시켜 심리하고 증거조사를 행한다.

이어서 피신청인은 자신이 제출한 진술서와 서증 등에 근거하여 신청인 측의 주장에 대한 반론과 반대청구를 행한다. 질의응답을 통해 신청인도 각 증거의 인부를 명확히 한다. 이어서 피신청인이 신청한 증인을 심리하고 증거조사를 행한다. 그럼에도 불구하고 양 당사자의 주장과 입증이 완료되지 않으면 판정부는 당사자의 편의를 고려하여 차기심리일시를 결정하여 고지한다.

3) 제2차 이후의 심리

제2차 이후의 심리에서는 첫 심리에서 종결되지 않은 각 당사자의 주장이나 반론 및 증거조사가 계속된다. 이때에도 증거조사가 종결되지 않으면 판정부는 당사자의 편의를 고려하여 차기심리일시를 정한다. 증거조사가 종결된 경우에는 차기심리에서 양 당사자는 각기 타방의 주장과 증거에 대하여 이를 반증하는 서면을 제출하고 이를 근거로 자신의 주장을 입증하게 된다.

4) 중재신청의 철회

중재판정이 내려진 후에는 중재신청을 철회할 수 없으나 판정이 있기 전에는 철회할 수 있으므로 서면으로 신청하면 된다. 다만 상대방이 답변서를 제출하거나 심리절차에서 진술한 후에는 상대방의 동의를 얻어야 된다.

5) 심리의 종결과 재개

판정부는 당사자의 주장과 입증이 완료되었다고 판단되면 심리의 종결을 선언하거나, 필요한 경우 지금까지의 심리내용에 근거하여 각 쟁점에 대한 각자의 견해를 최종적으로 정리한 서면의 제출기한을 결정한다. 이로써 심리절차는 종결된다. 이상과 같이 심리가 종결된 후에도 판정부는 직권으로 또는 이유 있다고 판단되는 당사자일 방의 신청이 있는 경우 판정 전에는 언제든지 심리를 재개할 수 있으며, 이때 심리종결일은 재개된 심리가 종결된 날이 된다.

2. 당사자 해태의 효과

판정부가 정한 기간 내에 신청인이 중재신청서를 제출하지 않으면 중재절차는 종료되며, 당사자 쌍방이 정당한 이유 없이 2회 이상 출석하지 않거나 출석하고도 심리에 응하지 않거나 또는 주장 및 입증을 태만히 할 경우에도 중재절차는 종료될 수 있다. 그러나 피신청인이 답변서를 제출하지 않거나 심리에 출석하지 않거나 소정의 기간 내에 서증을 제출하지 않을 경우 판정부는 중재절차를 속행하여 제출된 증거에 기초해서 중재판정을 내릴 수 있다.

3. 물적·인적 증거조사

1) 서증과 전문증거

(1) 서증

판정부는 소송법상 증거법의 규정에 구속되지 않으므로 법률관계를 증명하는 서면증거인 서증을 증거로 채택 또는 거부할 수 있다. 그런데 문제는 당사자 타방의 반대에도 불구하고 서증을 증거로 채택하는 것은 판정부의 자유재량이기 때문에 중재판정의 취소사유로 되지는 않지만, 법원에 의해 부당한 거부로 판단될 경우에는 취소사유에 해당된다. 실제로 당사자가 제출한 서증을 판정부가 부당하게 거부하였다는 이유로 중재판정의 취소가 인정된 사례도 있다.

(2) 전문증거

사실인정의 기초가 되는 경험적 사실을 경험자 자신이 법원에 대하여 직접 진술하지 않고, 다른 형태로 간접적으로 법원에 보고하는 증거인 전문증거(hearsay evidence)는 영미의 경우 원 진술자의 진술의 진실성을 반대심리에 의하여 음미할 수 없다는 이유로 증거법상 증거로 인정되지는 않지만, 그렇다고 중재인이 자유심증으로 증거의 채부를 판단할 수 있는 중재에서조차 근본적으로 배척될 수는 없는 것이므로 이의 채부를 결정하는 것은 중재인의 자유재량에 속한다는 판례가 유력하다.

2) 인증

(1) 증인

① 증인의 출석

판정부는 필요한 경우 증인의 임의출석을 요구하거나 관할법원의 협조를 얻어 증거자료를 지참하여 출석하게 할 수도 있다. 증인을 출석시킬 것인지 여부의 결정은 판정부의 재량권에 속하는 사항이므로 당사자 일방의 증인출석요청을 판정부가 받아들이지 아니하더라도 이는 중재판정의 취소사유에 해당되지는 않는다. 그러나 실제로 당사자의 증인출석요청을 판정부가 거부하는 경우는 드물다.

② 증인의 선서

증인을 선서시킬 것인지 여부의 결정은 원칙적으로 판정부의 재량사항이지만, 준거법에 의하여 요구되거나 당사자 일방이 요구하는 경우에는 선서를 시켜야 된다. 그러나 증인이 선서하지 아니하고 진술하였음을 이유로 해당 판정을 실효시킬 수는 없다.

③ 증인의 심리

증인의 심리는 신청인 측이 주심리를 행하고 상대방 측이 반대심리를 한다. 주심리와 반대심리의 내용이 본안 분쟁과 무관한 것으로 판단될 경우 판정부는 심리의 철회 및 변경을 요구하고, 그 이의의 채부도 스스로 결정한다. 그러나 판정부가 당사자에게 반대심리의 기회를 부여하지 않고 내린 중재판정은 취소될 수 있으므로 판정부도 반대심리의 기회가 부여되지 않은 증거는 증거로 채택하지 않는 경향이 있다.

④ 녹취록과 공술서

증인의 출석이 불가피한 사유로 곤란한 경우에는 녹취록과 선서공술서가 인증으로 이용된다. 전자의 경우에는 증인의 형편을 고려하여 그가 원하는 일시 및 장소에서 양당사자가 주심리와 반대심리를 하고 그 내용을 녹취한 증언록을 판정부에 제출하면 된다.

이때에는 중재인이 참석하지 않았음에도 양당사자가 직접심리 및 반대심리를 실시했다는 점에서 신뢰성이 높은 인증의 하나로 인정된다. 후자의 경우에는 증인이 알고 있는 사실을 기재한 서면에 그 내용이 진실임을 선서한 공증인증명서를 첨부한 공술서를 판정부에 제출하면 된다. 그러나 이는 반대심리의 기회가 없었다는 점에서 증거력이 약하지만 인증의 하나로 인정되고는 있다.

(2) 감정인

당사자는 물론 판정부도 감정인의 출석을 요구할 수 있으며, 당사자는 감정인의 증거조사에 협조해야 되는 반면에 감정인을 심리할 수도 있다.

(3) 현장검증

현장검증은 심리의 연장이므로 판정부는 필요한 경우 그 일시와 장소를 분쟁당사자에게 통지한 후 현장검증을 실시할 수 있다. 당사자는 누구나 원할 경우 현장검증에 입회할 수 있다. 따라서 당사자에게 현장입회기회를 부여하지 않고 행해진 현장검증은 당사자 평등대우의 원칙에 반하는 것으로 간주되어 중재판정취소의 원인이 될 수 있다. 현장검증에 필요한 비용은 신청인이 예납해야 되지만, 판정부는 판정에서 이를 양당사자에게 균등분담시키거나 달리 결정할 수도 있다.

3.6 중재판정

1. 중재판정의 준칙

1) 분쟁의 실체에 적용될 법

판정부는 무엇을 중재판정의 기준으로 삼아야 되는가? 이와 관련하여 중재는 그 준칙의 여하에 따라 법적중재와 우의적중재로 분류되는 바, 오늘날 전 세계의 대다수국가들은 전자의 중재를 지향해가고 있다.

우리나라의 국제상사중재제도도 법적중재를 원칙으로 하되, 단 당사자의 수권이 있는 경우에만 예외적으로 우의적 중재를 인정하고 있다. 따라서 판정부는 당사자가 명시적으로 권한을 부여한 경우에만 선과 형평에 따라 판정할 수 있지만, 그렇지 않은 경우 당사자가 분쟁의 실체에 적용하기로 지정한 법에 따라 판정해야 되므로, 이에 대한 당사자의 지정이 명시적이든 묵시적이든 또는 지정된 법이 중재지의 법이든 외국법이든 불문하고 판정부는 그 국가의 국제사법이 아닌 분쟁의 실체에 적용될 법을 적용하여 판정하지 않으면 안 된다.

그러나 그러한 지정이 없거나 지정에 실패하면 판정부는 분쟁의 대상과 가장 밀접한 관련이 있는 국가의 법을 적용하여 판정하면 된다. 다만 이때 판정부는 중재조항에 판정의 준거법이 명시적으로 지정되어 있지 않다 하더라도 "중재지에 관한 합의가 있다면 그 합의 속에는 중재지의 법을 준거법으로 삼겠다는 당사자의 의도가 담겨있는 것으로 추정할 수 있다"는 판례나, 또는 "주계약상에 그 계약에 적용해야 할 준거법이 지정되어 있다면 판정부는 주계약의 준거법조항에 지정되어 있는 법을 적용하여 분쟁을 해결해야 한다"는 취지의 판례는 물론 해당 계약에 적용가능한 상관습을 함께 고려해야 된다.

2) 판정부의 판단착오나 법의 무시

중재판정부가 분쟁의 실체에 적용해야 할 판정의 준거법을 결정함에 있어서 판단착오를 범한 경우, 또는 적용해야 할 법을 정확하게 알고 있으면서도 이를 적용하지 아니한 경우와 같은 법의 명백한 무시를 행한 경우, 이는 중재판정의 취소사유에 해당되는가?

이 점에 대해 명시적으로 규정하고 있는 입법예는 없으나 판례는 다수 발견된다. 이를테면 "중재인은 사실에 적합하도록 법을 형성할 수 있으므로 판단착오를 법한 경우는 물론 적용해야 할 법을 무시한 경우에도 그것은 중재판정의 취소사유에 해당되지 않는다"는 판례와는 달리 "법의 명백한 무시는 중재판정의 취소사유에 해당되지만 판정의 준거법에 대한 판정부의 결정은 사법심사의 대상이 아니다"고 판시함으로써 판정부의 판단착오는 중재판정의 취소사유에 해당되지 않는다는 것이다.

이상의 판례에 따르면 당사자는 분쟁의 실체에 적용할 준거법의 결정과 관련된 판정부의 판단착오를 이유로 법원에 그 구제를 신청할 수 없으나, 다만 판정부가 적용해야 할 준거법을 명백히 무시한 경우에는 법원에 그 구제를 요구하는 것은 가능하다고 볼 수 있다.

3) 자유심증에 의한 판정

당사자의 입증이 없는 쟁점에 대해 중재인은 자신이 체득한 경험과 전문적 지식에 근거하여 판정할 수 있는가?

일반적으로 중재인, 즉 중재라고 일컬어진다. 이 말은 중재에 대한 신뢰는 곧 판정부를 구성하는 중재인에 대한 신뢰이며, 중재인에 대한 신뢰는 곧 중재판정의 결과에 대한 신뢰와 통한다. 그러므로 당사자는 불편부당성 및 독립성에 대한 신뢰뿐만이 아니라 학식과 경험이 풍부한 중재인을 선정하고자 한다.

당사자는 그러한 중재인이 내리는 판정에 자발적으로 복종하고자 하는 속성을 지닌다. 이처럼 학식과 경험이 풍부한 중재인을 선정하고자 하는 당사자의 의도속에는 입증이 불가능한 쟁점사안에 대해서는 해당 분쟁의 공정타당한 최종적 해결을 위해 그러한 전문적 학식 및 경험이 충분히 활용되기를 기대하는 당사자의 명백한 희망이 내포되어 있기 때문일 것이다. 그렇다면 중재인은 당사자가 입증한 증거와 공서에 반하지 아니하는 한 자유심증에 의거 판정할 수 있다고 할 것이다.

이상의 논지를 긍정하는 판례로는 미국 연방법원의 것과 뉴욕주법원의 것이 있다. 전자의 판시취지는 "지식과 경험이 풍부한 중재인의 선정을 선호하는 당사자의 행위는 전문적 지식과 풍부한 경험을 활용한 그의 판정에 따라 분쟁을 해결하겠다는 의사표시"로 인정되므로 당사자가 입증한 증거의 내용에 반하지 않는 한 중재인은 자신이 체득한 개인적 경험과 지식을 활용하여 판정할 수 있다는 것이며, 후자의 것도 "학계, 법조계, 실업계의 인사들이 주로 중재인으로 선정되고 있다는 점을 감안할 때 이 같은 사실은 그들의 전문적 지식과 경험이 해당 분쟁의 해결에 활용될 수밖에 없다는 필연적 가능성을 단적으로 입증해 주는 결과"라고 지적하고 "중재인이 그의 개인적 지식 및 경험을 활용하여 판정하는 것은 부정되어야 할 이유를 발견할 수 없다"는 취지의 판시를 한 바 있다. 우리 중재규칙도 명시적으로 이를 수용하고 있다.

그런데 문제는 중재인이 자유심증으로 판단할 수 있다하여 중재인에게 무제한의 자유재량권이 허용된다는 말은 결코 아니고 오직 증거법칙으로부터 해방된다는 의미에 그치므로 중재인의 양심과 이성을 전적으로 신뢰하여 그의 자유로운 심증에 의거 증거를 취사선택할 수 있도록 하는 것인 만큼 이때 중재인의 판단은 어디까지나 경험법칙과 윤리법칙을 따라야 하고 사회정의와 형평의 개념에 입각하여 행해지지 않으면 안 된다.

2. 중재판정의 요건

1) 중재판정부의 의사결정

판정부의 의사결정은 별도의 당사자 합의가 있으면 그에 따르고 그렇지 않은 때에는 다수결에 의하되, 다수결이 불가한 때에는 의장중재인이 정한다.

2) 중재판정기한

별도의 당사자 합의가 없거나 법률에 특별한 정함이 없는 경우 판정부는 심리종결일로부터 30일 이내에 판정하여야 되며, 이 기간은 연장되지 않는다.

3) 중재판정의 방법

판정부는 당사자들이 제출한 서증과 입증된 증거, 속기록, 심리와 증거조사를 통해 얻은 심증 등을 근거로 분쟁의 해결책을 탐구한다. 그러기 위해 특히 복수중인재판정부인 경우 각자의 견해를 확인하는 회합을 갖는다.

이때 과반수이상의 중재인이 참석해야 되며, 참석한 각 중재인은 자신의 견해와 이유를 설명하고 그에 관한 상호 견해차이의 유무를 확인한다. 마침내 중재인전원의 견해가 일치되면 절차를 주재한 소위 의장중재인이 이를 중재판정으로 정리한다. 그러나 각 중재인의 견해차이가 확인되면 이를 일치시키기 위한 노력의 일환으로 쟁점부분에 대한 재검토를 시도한다.

그럼에도 불구하고 의견조율이 안 되면 다수결의 원칙에 의거 판정부를 구성하는 중재인 과반수의 찬성으로 최종 해결책을 결정한다. 이때 의장중재인이 다수의견에 속하면 의장중재인이, 소수의견에 속하면 다수의견에 소속하는 중재인 중의 한 명이 판정문을 정리한다. 그렇게 결정된 중재판정은 당사자에 대하여 최종적이고 구속력이 있다.

만약 중재판정 전에 화해가 성립되면 중재절차는 당연히 종료되지만, 이때 당사자가 요구하면 판정부는 그 화해내용이 강행규정 및 공서에 반하지 않을 경우 중재판정의 형식으로 기재할 수 있는데, 이를 화해중재판정이라 하며 이는 중재판정과 동일한 효력이 인정된다.

4) 중재판정문의 형식과 내용

(1) 서면작성

구두중재판정은 그 유효성이 부정되므로 판정문은 서면으로 작성되어야 된다. 서면으로 작성되는 판정문은 당사자나 또는 판정부에 의하여 결정된 공용어로 작성되어야 되고 과반수이상의 중재인이 서명해야 된다.

(2) 판정이유 기재

중재인으로 하여금 보다 신중한 본안 심의에 임하도록 하는 동인이 되어 판정의 신뢰성을 증대시킬 수 있다는 점에서 판정문에 판정이유를 기재하는 것이 바람직하다는 성향의 인식전환이 계속 추구되어 왔다.[8] 그 결과 미국[9]을 제외한 대다수 국가들의 중재제도는 판정이유를 기재하도록 요구[10]하고 있다. 우리의 중재법규도 같다. 다만 당사자 합의가 있는 때에는 화해중재판정의 경우처럼 판정이유의 기재를 생략할 수 있다.

(3) 중재지 기재

판정문에는 당사자나 판정부가 결정한 중재지가 기재되어야 된다. 그렇게 기재된 중재지는 해당 판정문의 작성지로 간주된다. 따라서 중재판정은 중재지에서 행해져야 된다. 그렇지만 중재절차상의 모든 행위가 반드시 그곳에서 이루어져야 된다는 의미는 아니다. 그러므로 판정부는 적당하다고 판단되는 다른 장소에서 회합하거나, 증인 및 감정인을 심리하거나, 재산 또는 서류를 조사·열람할 수 있다.

(4) 작성년월일 기재

판정문에는 판정문이 작성된 연월일이 기재되어야 된다. 이는 판정일로 간주되므로 준거법상 또는 당사자의 합의상 판정기한이 설정되어 있는 경우 그 기한 내에 판정이 행해졌는지의 여부를 확인하는 기준일이 된다. 별도의 합의가 없는 한 설정된 판정기한이 경과된 후에 내려진 중재판정은 무효로 간주된다.

(5) 중재인의 서명

중재인의 서명이 없는 판정문은 그 유효성이 부정되므로 중재인 전원이 서명해야 된다. 특히 복수중재인판정부인 경우 서명에 불참한 일부 중재인이 있으면 다른 중재인이 그 사유를 기재하고 서명하면 된다.

---

8) 우성구, "UNCITRAL 표준국제상사중재법의 적용에 관한 연구", 「중재」 제225호, 1990, p.22.

9) 연방중재법과 통일중재법은 판정이유를 기재하도록 요구하고 있지 않고, 실무적으로도 기재하지 않는 것이 관례이며 연방법원들도 이를 시인하고 있다.

10) 대륙법계 국가에서는 판정이유의 기재가 없는 중재판정은 공서에 반하는 것으로 간주된다.

3. 중재판정의 효력 및 불복

중재판정은 당사자 간에 있어서 법원의 확정판결과 동일한 효력이 있다. 이에 대한 불복은 중재판정취소의 소를 통해서만 다툴 수 있다. 이 같은 소는 제소자가 최종 중재판정의 정본을 받은 날부터 3월 이내에 관할법원에 제기해야 된다.

중재판정은 ① 당사자의 무능력, ② 중재합의 무효, ③ 방어권의 침해, ④ 유월판정, ⑤ 판정부구성 또는 중재절차상의 하자, ⑥ 중재적격성의 결여, ⑦ 공서의 위배와 같은 취소사유가 있는 경우에만 법원에 의하여 취소될 수 있는데, 이는 표준중재법이나 뉴욕협약상의 내용과 동일하다. 위 ① 내지 ⑤는 이를 주장하는 당사자가 입증해야 되고 ⑥과 ⑦은 법원의 직권취소사유에 해당된다.

특히 ①②⑥⑦의 사유가 있는 때에는 중재합의도 무효로 되지만, 그 밖의 사유로는 중재판정이 취소되어도 해당 중재합의의 효력은 영향을 받지 않는 것으로 보아야 할 것이다. 그리고 외국법이 준거법이고 중재지가 우리나라인 경우, 우리나라 법상으로는 중재적격성이 있어도 외국법상으로 중재적격성이 없으면 그에 기하여 내려진 중재판정은 취소사유에 해당되는 것[11]으로 판단된다.

4. 중재판정의 승인 및 집행

대한민국 내에서 내려진 국내중재판정은 취소의 사유가 없는 한 승인 또는 집행이 보장된다. 외국중재판정의 승인 또는 집행은 뉴욕협약의 적용을 받게 되는데, 뉴욕협약의 적용을 받지 아니하는 외국중재판정의 승인 또는 집행에 관하여는 민사소송법 제217조, 민사집행법 제26조 제1항 및 제27조의 규정이 준용된다.

뉴욕협약에 따르면 체약국 상호간에는 판정지국의 여하를 불문하고 그 승인 및 집행이 보장된다. 그러므로 각 체약국은 외국중재판정을 구속력 있

11) 이호원, “개정 중재법에 관한 소고”, 계간「중재」 제302호, 2001, p.15.

는 것으로 승인하고 그 판정이 원용되는 영역의 절차규칙에 따라 이를 집행하여야 한다. 따라서 일단 중재판정이 내려지면 판정패자는 상대방의 최고가 없더라도 자발적으로 판정의 내용에 좇아 의무를 이행해야 된다. 그러한 자발적 변제가 이루어질 가망이 없는 경우에는 법원에 의한 강제집행의 방법에 의존할 수밖에 없게 된다.

중재판정의 승인 및 집행절차는 집행판결을 구하는 소의 제기에 의하여 개시되고, 필요적 변론을 거쳐 집행판결을 받음으로써 비로소 그 승인 및 집행이 가능해진다. 중재판정의 승인은 물론 강제집행도 집행지국가의 관할법원에 신청함으로써 집행청구자 측의 입증책임은 완료되고, 그때부터 청구를 거부할 수 있는 거증책임은 피청구자 측에 귀속된다.

실재로 중재판정승자가 국내에서 승인 또는 집행을 구할 때에는 우선 해당 중재판정에 관한 법원의 승인 또는 집행판결을 얻어야 되는데, 승인 및 집행절차는 소정의 서류를 구비하여 관할법원에 이를 신청하면 된다. 이때 법원은 극히 제한적인 승인 및 집행의 거부사유가 없는 한 이를 승인하고 집행을 실현하게 된다.

외국에서 집행을 구할 때에도 소정의 서류를 구비하여 집행지국의 관할법원에 외국중재판정의 승임 및 집행을 직접 요구하는 방법과 판정지국가의 관할법원에서 승인판결을 얻은 후 동 승인판결을 집행지국가의 관할법원에 제출하고 그 집행을 요구하는 방법이 있을 수 있다. 이 중 어느 방법이 더 용이한가 하는 점은 집행지국의 절차규칙이 정하는 바에 따라 결정될 문제이다. 따라서 중재판정이 승인 및 집행되기 위해서는 집행지국의 소송절차의 기본원리에 따라 절차가 진행되고 종국판결에 의하여 승인 및 집행의 여부가 결정된다. 그렇게 하여 일단 승인을 얻은 경우 그 집행력은 전적으로 집행지국의 절차법에 따르게 된다.

3.7 우리나라 국제상사중재제도 적용상의 쟁점사안

1. 중재합의의 존부 또는 유효성에 대한 법원의 통제 사안

중재인이 스스로 자신의 권한 및 중재합의의 존부 또는 유효성에 대한 이의에 대하여 결정할 수 있는 소위 판정부의 자기관할 결정권은 법원의 최종적인 통제를 조건으로 하고 있기 때문에 판정부가 내린 최종 판정이 법원에 의하여 취소되거나 거부될 수 있는 여지가 있다.

2. 중재청구권의 포기 사안

중재청구권의 포기는 법규상으로나 판례상으로도 공히 인정되고 있다. ① 약정기한 이내에 중재신청을 해태한 경우, ② 약정된 기한은 없지만 중재신청권의 행사가 현저히 지연된 경우, ③ 중재관할을 주장하지 않고 소송절차에 따라 변론을 행한 경우에도 중재합의의 포기가 성립될 수 있다. 그 성부의 결정권은 ①과 ②의 경우 판정부에 있지만 ③의 경우 법원에 있다. 만약 포기가 인정되면 ①과 ②의 경우는 자동적으로 소권도 소멸되지만 ③의 경우는 판례상 합리적인 기간이내에 포기에 관한 당사자의 묵시적 합의가 있는 것으로 간주되어 소권은 소멸되지 않는다.

3. 이의 신청권 포기 사안

법원의 보전처분은 중재절차와 병존할 수 있지만, 그러나 이의 신청권을 포기한다는 당사자의 합의는 보전처분의 공익성 및 필요여부의 예측불가성 등에 비추어 허용되지 않는 것으로 이해함이 타당할 것으로 보인다.

4. 중재인의 자격 규정 사안

중재법규상에는 중재인의 자격에 관한 직접적 규정이 없다. 그러나 판례 및 학설상 공민권이 박탈된 자나 의사능력이 없는 자, 불편부당성 및 독립성을 결한 자, 기타 중재인의 윤리에 반하는 행위를 한 자는 중재인의 자격요건을 결한 것으로 간주된다.

5. 대리인의 보수 사안

일반적으로 각자가 의뢰하는 변호사의 보수는 중재비용에 포함되지 않으므로 각자가 부담해야 되지만, 그러나 합리적인 변호사의 보수는 중재비용에 포함할 수 있다는 판례가 우세하다. 그러한 경우에도 동 보수를 판정패자의 전담조건으로 판정하는 것은 판례상 부정되고 있다.

6. 제정법상의 출소기한의 중재신청기한 적용 사안

제정법상의 출소기한은 중재신청기한에도 적용되는 것인가? 중재법규상에는 이에 관한 명시적 규정이 없다. 그러나 실제로 중재인이 이를 적용한 사례도 있으며, 심지어 이를 적용하지 아니한 중재판정은 공서에 반하므로 무효라는 것이 판례의 태도이다.

7. 전문증거의 증거인정 사안

영미법상 원칙적으로 전문증거는 증거로 인정되지 않는다. 우리 중재법규도 이점에 관하여 침묵하고 있다. 그러나 전문증거가 중재에서 당연히 배척되어야 되는 것은 아니라는 판례와 이의 채부를 결정하는 것은 중재인의 자유재량에 속한다는 판례가 유력하다.

8. 중재판정의 취소사유와 중재합의 실효범위 사안

중재판정의 취소사유 중 "당사자의 무능력", "중재합의 무효", "중재적격성 결여", "공서의 위배"는 해당 중재합의를 실효시키지만, 그러나 "방어권의 침해", "유월판정", "판정부구성 또는 중재절차상의 하자"를 이유로는 중재판정이 취소되어도 해당 중재합의는 실효되지 않는 것으로 판단된다.

9. 준거법 결정 사안

아홉째, 중재판정의 준거법을 결정함에 있어서 판정부의 판단착오는 중재판정의 취소사유에 해당되지 않는 것으로 판례의 태도가 일치하나 법의 명백한 무시에 대해서는 판례의 태도가 일치하지는 않지만 취소사유에 해당된다는 취지의 판례가 우세한 편이다. 결국 판정부의 판단착오는 사법심사의 대상이 아니지만 법의 명백한 무시는 사법심사의 대상이 된다고 볼 수 있다. 따라서 당사자는 판정의 준거법과 관련하여 판정부의 판단착오를 이유로는 법원에 그 구제를 신청할 수 없고, 단지 판정부가 준거법을 명백히 무시한 경우에는 법원에 그 구제를 요구하는 것은 가능하다.

10. 당사자의 입증이 없거나 불가한 사안

당사자의 입증이 없거나 불가한 사안에 대해 판정부는 소송법상 증거법의 규정에 구속받지 않고 증거의 인부, 신뢰성, 유용성 및 그 경중은 자유심증으로 판단할 수 있다.

04

제4장

외국중재제도와 국제상사제도에 관한 국제협약

외국중재제도와 국제상사 제도에 관한 국제협약

4.1 외국중재제도의 연혁

중재제도는 사회구성원간 평화를 유지시키는 장치로서 수백 년 전 유럽에서 발생하였다. 즉 사회구성원간 분쟁이 발생하였을 때 법으로 해결하는 것은 구성원간 조화를 깨뜨릴 수 있으므로 분쟁의 해결을 당사자가 신뢰하고 존경하는 저명인사, 친척 또는 친구 등에게 부탁하여 그 결정에 따르고자 하는 것이었다. 특히 실리와 전문성을 중시하는 상인간에서 제3의 상인을 중재인으로 선정하여 그의 판단에 따르곤 하였다. 다만 이때의 중재는 현재 모습의 중재라기보다는 화해, 알선, 조정을 포함한 복합적 형태의 분쟁해결 방안이었다. 이 때의 중재부탁(submission)은 분쟁발생 후에야 이루어졌는바, 이러한 모습의 중재제도는 1865년의 이탈리아소송법에서 나타났다.

19세기 중반이후 앞의 형태와는 다른 중재제도가 출현하였다. 즉 중재제도가 더 복잡하여지고 제도화되었으며, 거래당사자는 장래 발생할지도 모르는 분쟁에 대비하여 계약 당시 미리 중재합의를 하였고, 나아가 20세기에 들어서면서 상설적인 중재기관이 출현하게 되었다.

이러한 변화에 따라 중재제도가 해결할 수 있는 분쟁의 대상이 넓어지게 되었다. 즉 과거의 중재는 특정거래사회의 분쟁 또는 특정성격거래의 분쟁에 관하여만 이루어진데 반하여, 현대의 중재는 재판제도를 대체하거나 재판에서 할 수 없는 분쟁해결을 하기에 이르렀다.

4.2 외국중재제도

1. 미국

미국에는 중재에 관한 연방법으로 연방중재법(FAA, Federal Arbitration Act)이 있고, 각 주의 채택을 기다리는 통일중재법(UAA, Uniform Arbitration Act)이 있으며 중재기관을 갖춘 미국중재협회(AAA, American Arb. Association)가 있다.

2. 영국

영국이 세계무역의 중심지였던 19세기 전반까지는 영국에서는 보통법(common law)상의 중재만이 성행하였으나 1889년 중재법(The Arbitration Act 1889)이 생기면서 보통법상의 중재와 제정법상의 중재라는 두 가지 형태의 중재제도가 공존하게 되었다. 제정법상의 중재는, 중재합의가 성립당시부터 구속력이 있고, 중재합의상 명시되어 있지 않더라고 중재인을 선임할 방법이 있었으며, 중재판정의 집행이 용이하여, 보통법상의 중재보다 선호되었다.

그러나 위 중재법이 1950년과 1975년의 개정을 거칠 때까지도 중재절차 중 발생하는 법률문제에 관하여는 특별사안(special case)이라는 이름으로 법원에 그 의견을 구하여야 하고, 중재인으로부터 이러한 의무를 면제시켜주는 합의(exclusion agreement)는 용인되지 않는 등 보통법과 그리 다르지 않은 제약을 가하고 있었다. 그러나 이러한 제약은 외국거래자로 하여금 영국을 중재지로 하는 것을 꺼려하게 하였고, 이에 따라 1979년의 중재법에서는 이같은 법원의 감독적 권한(supervisory power)을 과감하게 감소하였으며, 1996년 중재법(The Arbitration Acts 1996)을 제정하여 중재에 대한 극도의 호의적인 태도를 가지게 되었다.

3. 프랑스

프랑스혁명 후에 만들어진 1791년의 헌법에서는 중재부탁권리가 헌법상 권리로까지 격상되었으나, 그 후 프랑스혁명의 분위기가 반전되면서 1806년에 공포된 민사소송법에서는 중재는 법원판단의 전단계로 전락하고 말았다. 그러한 분위기아래에서 프랑스대법원(Cour de Cassation)은 1843년 "당사자들이 중재합의를 할 때, 반드시 중재인이 특정되어야 한다. 중재인의 이름이 특정되도록 요구하는 것은 국민들을 그들의 판단자로서 자격있고 신뢰할 만한 사람이라는 점에 대한 확신없이 장래의 중재를 용인하도록 하는 부주의로부터 지켜주기 위함이다"라는 이유로 장래의 분쟁에 관한 중재합의(중재조항, clause compromissiore)의 구속력을 부인하기에 이르렀다. 그러나 위 판결에 대하여는 많은 비판이 따랐고, 그 후 법원은 국제상거래에 있어서는 중재조항이 유효하다고 하였으며, 1925년의 법으로 상사에 있어서는 중재조항이 유효하다고 하였다.

프랑스에 있어서의 중재제도는 1980년과 1981년의 두 번에 걸친 칙령(decrets)에 의하여 중대한 변혁을 맞았다. 즉 개정 프랑스민사소송법에서[1) 제1442조부터 제1491조까지는 국내중재에 관한, 제1492조에서 제1507조까지는 국제중재에 관한 규정을 두었는바, 중재판정의 취소와 집행절차를 단순화하였고, 국제 및 외국중재에 특별한 규정들을 두었다.

4. 독일

독일 역시 독립된 중재법을 두지 않고 민사소송법 제10편 제1025조 내지 제1048조에서 중재에 관한 규정을 두었다.

---

1) 칙령 81-500호로 1981. 5. 12. 시행

5. 네덜란드

가장 현대적인 중재법이라고 하는 네덜란드의 1986년 개정 중재법은 역시 민사소송법 제1020조에서 제1076조까지 자리잡고 있다.

4.3 국제상사제도의 통일화를 위한 국제협약

1. 제네바의정서 및 제네바협약

베르사이유협정(The Treaty of Versailles)에 의하여 1919년에 창설된 국제연맹은 그 주목적이 국가 간의 관계증진이었으므로 국제사법적(私法的)인 일은 두 가지만 하였는데, 하나는 교환수단에 관한 법이었고, 다른 하나가 중재법이었다.

먼저 1923년에 제네바의정서[2](Geneva Protocol on Arbitration Clauses)가 체결되었는바, 이는 계약당사자들이 서로 다른 체약국에 속한 경우에 한하여 체약국으로 하여금 현재 및 장래의 분쟁에 관한 중재계약의 유효성을 승인하도록 하는 것이었다. 또한 분쟁대상계약은 체약국법아래에서 상사적(商事的)이어야 한다. 또한 위의 의정서에 의하면 체약국은 그 영토 내에서 내려진 중재판정을 집행하도록 되어 있으나, 외국에서 내려진 중재판정의 집행에 관하여는 침묵함으로써 집행국의 입법에 맡겨졌다. 우리나라는 당시 일본의 식민지로 일본과 함께 1929년 2월 26일자로 가입되었다.

제네바의정서의 위와 같은 문제점이 인식되자, 국제연맹은 1927년 그 보

2) 제네바 의정서의 주요 내용으로는 ① 체약국은 당사자간에 분쟁을 중재로 해결하기로 합의한 경우에는 그 법제하에서 재판관할권 이외에 인정되지 않을지라도 그 효력을 승인하며, ② 중재절차는 당사자간의 합의로 정할 수 있고 그렇지 아니한 경우에는 중재가 행해지는 국가의 법령에 따라 결정된다. ③ 중재판정은 국내판정과 같이 법대로 집행력을 보장되고 ④ 중재조항이 있는 경우에는 당사자 일방은 분쟁을 중재에 의하여 해결하여야 하며 중재조항의 이행이 불가능하거나 무효가 된 경우에 한하여 법원에 소를 제기할 수 있다.

완책으로 외국중재판정의 집행에 관한 제네바협약[3](The Geneva Convention on the Execution of Foreign Arbitral Awards of 1927)을 만들어 제네바의정서의 적용을 받는 중재계약에 따라 이루어진 중재판정과 체약국 내에서 내려진 중재판정은 모든 체약국 내에서 구속력있고 집행가능하도록 하였고, 그 밖에 중재판정 집행신청인이 행할 절차와 형식을 규정하였다.

2. 뉴욕협약

1) 뉴욕협약의 의의

제네바협약의 문제점을 보완하려는 다각도의 노력으로 1953년 ICC는 국제중재판정의 집행에 관한 협약 초안을 작성하여 UN 경제사회이사회에 제출하였다. 경제사회이사회는 특별위원회를 구성하여 이 초안을 검토하도록 하였다. 동 위원회는 이 초안을 중심으로 토의를 하여 외국중재판정의 승인과 집행에 관한 협약 초안을 만들어 경제사회이사회에 제출하였다.

1958년 5월 29일 전권대표자회의가 개최되어 이 초안에 일부 수정을 가하여 현재의 뉴욕협약이 채택되었고 1959년 6월 7일 협약이 발효하였다. 뉴욕협약은 16개의 조문으로 이루어져 있는데 이 중에서 제1조부터 제7조에 걸친 8개 조문이 실체규정이고 제8조 이하는 협약의 효력발생과 가입 등에 관한 형식규정이다. 협약체결 당시에는 그 실효성에 대한 의문이 있었으나 현재 주요 선진국들이 이에 참여하여 국제중재의 발전에 중요한 기여를 하고 있다. 한국은 1968년 뉴욕협약에 가입하기 위한 서명을 하였으나 시기상조라는 이유로 국회의 비준동의절차가 미루어져 오다가 1973년 1월 30일 비준동의안이 의결되고 1973년 2월 8일 이 협약에 가입하였다.

뉴욕협약[4]은 원칙적으로 단심제인 중재제도에서 중재판정이 불리하게 내

[3] 이 협약은 1927년 9월 26일 제네바에서 체결되었는데 전문 11개 조로 된 주요 내용은 ① 적용에 상이한 국가간 당사자의 중재조항에만 한정하고, ② 중재결정의 집행이 거부된 경우 소송에 의한 구제 박탈 보완이었다. 이 협약도 역시 미비점이 있었는데 체약국의 국민간에 체약국에서 행해진 외국중재판정의 효력만을 승인하고 집행하는 것으로 그 적용범위가 좁았다. 우리나라는 이 협약에 1968년 3월 4일 서명만 하였고 가입을 위한 비준은 하지 않았다.

려진 분쟁당사자(패소당사자)가 그 판정내용을 이행하지 아니하는 경우에, 강제집행이 용이하게 실현될 수 있도록 하기 위해 가입국들로 하여금 국내법을 통해 중재판정의 집행을 거부할 수 없도록 대폭 규제하고 있다. 뉴욕협약은 과거의 제네바의정서 및 제네바협약에 비하여 많이 개선된 규정을 가지고 있다.

1) 뉴욕협약의 규정

뉴욕협약은 제2조 제1항과 제3항에서 중재계약의 승인과 집행에 관하여 간접적으로 규정하는 한편, 외국중재판정의 승인과 집행에 관하여 제3조에서 "모든 체약국은 중재판정의 승인과 집행이 요구된 국가의 법절차에 따라 중재판정을 구속력있는 것으로 승인하고 이를 집행하여야 한다"고 규정함으로써 기본원칙을 천명하고 있다. 또한 제4조는 집행신청인의 주장·입증사항을, 제5조는 집행거부사유를, 제6조는 집행판결절차의 연기를 각 규정하고 있다.

2) 뉴욕협약의 특징

뉴욕협약은 그 이전의 협약들과는 달리, 중재판정의 집행에 관한 입증책임을 전환하였다.[5] 즉 뉴욕협약 제4조 제1항은 중재판정의 승인과 집행을 위하여 집행신청인이 제출하여야 하는 서류로서 중재판정과 중재계약서만을 요구하면서, 제5조 제1항은 "중재판정의 승인과 집행은 중재의 패소인이 아래의 점에 대한 입증을 함으로써 거부될 수 있다"라고 규정함으로써 대부분의 집행거부사유에 관한 입증을 집행피신청인이 하도록 하였고, 이로써 승인과 집행을 용이하게 하였다.

---

4) 뉴욕협약의 특징은 제네바의정서와 달리 분쟁당사자의 국적을 문제 삼지 않고 중재판정의 국적만을 중시하였고, 제네바협약과 달리 중재집행신청인의 입증책임을 전환하였다는 데 있다. 다만 뉴욕협약은 상호주의 및 상사유보선언을 할 수 있도록 하였는바, 이 중 후자에 대하여는 국내법이 개입될 여지를 두었다는 비판이 있다.

5) 제네바협약에서는 집행신청인이 대부분의 요건에 관하여 입증책임이 있었다.

3) 뉴욕협약의 적용범위

(1) 중재합의의 승인

뉴욕협약은 체약국이 중재합의를 승인하고 중재명령을 내려야 한다고 규정하여 그 제목과는 달리 중재계약의 승인과 집행에 대해서도 규정하고 있다. 즉 중재합의에 기해 내려진 중재판정의 승인만이 아니라 분쟁을 중재로 해결하겠다는 합의 자체를 승인하도록 하여 이러한 합의를 지키지 않는 경우에 중재를 강제할 것을 요구하고 있다. 승인의 대상이 되는 중재합의는 분쟁이 계약에서 발생한 것인가의 여부를 불문하고 이를 중재에 부탁하기로 약정한 당사자간의 서면합의면 되는 것으로 하여 중재계약에 대하여 일정한 요식행위를 요구하는 각국 국내법의 적용을 제한하였다.

이러한 서면성의 요건과 "체약국의 법원이 전기 합의를 무효, 취소, 실효, 또는 이행불능이라고 인정되는 경우를 제외하고"라는 요건 외에 협약은 중재합의를 승인하기 위한 별도의 요건을 요구하지 않고 있다.

그러나 중재합의를 강제하더라도 이에 의해 내려질 중재판정이 승인·집행될 수 없다면 중재합의를 승인하여도 의미가 없다. 따라서 아래에서 살펴볼 중재판정의 승인과 집행을 위한 요건과 그 항변사유 중 특히 중재판정에만 해당되는 경우를 제외하면 이들 요건과 항변사유에 관한 설명이 중재합의의 승인에도 적용된다.

다만 뉴욕협약이 적용되는 중재합의의 유형에 대해서는 다소의 논의를 요한다. 협약 제1조 제1항[6]은 협약이 적용되는 중재판정의 외국성의 범위에 대해서만 언급하고 협약이 적용되는 합의의 외국성의 범위에 대해서는 언급하지 않았기 때문에 중재를 명하여야 하는 합의의 범위를 둘러싸고 논란이 있다.[7]

---

6) 뉴욕협약 제1조 제1항은 외국중재판정여부를 판단하는 기준으로 두 가지 척도를 열거하고 있다. 즉 제1차적 척도(first criterion)로서 체약국의 영토 내에서 내려진 판정, 제2차적 척도(second criterion)로서 집행국에서 내국판정이라고 인정하지 않는 판정을 뉴욕협약의 적용을 받는 외국중재판정이라고 정의하였다.

7) 서철원, 외국중재판정의 승인과 집행에 관한 1958년 뉴욕협약, 서울국제법연구 Vol. 3 No.1, 서울국제법연구원, 1996. pp.114-116.

일반적으로 순수한 국내중재를 제외하고, 분쟁당사자의 일방이 외국이거나, 준거법과 중재지에서 국제성을 인정할 수 있는 중재합의에는 뉴욕협약이 적용된다고 한다. 그리고 중재의 명령에는 외국에서의 중재도 포함된다.

(2) 승인과 집행의 대상이 되는 중재판정

뉴욕협약이 적용되는 중재판정은 승인과 집행의 신청을 받은 국가 이외의 영토에서 내려진 중재판정과 집행국의 법에 의하여 내국판정이 아니라고 인정되는 중재판정이다. 이것은 뉴욕협약 심의당시 판정이 내려진 곳에 따라 외국중재성 여부를 결정하자는 영미법계국가와 중재의 절차준거법에 따라 외국중재성 여부를 결정하자는 대륙법계국가의 주장을 절충하여 만들어진 것이다.

내국법에 의하면 내국중재라고 판단되는 중재라도 그것이 외국에서 행해진 것이라면 뉴욕협약이 적용되고 국내에서 행해진 중재라도 내국법에 의해 국제중재로 인정되면 뉴욕협약이 적용되므로 그 적용범위가 제네바협약의 그것에 비하여 많이 확대되었다. 또한 뉴욕협약은 중재가 상설중재기관에서의 중재이냐 임시중재법정에서의 중재이냐의 여부를 불문하고 적용된다. 그러나 뉴욕협약 제1조 제3항이 다른 체약국의 영토 내에서 내려진 판정에 대해서만 이 협약의 적용을 받는다는 소위 상호주의유보[8]와 국내법상 사사적인 법률관계에서 발생하는 분쟁에 대해서만 이 협약의 적용을 받는다는 소위 상사유보[9]를 할 수 있도록 인정하고 있으므로 이 한도에서 협약

---

8) 뉴욕협약 제1조 제3항 전단은, "어떠한 국가든 상호주의의 기초하에서 다른 체약국의 영토 내에서 내려진 중재판정의 승인과 집행에 한하여 이 협약을 적용한다고 선언할 수 있다"라고 명시하고 있는바, 이를 상호주의유보선언(reciprocity reservation)이라고 한다. 이 때의 상호주의는 당사자의 국적과 무관하므로 고전적 의미의 상호주의는 아니나, 결과적으로 뉴욕협약의 적용범위를 좁게 하였다는 비판을 받고 있다. 현재 뉴욕협약의 가입국이 145개국에 이르렀고, 국제거래의 상대방이 될 만한 국가들은 모두 가입국이 되어 있으므로 실무상 그리 크게 문제되지는 않으나, 중재판정의 유효적절한 집행을 위해서는 중재계약체결 당시 중재지가 체약국인지의 여부를 사전에 충분히 검토하여야 한다.

9) 위 협약 제1조 제3항 후단은, "유보선언을 한 국가의 국내법상 상사(commercial)라고 인정되는 법률관계로 인한 분쟁에 한하여 이 협약을 적용할 것을 선언할 수 있

의 적용범위가 제한될 수 있다.

(3) 승인과 집행의 신청절차

뉴욕협약은 외국중재판정의 승인과 집행을 구하는 당사자는 중재합의서 원본과 중재판정문 원본만을 제출함으로써 그 입증절차를 마치는 것으로 하고 있다. 즉 이러한 서면만을 제출함으로써 신청인은 일용의 증거(prima facie case)를 제출한 것으로 되고 신청인의 신청을 거부하는 사유를 피신청인이 주장·입증하여야 한다. 제네바협약은 판정의 원본, 판정을 내리는 국가에서 그 판정이 확정되었음을 증명하는 서증 또는 증거를 신청인이 제출하도록 하였다. 뉴욕협약은 이것을 중재합의와 중재판정의 원본만을 제출하면 되는 형식적 · 절차적인 것으로 하면서 실질적 요건의 불비를 피신청인이 주장 · 입증해야 하는 것으로 개정하였다. 이것은 제네바협약과 비교하여 신청인의 부담경감과 절차의 신속이란 면에서 중요한 진전이다.

그리고 중재판정이 중재지국에서 구속력이 있는 것이면 족하고 제네바협약과 같이 그것이 확정된 것일 필요는 없다. 이와 관련하여 뉴욕협약에서의 중요한 개선점은 외국중재판정의 집행을 구하기 위하여 중재지국에서 집행을 허가하는 재판을 받을 필요가 없도록 한 것이다. 제네바협약은 외국중재판정이 집행되기 위해 중재판정이 확정될 것을 요구하였다. 중재판정의 확정은 재판의 등록(entry of judgement)을 의미하고 이를 위해 중재판정의 집행을 구하는 판결을 받아야 하는 것으로 해석되었다. 그 결과 외국중재판정의 집행을 위해 중재지와 집행지에서 두 번의 집행판결을 받아야 하였다. 이러한 소위 이중집행(double exequator)제도는 집행을 구하는 자에게 불필요한 부담을 주고 절차를 지연시키는 주요원인이 되었다. 뉴욕협약은 이것을 중재지에서 집행판결을 받을 필요가 없도록 개선하였다.

다"라고 명시하고 있는바, 이를 상사유보선언(the commercial reservation)이라고 한다. 이 문제는 상호주의유보문제보다는 더 복잡하다. 즉 어느 나라에서는 상사라고 인정되는 법률관계가 다른 나라에서는 상사라고 인정되지 않을 수 있고, 실제로 중재계약체결단계에서 집행국의 상사적 법률관계에 대한 태도를 예측하기도 쉽지 않기 때문이다.

(4) 승인과 집행의 거부사유제한

외국중재판정의 승인과 집행을 구하는 자가 중재합의서와 구속력있는 중재판정의 원본을 제시하면, 이를 거부하는 사유를 입증하는 책임은 그 상대방이 지도록 뉴욕협약은 거증책임과 입증책임을 분배하고 있다. 협약은 피신청인이 원용할 수 있는 거부사유로서 7가지를 한정적으로 열거하고 있다. 이 중 상대방이 거론하여야만 법원이 고려할 수 있는 것이 5가지이고 법원이 직권으로 고려할 수 있는 사항이 2가지이다. 이들 사유는 모두 중재의 본안 판단에 관한 것이 아니므로 승인을 요청받은 국가가 중재인의 본안심리의 당부를 재심하도록 허용하는 것은 아니다.

3. 유럽협약

국제연합의 유럽경제위원회(The Economic Commission for Europe)는 서유럽 및 동유럽 국가간 국제상거래를 규율하는 중재협약을 만들고자 1961년에 국제상사중재에 관한 유럽협약(European Convention on International Commercial Arbitration)을 만들었다. 이 협약 제1조 a항은 "서로 다른 체약국에 상주하는(their habitual place of residence or their seat) 개인 또는 법인간 국제거래로부터 발생하는 분쟁을 해결한다"고 규정하여 계약당사자의 주소 또는 국적을 중시하였고, 상사분쟁에 한한다는 제한 또는 유보를 못하게 하였다.

4. 워싱턴협약

1950년 이후 세계는 선진국과 개발도상국으로 양분되면서, 개발도상국은 선진국의 자본을, 선진국은 개발도상국의 자원을 필요로 하였다. 그러나 선진국의 투자자들은 그 자본회수에 관하여 불안감을 있었고, 이를 해소하기 위하여 개발도상국의 주권을 침해하지 않으면서 분쟁해결을 할 수 있는 방안이 모색되었다.

1956년 수에즈 운하 국유화를 계기로 투자분쟁이 빈발하면서 분쟁해결기구의 필요성이 제기되고 이에 따라 정부기관과 외국 민간 투자가 사이에 분쟁을 조정, 중재함으로써 국제민간투자를 촉진시키려는 것을 목적으로 세계은행(World Bank)의 주도로 '국가와 타방 국민간의 분쟁해결을 위한 협약' 즉 워싱턴협약을 만들고, 그에 따라 '국제투자분쟁해결기구'(The International Centre for the Settlement of Investment Disputes, ICSID[10])를 설치하였다.

위 협약에 의하면, 체약국은 그 계약을 부인할 수 없고, 중재합의를 금지하는 새로운 법을 만들 수 없으며, 당사자인 국가는 중재판정을 재심사할 수 없다. 또한 중재판정은 당사자인 국가에서는 물론 다른 체약국내에서도 집행될 수 있다.

5. 모스코바협약

사회주의 국가에서 중재의 중요성이 강조되면서 1972년 경제 및 과학 기술협력 관계에서 발생하는 민사소송의 중재에 의한 결정에 관한 협약(The Convention on Decision by way of Arbitration of Civil Litigation Resulting from Relating of Economic and Scientific-technological Cooperation)을 체결하였다.

10) 투자분쟁국가해결본부(International center for Settlement of Investment Disputes, ICSID) 투자분쟁에 관한 조정과 중재를 담당하게 되었는데 워싱턴협약이라고 부르는 「국가와 타국민간의 투자 분쟁의 해결에 관한 협약(Convention on the Settlement of Investment Disputes Between)」에 준거하고 있다. ICSID는 직접 분쟁조정에 나서는 것이 아니고 단지 중재절차를 관장할 뿐이다.

제5장 외국 주요 ADR 기관 및 제도

Chapter 05

외국 주요 ADR 기관 및 제도

5.1 미국중재협회(AAA)

오늘날 국제상사중재에 있어서 뉴욕이 중재지로 흔히 지정되고 있음은 주지의 사실이다. 뉴욕에서 행해지는 국제상사중재는 상설중재기관[1]에 의한 중재와 비상설기관중재인 임시중재[2](ad hoc arbitration)로 구분되는 바, 상설중재기관으로는 AAA가 미국의 대표적인 중재기관이다. 따라서 타국과의 교역량에 비해 한・미간의 무역량이 특히 많다는 점과, 양국간에 발생하

1) 기관중재(institutional arbitration) : 중재를 관리하는 기관의 감독하에 행하는 중재. 대표적인 기관으로는 ICC 국제중재법원, 런던국제중재법원, 미국중재협회 등 70여 개. 우리나라에도 대한상사중재원. 권위있는 국제중재기관에서 내린 중재판정은 국제적으로도 존중받기 때문에 집행이 용이하다.

2) 임시중재(ad hoc arbitration) : 분쟁당사자들이 상설중재기관을 이용하지 아니하고 계약에 의해 자신들의 분쟁을 해결하기 위한 틀을 정하여 행하는 중재형태. 기관중재를 이용할 경우의 비용을 절감하려는 이유 때문이다. 당사자와 중재인이 각 단계별 절차를 스스로 마련해야 하지만, 대개 UNCITRAL 규칙을 적용하며, "본 계약이나 계약의 위반 종료 또는 무효로 인한 분쟁, 논쟁 또는 청구는 현재 효력을 가지고 있는 UNCITRAL 중재규칙에 의한 중재에 의해 해결된다"라고 계약서에 기입하면 된다. 임시중재를 하면서 중재규칙을 미리 정해 놓지 않으면 결국 법정지의 법원의 조력을 얻어 보충해야 한다.

는 무역분쟁뿐만 아니라 제 3국과의 교역관계로 인해 발생되는 분쟁 역시 AAA에 의한 국제상사중재로 해결되거나 또는 해결될 개연성이 매우 높다는 점 등을 감안할 때 AAA에 의한 국제상사중재의 본질과 그 법리적 문제를 파악하여 이해 숙지할 필요성이 요구된다.

1. AAA의 설립과 역할

상사중재의 목적은 상사분쟁을 중재로 해결하는 데 있는 것인 만큼 19세기 이전까지 당시의 미국사회에서는 법정에서 분쟁을 해결하지 않고 오히려 법정의 권한을 감소시키는 소위 대안적 분쟁해결 방법인 중재를 인정하지 않으려는 분위기였다. 그러나 20세기 초 정치, 및 상사분쟁을 해결하는 중재인의 역할을 세계법정이 담당하게 되었으며, 국제무역법의 개념이 정립되기 시작한 것도 이 무렵의 일이다. 그로부터 약 20여년 후 국제사법재판소의 판례를 중심으로 한 국제경제규범이 체계화되기에 이르렀다.

당시 미국에서도 정치 및 경제문제는 호혜의 정신에 입각하여 우의적으로 해결하는 것이 바람직할 것이라는 발상전환이 미국중재협회의 창설자기도 한 「Frances Keller」에 의해 주창되기에 이른다. 중재에 대한 이 같은 일련의 긍정적인 인식전환에 힘입어 1922년 미국중재협회(The American Arbitration Association; 이하 AAA로 칭함)의 전신인 미국중재회(The Arbitration Society of America)가, 그리고 1924년에는 연구단체로서의 성격을 띤 중재재단(The Arbitration Foundation)이 설립된다. 상호 경쟁적 관계에 있던 양 단체는 우여곡절 끝에 통합되어 마침내 1926년 오늘의 AAA가 설립되었다.

설립이래 미국의 경우는 물론 세계적인 변화, 즉 경제적 법률적 변화에 슬기롭고 지혜롭게 대처해 온 가장 전형적인 지적단체라 할 수 있는 AAA의 지속적 홍보활동으로 인하여 미국전역에서뿐만 아니라 타국에서도 중재의 실용성이 널리 인식되었으며, 2차 세계대전 후 AAA는 대체적 분쟁해결 방법의 연구센터로서 분쟁해결의 기수로서 인정받게 된다. 당사자들이 직접 중재인을 선택할 수 있다는 점과, 자신들이 선택한 중재인의 판정에 자발적으로 복종한다는 점에서 중재는 민주주의의 실체요 실현이며 그러한 사실을 AAA가 주도적으로 잘 일깨워 준 셈이다.

오늘날의 AAA는 5만 여 명의 중재인을 확보하고 연간 5만 여 건의 분쟁사건을 취급하는 전 미국적 기구로 발전하였다. AAA는 독립된 비정부 비영리 단체로서 무역, 노사, 지역이나 사건의 종류에 제한을 두지 않고 광범한 각종 분쟁의 해결은 물론 분쟁의 예방에도 크게 공헌하고 있는 미국의 대표적인 상설중재기관이다.

2. AAA 분쟁해결절차

1) 국제상사중재에 적용되는 중재규칙

국제상사중재에 적용되는 중재규칙으로는 전체 54조로 이루어져 있는 국제중재규칙과 국제상사중재보칙 및 중재인윤리규정이 적용된다.[3)]

미국의 경우 중재법으로는 연방중재법이 있으며, 주법으로는 각 주마다 제각기 각자의 중재법을 거의 가지고 있다. 국제상사분쟁의 대부분이 처리되는 뉴욕주에는 뉴욕주중재법인 NYCPLR이 있다. 그런데 주간 또는 외국과의 상거래(interstate or foreign commerce)는 연방의 관할에 속하는 사항이므로 국제상사중재에는 일반적으로 연방중재법이 적용된다.

2) 약정한 중재규칙의 개정

시대적 상황과 요건에 따라 모든 규범은 변화될 수밖에 없다. 중재규칙이나 그 보칙도 그러한 요구에 부응하여 필요에 따라 개정되기 마련이다. 그런데 개정된 시기가 언제인가에 따라 해당 분쟁에 중요한 영향을 끼칠 수 있다. 현실적으로 분쟁이 발생한 후에 중재합의를 하는 사후중재합의시에는 별다른 문제가 없겠지만, 분쟁이 발생하기 전에 성약된 사전중재합의하에서는 전자의 계약에 비해 중재합의시와 중재절차가 개시되기까지에는 시차가 있게 마련이다.

따라서 당사자가 사전중재합의에서 AAA에 의한 중재를 약정한 경우 중

3) http://www.adr.org/sp.asp?id=22440

재합의의 체결당시와 중재절차가 개시되는 시점 사이에 중재규칙이 개정될 수도 있다. 그럴 경우 약정한 중재규칙과 중재절차개시 당시에 유효한 개정된 중재규칙 중에서 어느 것이 적용되어야 하는가라는 문제가 제기된다. 국제중재규칙상에는 이에 관한 명시적 규정이 없다. 뿐만 아니라 적용해야 할 규칙을 결정하는 권한도 중재인의 권한에 속하는 것인지, 아니면 AAA의 권한에 속하는 것인지 하는 점도 명확하지 못하다.

이 문제와 관련된 1977년 뉴욕법원의 한 판례에 따르면 계약당시에 발효중이던 규칙이 아닌 중재절차개시 당시에 유효한 국제상업회의소의 개정된 규칙을 적용토록한 중재인의 결정은 재심의 여지가 없는 중간중재판정(nonreviewable interlocutory award)이라는 것이다. 따라서 중재합의시에 약정한 중재규칙이 개정되었다면 이에 관한 별도의 당사자 합의가 없는 한 중재절차개시 당시에 유효한 개정된 중재규칙이 적용됨은 물론 그 결정권도 판정부에 있다고 하겠다.

3) 중재합의

(1) 중재합의의 성부(成否)

통상적으로 심리의 초기에 제기되는 중재합의의 성부에 관한 다툼은 당사자가 중재합의 그 자체의 성부를 다투는 경우와 중재조항이 삽입되어 있는 주계약(principal contract)의 성부를 다투는 경우가 있다.

① 중재합의 성부의 다툼

국제중재규칙은 중재합의의 성부 및 그 유효성을 결정할 수 있는 권한이 판정부에 있음을 규정하고 있는 데 반하여 연방최고법원의 판례와 NYCPLR의 규정에 따르면 중재합의의 존부에 관한 다툼은 당사자의 요구가 있는 한 그 결정권이 법원에 있다는 것이다.

그러므로 판정부는 중재합의 성부의 다툼에 대하여 그 주장이 중재합의의 불성립, 무효, 소멸로서 이유있다고 인정할 때에는 중재신청을 기각하는 중재관할부존재의 결정을 내리게 되겠지만, 반대로 이유없는 것으로 인정할 때에는 중재절차를 속행하되 그러한 취지의 중간판정을 내리거나 아니면 중간판정을 내리지 않은 채 중재판정을 내릴 수 있다.

그럼에도 불구하고 판정부가 당사자의 그 같은 주장을 인정하지 않을 경우 이에 불복하는 당사자는 중재판정이 내려진 후에 판정취소의 소를 통하여 이를 다투거나, 아니면 이미 중재절차가 개신된 단계에서는 당사자는 중재합의의 불성립을 이유로 중재절차의 정지명령을 법원에 요구하는 것도 가능하다. 중재절차의 정지명령이 인정되면 법원이 중재합의의 성부에 대해 결론을 내릴 때까지 중재절차는 정지된다. 법원이 중재합의의 성립을 인정할 경우 정지된 중재절차는 재개되지만, 부정할 경우에는 정지된 중재절차는 재개되지 아니하고 그것으로 종료된다.

② 주계약 성부의 다툼

미국에서는 중재조항의 독립성 원칙(separability doctrine)이 확립되어 있으므로 중재조항이 삽입되어 있는 주계약의 성부에 대한 다툼은 중재판정부가 그 배타적 관할권을 행사하게 된다. 따라서 중재절차중에 법원에서 이를 다투는 것은 연방법원은 물론 뉴욕주법원도 인정하지 않는다. 이 점은 국제중재규칙의 규정과 동일하다. 그러므로 중재조항이 주계약의 일부인 경우 당사자가 동 조항에 동의했는지의 다툼에 관한 재판절차는 주계약 성부의 문제가 판정부에 의하여 결정될 때까지 중지되어야 한다.

(2) 중재합의 및 중재청구권의 포기

중재합의도 계약의 일종이므로 중재합의가 성립된 후에 당사자의 합의 또는 행위에 의거 이의포기가 가능하며, 동시에 중재합의에 기한 중재신청권 역시 다른 권리들과 마찬가지로 그 포기가 가능하다. 이 점은 연방법원이나 뉴욕주법원도 공히 인정하고 있다.

중재신청권의 포기는 명시적 포기뿐만 아니라 묵시적 포기도 인정된다. 당사자가 이를 다툴 경우 명시적 포기에 비해 묵시적 포기는 그 성부의 판단이 용이하지 않다. 묵시적 포기가 성립하는 경우로는 ① 중재합의상 약정된 기한 내에 중재신청을 하지 아니한 경우와, ② 중재합의상 중재신청기한을 특정하고 있지는 않지만 중재신청권의 행사가 현저하게 지연된 경우, 또는 ③ 중재합의와 모순되는 행위를 한 경우이다.

①의 경우 약정된 중재신청기한이 경과 하였는지의 여부의 판단권한은 판정부에 있음을 연방항소법원은 물론 뉴욕주법원도 인정하고 있다. ②의 경우 상당한 기간 권리를 행사하지 않은 때는 그 권리의 행사는 인정되지 않는다는 형평법상의 해태의 법리(doctrine of laches)가 적용되어 중재신청권리의 포기가 성립된다. 그런데 문제는 어느 정도의 지연이 권리의 포기가 성립될 만큼 현저한 지연인가의 여부의 판단권한이 누구에게 있는가 하는 점이다. 연방법원은 그 권한이 판정부에 있음을 인정하는 데 반하여 뉴욕주법원은 법원에 있다고 판시하고 있다. 따라서 국제상사중재는 원칙적으로 연방중재법의 적용대상이므로 판정부가 그 여부를 결정한다.

중재판정부가 약정된 기한이 경과하였다고 판단하거나 또는 중재신청이 현저하게 지연되었다고 판단할 경우에는 ①과 ②의 어느 경우이든 중재청구권의 포기가 성립하므로 중재합의가 소멸하여 중재신청이 성립하지 않을 뿐만 아니라 소권도 소멸하므로 추후 이를 법원에 제소할 수도 없게 된다. 그러나 ①과 ②의 경우에도 당사자가 합리적인 기한 이내에 중재합의의 포기를 합의하게 되면 이때에는 소권이 소멸한 것이 아니므로 제정법상의 규정에 따라 분쟁을 법원에 제소할 수 있다.

③의 경우 중재합의는 분쟁에 관한 중재관할의 선언이며, 이는 법원관할의 배제를 의미하므로 법원에 직소는 금지된다. 그런데 그 같은 중재합의가 존재함에도 불구하고 당사자가 그와 모순되는 행위인 제소와 응소를 행함으로서 중재합의의 포기가 성립되는 수도 있다.

계쟁물의 임시적 보호조치를 법원에 요청하는 행위나 또는 중재관할권이 있는 분쟁에 대해 당사자가 이를 법원에 단순히 제소하는 행위만으로 중재관할권이 소멸되는 것은 아니다. 따라서 소장을 제출한 단계에서는 중재신청권의 포기가 성립되지 않는다. 중재합의의 당사자인 피제소자가 소송절차에서 단순히 중재관할을 주장하는 답변을 행한 것만으로도 중재권의 포기는 성립되지 않는다.

그러나 본안분쟁에 대해 법원에 그 관할권이 없음을 항변하지 아니하고 소송절차에 따라 변론을 행한 단계에서는 중재합의의 포기가 성립된다는 연방법원과 뉴욕주법원의 판례가 있다. 따라서 중재관할을 주장하는 당사자

일지라도 법원의 소송절차에 깊이 개입하면 본인의 의사와는 달리 법원에 의해 중재합의의 포기가 인정될 가능성도 없지 않다. 만약 법원이 중재합의의 포기가 성립함을 인정할 경우 소송절차는 속행되며 개시된 중재절차는 그것으로 종료된다.

4) 중재판정부

(1) 중재인의 자격

일반적으로 중재인이란 법률문제 또는 사실문제의 여부를 불문하고 자의적 판단에 따라 문제의 분쟁을 결정하도록 공평하게 선임된 자(The arbitrators are persons indifferently chosen to determine the matters in controversy according to their own minds, whether they be matters of law or fact), 또는 중재에 부탁된 분쟁을 자기의 책임하에 최종적으로 판정할 수 있는 능력과 권한을 가진 자를 말한다. 따라서 중재, 즉 중재인이며(The arbitration is as good as the arbitrator.), 좋은 중재는 곧 좋은 중재인(The good arbitration is the good arbitrator.)이라 할 수 있다.

이와 같이 중재에서 중재인의 역할이 막중한 것임에도 불구하고 한국과는 달리 연방중재법과 NYCPLR은 물론 국제중재규칙상에는 중재인의 자격에 관한 명시적 규정이 없다.

그러나 일반적으로 준재판관의 자격(quasi-judicial capacity)으로 행동하는 중재인에게는 자신의 수임직무를 성공적으로 완수할 수 있는 능력이 요구된다 하겠다. 따라서 법관에 의하여 공민권(civil rights)이 박탈된 자나 의사능력이 없는 자와 같은 행위능력이 없는 자는 중재인의 자격요건을 결한 것으로 해석된다.

(2) 중재판정부의 구성

① 중재인의 선임

a. 당사자에 의한 선임

당사자는 AAA의 협조를 얻거나 또는 협조없이 자의적 합의로 중재인을 지명할 수 있으며, 중재인의 수 및 선임절차에 관하여 상호합의할 수 있다. 따라서 중재합의 또는 중재부탁계약상에 중재인이 지명되어 있다면 지명된 중재인이, 또는 중재인의 선임방법과 기한이 약정되어 있으면 그 선임방법에 의거 기한 내에 선임된 중재인이 중재판정부를 구성한다.

b. AAA에 의한 선임

당사자의 서면요청에 따라 AAA가 중재인을 선임한다. 즉 당사자의 합의가 있었음에도 합의한 선임절차에 따라 약정된 기한 내에 중재인의 선임이 이루어지지 못한 경우, 또는 중재가 개시된 후 60일 이내에 중재인의 선임절차나 지명에 관한 당사자의 합의가 없는 경우에도 공히 당사자의 서면요청에 따라 AAA가 중재인을 선임한다.

특히 전자의 경우에는 당사자의 합의내용에 좇아 중재인이 선임되어야 하고, 후자의 경우에는 의장중재인을 지명하여야 한다. 이때 AAA는 당사자 쌍방의 국적과 다른 제3국의 중립국적인을 중재인으로 선임하거나, 해당 중재절차에 사용될 공용어에 정통한 적임자를 고려하는 등 당사자들과 협의하여 적합한 중재인을 선임하도록 노력하여야 한다.

실제로 AAA는 분쟁의 내용을 고려하여 중재인단명부에 등재된 자 중에서 적임자로 판단되는 5~10명을 선정하여 그의 성명, 직업, 국적 등을 기재한 후보자일람표를 양 당사자에게 송부하면 당사자는 그 중 거부하는 후보자의 이름을 삭제하고 나머지 후보자에 대하여 선호순번을 매겨서 일람표상에 명기된 기한 내에 AAA로 반송한다.

AAA는 삭제된 후보자는 제외하고 당사자가 지정한 선호순번에 따라 필요수의 중재인을 선정한 후 해당 후보자에게 중재인지명통지서를 송부하여 승낙을 구한다. 선정된 중재인이 이를 승낙함으로써 적법한 중재인계약이 성립됨과 동시에 비로소 중재인으로서의 권한과 의무를 부담하게 된다.

② 중재인의 수

중재판정부를 구성하는 결정적 요소이며 판정부의 주체인 중재인의 수를 당사자는 합의로 결정할 수 있다. 당사자 합의가 없는 때에는 AAA가 결정한다. 이 때 사건의 규모나 복잡성 및 기타 상황을 고려하여 AAA가 직권으로 3인중재인의 선임을 결정하지 않는 한 1인의 중재인이 선임된다.

(3) 중재인의 기피와 보궐

① 중재인의 사유

연방중재법 및 NYCPLR 상에는 중재인의 기피에 관한 직접적인 언급이 없다. 그러나 국제중재규칙에 따르면 중재인은 공정하고 독립적이어야 하는 바, 그러한 공정성이나 독립성에 관하여 당연히 의심을 초래할 만한 사정이 있다면 중재인 선임승낙 당시에 AAA에, 그리고 선임 후에 발생한 추가적 정보는 AAA와 당사자에게 이를 알리도록 하는 고지의무(duty to disclose)가 중재인에게 부과되어 있으므로 당사자는 그러한 사정이 있는 중재인을 기피할 수 있다.

뿐만 아니라 AAA와 ABA(American Bar Association; 미국변호사협회)가 공동으로 제정한 중재인윤리규정에 따르면 중재인은 ① 중재절차를 진행함에 있어 정직하고 공정하여야 한다. ② 편파나 편견을 의심받을 만한 사정이나 또는 불편부당성에 영향을 끼칠만한 이해관계나 사정이 있다면 이를 고지하여야 한다. ③ 당사자와 접촉시에 타당성을 결하는 일이 없도록 신중하게 행동하여야 한다. ④ 공정하고 성실하게 절차를 진행하여야 한다. ⑤공명정대하고 독립적이며 신중하게 판단하여야 한다. ⑥ 당사자의 신뢰와 직무상 비밀의 유지에 충실하여야 한다는 것이다.

이상의 규범에 반하는 행동을 한 중재인을 당사자는 중재절차 중 하시라도 기피할 수 있음은 물론 그러한 중재인이 내린 중재판정은 취소의 대상이 된다.

② 중재인의 기피절차 및 결정

중재인을 기피하고 자 하는 당사자는 중재인의 선임을 통지받은 후 15일 이내에, 또는 기피사유를 알게 된 후 15일 이내에 기피사유에 대한 서면진술서를 첨부하여 AAA에 기피통지서를 송부한다. 이를 접수한 AAA는 당사자들에게 기피사실을 통지한다. 이때 기피신청된 중재인이 스스로 사임하거나, 아니면 당사자는 기피의 승낙을 합의하여 해당 중재인을 해임할 수 있다. 그럼에도 불구하고 문제의 중재인이 사임하지 않거나, 기피에 관한 당사자 합의가 불가한 경우에는 AAA가 독자적으로 기피의 여부를 결정한다.

③ 중재인 보궐의 사유와 방법

중재인이 사임하거나, 당사자 합의에 의거 해임되거나, AAA의 결정에 의해 해임되거나 또는 사망등과 같이 직무수행불능의 사유로 인해 중재인이 궐위된 경우에는 별도의 당사자 합의가 없는 한 보궐중재인의 선임방법은 교체시키고자 하는 전임중재인(original arbitrator)의 선임시에 적용된 것과 동일한 절차에 따라 보궐중재인을 선임한다.

(4) 중재판정부가 명할 수 있는 구제범위

중재판정부는 금전지불을 명하는 판정이 대부분이지만, 특정이행의 명령을 포함하여 스스로 필요하다고 판단하는 일체의 구제를 명할 수 있다. 따라서 판정부는 분쟁의 대상인 재산의 보전명령, 판정의 집행을 보증하기 위한 담보차입명령은 물론 최종판정에 추가하여 임시, 중간, 일부 또는 전부판정에 의한 일체의 구제를 명할 수 있다.

5) 중재절차의 관리

(1) 중재의 개시와 비용의 예납

① 중재의 신청과 절차개시

AAA에 중재관할권이 있다면 분쟁당사자 중 중재신청인은 AAA와 피신청인에게 중재신청(통지)서를 송부한다. 중재신청서에는 ① 분쟁을 중재에 회부한다는 취지, ② 당사자의 성명과 주소. ③ 중재합의나 인용한 중재조항, ④ 분쟁과 관련되는 계약, ⑤ 분쟁의 내용과 이를 입증하는 사실, ⑥ 소구한 구제방법 및 청구금액에 관한 사항은 기본적으로 포함되어야 하지만, 그 외에 ⑦ 중재인의 수, 중재지 및 공용어 등에 관한 제안이 포함될 수도 있다. AAA에 의한 국제상사중재절차는 상기한 내용의 신청서가 AAA에 접수된 일자에 개시된 것으로 본다.

② 서면답변 또는 반대신청과 그 변경

피신청인은 중재가 개신된 후 45일 이내에 AAA에 서면답변서를 송부해야 한다. 서면답변서를 제출함과 동시에 피신청인은 반대신청을 할 수도 있다. 피신청인의 반대신청이 있는 경우 신청인은 반대신청에 대한 답변서를 45일내에 제출하여야 한다. 또한 별도의 당사자 합의가 없는 중재인의 수, 중재지 및 공용어 등에 대하여 중재신청시에 신청인의 제안이 있으면 피신청인은 45일 내에 AAA와 신청인에게 응답하여야 한다.

한편 중재판정부가 구성되기 전이라면 당사자는 중재합의의 범위 내에서 신청이나 반대신청 또는 답변의 내용을 변경하거나 보충할 수 있다. 그러나 중재판정부가 구성된 후에는 판정부의 승인없이 당사자가 자의적으로 이를 변경하거나 보충할 수 없다.

③ 중재비용의 예납

중재신청이 접수되면 AAA는 신청인에게 ① 중재인의 보수 및 경비, ② 판정부가 요구하는 보조비용, ③ 협회의 관리요금 및 경비, ④ 법정대리인에 대한 합리적인 비용을 충당하기 위하여 필요하다고 인정하는 일정금액의 예납을 요구할 수 있다. 요구된 예납금이 요청서를 수령한 30일 이내에 전액이 지불되지 않을 경우 AAA는 당사자에게 이의 지불을 독촉하고 그래도 지불되지 않으면 판정부는 중재절차의 정지 또는 종료를 명할 수 있다. 판정부는 중재절차진행중에도 필요하다면 당사자들에게 중재비용의 추가 예납을 요청할 수도 있다. 이상과 같이 예납된 금액중에서 지불되지 않은 잔금이 있다면 AAA는 판정후 당사자에게 이를 반환한다.

(2) 중재지와 공용어의 결정

① 중재지의 결정

중재합의상에 중재지가 약정되어 있거나, 그러한 약정이 없더라도 이에 대한 당사자의 합의가 있으면 약정된 장소나 합의된 장소가 중재지로 된다. 만약 중재지에 관한 당사자의 합의가 불가한 경우에는 판정부가 구성된 후

60일 이내에 최종적으로 중재지를 결정할 수 있는 판정부의 권한에 순응하는 조건으로 일차적으로 AAA가 이를 결정할 수 있다. 상기한 어느 경우이든 중재지를 결정함에 있어 당사자들의 주장과 중재의 부대상황이 고려되어야 한다.

② 공용어의 결정

당사자의 합의가 있으면 합의된 단수 또는 복수의 언어가 공용어로 된다. 합의가 없으면 일반적으로 중재합의를 포함한 서류상의 언어가 공용어로 결정되지만, 그러나 판정부는 당사자들의 주장과 중재의 부대상황에 근거하여 달리 결정할 수도 있다. 만약 공용어이외의 언어로 작성·제출된 서류가 있다면 판정부는 당사자에게 공용어로 된 번역문을 첨부하도록 명할 수 있다.

(3) 변호사에 의한 대리 및 그 비용

① 변호사에 의한 대리

당사자는 중재의 전과정을 통하여 또는 절차도중에도 변호사를 대리인으로 지명할 수 있다. 이때 당사자는 대리인의 성명, 주소 및 전화번호를 다른 당사자들과 AAA에 서면으로 통지하여야 한다.

② 변호사의 보수

합리적인 변호사의 보수(reasonable attorneys' fees)는 소송비용에 포함할 수도 있다는「캘리포니아」주법원의 한 판례와는 달리「뉴욕」주법원은, 변호사강제의뢰주의를 배척하고 본인소송을 허용하는 우리나라의 민사소송제도의 경우에서와 같이,「미국에서도 변호사의 보수에 관하여서는 법령(statutory provision)상 또는 계약상 특별한 규정이 없는 한 각 당사자가 각자의 변호사에게 직접 지급하게 되며 동 보수는 손해(damage)의 항목이 되지 아니한다는 원칙이 이미 널리 확립되어 있다」고 판시 한 바 있다. 또한 계약이나 법령상 특별한 규정이 없는 한 변호사의 보수는 중재비용(costs of arbitration)에 포함되지 않는다는 판례도 있다. 따라서 변호인(counsel)으로서 중재에 참여하는 변호사의 보수는 중재조항이나 중재부탁계약상에 그에 관한 명시적 규정이 없는 한 중재판정의 일부로 될 수 없는 것으로 이해함이 옳다.

또한 중재판정부는 판정문에서 중재비용을 결정하여야 하는 바, 만약 변호사의 보수가 중재비용에 포함되지 아니하는 것이라면 판정부에게는 이를 판정문에서 결정할 수 있는 관할권이 없다. 그러나 계약이나 법령상 변호사 보수를 중재비용에 포함할 수 있다는 별도의 규정이 설정되어 있다면 그에 따라 판정부는 이를 판정문에서 결정할 수 있게 된다. 이러한 경우에 중재판정부는 판정승한 당사자(successful or winning party)의 변호사보수를 판정패한 당사자(losing party)의 전담조건으로 판정할 수 있는가라는 의문이 제기된다.

NYCPLR이나 연방중재법상에는 이에 관한 명시적 규정이 없다. 국제중재규칙에 따르면 모든 당사자는 중재에서 대리될 수 있으며, 판정부는 사건의 내용을 고려하여 판정승자의 법정대리인에 대한 합리적인 비용은 당사자에게 할당하여야 한다는 것이다. 또한 이와 관련한 뉴욕주법원의 판례는 발견되지 아니하나 연방법원도 상기의 의문에 대한 부정적 판시를 한 바 있다.

(4) 중재절차의 개시 또는 정지 명령

① 중재절차의 개시명령

관할권이 있는 중재에 불응하는 당사자에 대해 중재절차가 개시되도록 법원이 내리는 명령이 중재절차개시명령이다. 중재합의상에 AAA에 의한 중재가 약정되어 있는 경우 당사자 일방이 중재에 불응해도 중재규칙에 따라 중재절차는 진행되므로 동 명령은 무용한 것 같지만 실제로는 자주 이용된다.

그 이유는 연방중재법의 규정에 따라 연방법원이 중재절차개시를 명하기 위한 전제조건으로서 우선 당사자간에 중재합의가 유효하게 성립되어 있는지를 확인한 후에 그 개시를 명령하므로 중재절차개시명령 그 자체가 중재지의 법원에 의한 중재관할의 인정임과 동시에 중재절차가 적법하게 개시되었음을 입증해 준다. 따라서 중재판정을 미국이외의 국가에서 집행할 경우, 해당 중재절차개시 명령서를 집행지의 관할법원에 제출함으로서 중재합의가 유효하게 성립되었음은 물론 중재절차가 적법하게 개시되었음을 입증하는 데 유용하기 때문이다.

② 중재절차의 정지 명령

중재합의의 존부에 관한 다툼은 그 결정권이 판정부에 있다는 국제중재규칙의 규정에 따라 중재절차가 개시되고 심리중에 당사자가 중재합의의 존부를 다툴 경우 판정부가 스스로 중재합의의 불성립을 인정하지 않는 한 판정때까지 중재절차는 속행되므로 이를 정지시키는 것은 불가능하다. 그럼에도 불구하고 연방중재법상에는 이에 관한 명문의 규정은 없지만 그러나 중지지주의 중재법이 중재절차정지명령을 인정하고 있다면 이를 명할 수 있다는 연방항소법원의 판례가 있을 뿐만 아니라 NYCPLR도 동 명령을 인정하고 있다. 그러므로 뉴욕에서 행해지는 국제상사중재의 경우에는 중재절차정지명령이 주법원은 물론 연방법원에서도 인정될 가능성이 있다. 만약 중재합의의 부존재나 또는 중재신청권의 포기가 성립한다는 당사자의 주장을 받아들여 중재절차정지를 명하면 중재절차는 일단 정지된다. 단 법원이 최종적으로 판단하여 중재관할을 인정하지 않는 한 정지된 중재절차는 재개되지 아니한다.

(5) 제정법상의 출소기한의 적용

사법상의 계약에서 당사자는 의사자치의 원칙(principle of the party's autonomy of the will)에 기인하여 청구권 주장을 위한 중재신청기한을 합의하여 결정할 수 있으며, 그렇게 약정된 기한은 중대한 사유가 없는 한 침해받지 아니한다. 그러나 이 같은 당사자 합의가 없는 경우, 중재신청은 분쟁이 발생한 때로부터 일정기간 내에 행해져야 하는지, 아니면 하시라도 중재신청이 가능한 것인지?

연방중재법이나 NYCPLR은 물론 국제중재규칙상에도 이 점에 관한 하등의 명시적 규정이 없다. 일반적으로 출소기한은 제정법상에 규정되어 있다. 그렇다면 제정법상에 규정되어 있는 출소기한은 중재신청기한에도 그대로 적용되는 것인가라는 의문이 제기된다.

이 점에 관하여는 미국 내에서 부정설과 긍정설이 대립되고 있어서 미확정의 문제라는 것이다. 그러나 필자는 다음과 같은 논지에 근거하여 긍정설에 가담하고자 한다.

부정설에 따르면 원래 중재란 소송을 배제한 대체적 분쟁해결의 한 방법이므로 당사자의사의 최대한 존중이라는 바탕위에서 고안된 제도인 만큼 당사자 합의가 없다고 하여 제정법상의 출소기한을 중재신청기한에 당연히 적용하는 것은 무리라고 생각하는 중재인이 적지 아니하다는 현실적 고려에서 출발한다. 그러나 중재인이 출소기한법령을 적용하지 않음으로서 야기될 수 있는 다음과 같은 실질적인 중요성 때문에 이를 적용하는 것이 불가피하게 된다.

예컨대 중재합의만 있고 중재신청기한에 대한 당사자 합의가 없거나 불가능한 경우 만약 출소기한법령이 중재제도에 적용되지 않는다면, 수십 년 이전에 발생한 클레임을 해결하고자 중재를 신청하는 행위도 그 적법성을 인정받을 수 있게 된다. 이때에는 이미 모든 증거가 그 입증력을 상실하게 되고, 관련서류가 폐기되고, 시간이 경과하여 권리가 소멸함에 따라 진상의 대부분이 애매모호해진 때이므로 결국 출소기한의 적용을 부정한다면 이는 적법성이 결여된 클레임을 오히려 조장하는 결과가 된다.

뿐만 아니라 중재인이 출소기한법령에 구속되지 않는다면 계약당사자들은 중재합의를 체결함과 동시에 법령상의 권리를 포기하는 데 합의하는 결과가 된다 하겠다. 이 같은 포기는 공서의 개념에도 부합되지 못할뿐더러 대부분의 사법권역(jurisdictions)에서는 무효로 간주될 수도 있다. 따라서 실제로 중재인이 제정법상의 출소기한을 적용한 사례도 있으며, 중재인이 출소기한을 적용하지 않을 경우 해당 중재판정은 공서에 반하므로 당연히 무효라는 견해도 있다.

6) 심리와 증거조사

(1) 심리의 개시 및 종결

① 심리 전(前)협의와 서류송부

심리전 협의란 중재절차의 촉진을 목적으로 심리의 진행방법 및 쟁점사안의 확인을 위해 당사자나 그 대리인이 심리 개시 전에 만나 협의하는 것을 말한다. 실제로 이는 중재인이 선임되고 중재지가 결정된 후 당사자 일방의 요청이 있거나 또는 AAA가 필요하다고 판단할 경우 중재인의 동의를 얻어 행해진다. 이 단계에서는 제1차 심리시에 제출할 당사자의 주장을 기재한 서면, 즉 진술서나 서증의 사본, 증인일람표의 교환 등의 사항이 협의된다. 특히 중재합의상 공용어에 관한 약정이 없거나 그 결정방법에 관한 당사자 합의가 없는 경우 이때에 협의된다.

만약 이 때에도 당사자 합의가 불가한 경우에는 중재합의를 포함한 서류상의 언어가 공용어로 결정되지만, 그러나 최종적으로 중재판정부는 당사자들의 주장과 중재의 부대상황, 즉 당사자나 그 대리인 및 예상되는 증인의 국적과 중지지 등을 고려하여 이를 달리 결정할 수 있음은 전술한 바 있다.

② 심리절차

a. 심리의 장소와 일시

제1차 심리의 장소와 일시는 당사자의 사정을 참작하여 중재인이 결정하고 AAA가 당사자에게 적어도 심리 30일 전에 이를 통지한다. 심리장소는 AAA로 결정되는 것이 상례이지만 정황에 따라 달리 결정될 수도 있다.

b. 제1차 심리

(a) 쟁점사안의 확인

중재인(복수중재판정부인 경우에는 의장중재인, 단독중재판정부인 경우에는 해당 중재인)이 관련자의 면전에서 본안분쟁의 내용과 분쟁당사자를 확인하고 이를 명백히 한다.

(b) 추가적 정보의 고지

중재인은 중재인 고지의무의 필요성과 이유를 설명하고 본안분쟁과 관련한 이해관계자의 유무를 당사자에게 확인한다. 동 확인이 끝나면 중재인(전원)은 중재인합의 당시 AAA에 미쳐 고지하지 못한 사항이나 중재인계약 이후에 발생한 당사자 및 이해관계자와의 업무상 또는 개인적으로 편파의 추정을 의심받을 만한 추가적 정보를 상세히 고지한다. 중재인이 고지한 내용중에서 불편부당성 및 독립성을 의심할 만한 사정이 있다면 당사자는 해당 중재인의 기피를 신청한다. 이 때 당사자가 중재인을 직접 선임한 경우에는 기피신청된 중재인 자신이 스스로 사임하거나, 아니면 타방 당사자의 동의를 얻어 해임할 수 있다.

만약 사임하지 않거나 합의해임이 불가한 때에는 AAA가 독자적으로 기피여부를 결정한다. 한편 AAA가 선임한 중재인일 경우에는 AAA가 그 적부를 결정하되, 부적격으로 결정되기 전까지 심리절차는 속행된다. 위의 어느 경우이든 중재인이 사임하거나 합의해임 되거나 AAA의 부적격판단에 의해 해임된 때에는 심리는 중지되고, 궐위된 중재인의 결원을 보충한 후 별도의 당사자 합의가 없는 한 심리절차는 처음부터 재개된다. 그러나 당사자의 기피신청에도 불구하고 중재인이 사임하지 않거나 AAA가 부적격 판단을 내려 해임시키지 아니할 경우에도 당사자는 판정 전에 해당 중재인기피의 소를 법원에 제기할 수 없고 단지 중재판정이 내려진 후에 판정취소의 소를 제기할 수 있을 뿐이다.

(c) 중재인의 선서

연방중재법이나 NYCPLR은 중재인의 선서에 관하여 규정하고 있지는 않지만 관행적으로 중재인은 성실하고 공정하게 심리를 행할 것과 공정한 판정을 내리기 위해 최선을 다하겠다는 취지의 선서를 한 후 본안분쟁의 심리에 임한다.

(d) 주장과 입증

중재인의 요구에 따라 신청인은 쟁점사안에 대한 주장과 입증을 행한다. 심리전의 협의와 서류송부가 행해지지 않은 경우라면 신청인은 자기의 주장을 기재한 서면 즉 진술서와 그 주장을 뒷받침하는 증서를 제출하고 이를 근거로 구두로 진술한다. 이에 대해 중재인과 피신청인은 질문한다. 질의응답을 거쳐 피신청인은 각 증거의 인부를 명확히 한다. 이어서 신청인이 신청한 증인이 있다면 증인을 심리하고 증거조사를 행한다. 일반적으로 이 단계에서 제1차 심리가 종료되는 경우가 많지만, 시간적 여유가 있는 경우에는 피신청인은 자신이 제출한 진술서와 서증 등에 근거하여 신청인측의 주장에 대한 반론 및 반대청구를 행한다.

이에 대해 중재인과 신청인은 질문한다. 질의응답을 통해 신청인은 각 증거의 인부를 명확히 한다. 이어서 피신청인이 신청한 증인을 심리하고 증거조사를 행한다. 그럼에도 불구하고 양 당사자의 주장과 입증이 완료되지 않았다면 중재판정부는 당사자의 형편을 고려하여 차기 심리의 일시를 결정하여 고지한다.

③ 제2차 이후의 심리

제2차 이후의 심리에서는 제1차 심리에서 종결되지 않은 각 당사자의 주장이나 반론 및 증거조사가 계속된다. 이 때에도 양 당사자가 신청한 증거에 대한 증거조사가 종결되지 않는 경우에는 판정부는 당사자의 형편을 고려하여 차기심리의 일시를 결정한다. 증거조사가 종결된 경우에는 차기 심리에서 당사자 쌍방은 각기 타방의 주장과 증거에 대하여 이를 반증하는 서면(reply brief)을 제출하고 이를 근거로 자신의 주장을 입증하고자 노력한다.

④ 심리의 종결과 재개

당사자의 주장과 입증이 완료되었다고 판단되면 판정부는 심리의 종결을 선언하고 양 당사자의 의견을 참작하여 이제까지의 심리내용에 근거하여 각 쟁점에 대한 각 당사자의 견해를 최종적으로 정리한 서면(final brief)의 제출기한을 결정한다. 이상으로 심리절차는 종결된다. 이상과 같이 심리가 종결된 후라도 판정부는 직권으로 또는 적절하다고 판단되는 어느 당사자의 요청이 있는 경우 판정 전에는 언제든지 심리를 재개할 수 있다.

(2) 증거조사

① 증거조사의 원칙

a. 판정부는 소송법상 증거법의 규정에 구속되지 않는다.
b. 당사자는 필요한 것으로 판단되는 일체의 증거를 제출할 수 있으며, 판정부도 필요한 것으로 판단되는 증거의 제출을 요구할 수 있다.
c. 신청 또는 답변을 증명하기 위하여 원용한 사실에 대한 입증책임은 각 당사자에게 있다.

d. 증거의 인부, 신뢰성, 유용성 및 그 경중은 판정부가 결정한다.

e. 증거의 채택은 해태에 대한 충분한 이유를 제시함이 없이 당사자가 결석한 경우가 아닌 한 당사자 및 중재인의 전원이 참석한 가운데서 행해져야 한다.

f. 당사자 평등처우의 원칙에 따라 당사자에게는 모든 증거조사상 반대 심리의 기회가 보장된다.

② 물적 · 인적 증거조사

a. 서증과 전문증거

(a) 서증

판정부는 소송법상 증거법의 규정에 구속되지 않으므로 법률관계를 증명하는 서면에 의한 증거인 서증을 증거로 채택 또는 거부할 수 있다. 그런데 문제는 당사자 타방의 반대에도 불구하고 서증을 증거로 채택하는 것은 판정부의 자유재량이기 때문에 중재판정의 취소사유로 되지는 않지만, 법원에 의해 부당한 거부로 판단될 경우에는 취소사유에 해당된다고 연방중재법은 규정하고 있다. 뉴욕주법원도 당사자가 제출한 서증을 판정부가 부당하게 거부하였다는 이유로 중재판정의 취소를 인정한 예가 있다.

(b) 전문증거(hearsay evidence)

사실인정의 기초가 되는 경험적 사실을 경험자 자신이 직접 법원에 대하여 진술하지 않고, 다른 형태로 간접적으로 법원에 보고하는 증거인 전문증거는 영미의 경우 증거법상 증거로 인정되지는 않지만, 그렇다고 중재에서도 근본적으로 배척될 수는 없는 것이므로 이의 채부를 결정하는 것은 중재인의 자유재량에 속한다.

b. 인증

(a) 증인

가. 증인의 소환

판정부는 증인의 소환을 명할 수 있으며, 필요한 경우 증거자료를 지참하여 출두하도록 법률적으로 강제할 수도 있다. 증인을 소환할 것인지의 여부의 결정은 판정부의 재량권에 속하는 사항이므로 당사자 일방의 증인 소환요청을 판정부가 이유있는 것으로 받아들이지 아니하더라도 이는 중재판정의 취소사유에 해당되지는 않는다. 그러나 실제로 당사자의 증인소환요청을 판정부가 거부하는 경우는 거의 없다. 만약의 경우 소환에 불응하는 증인에 대해서는 법원이 출두의 강제를 명한다.

나. 증인의 선서

원칙적으로 증인을 선서시킬 것인지의 여부의 결정은 판정부의 재량권에 속하지만, 법률에 의해 요구되거나 당사자 일방이 요구하는 경우에는 선서를 시켜야 한다. 그러나 증인이 선서하지 아니하고 진술하였음을 이유로 해당 판정을 실효시킬 수는 없다.

다. 주심리와 반대심리

증인의 심리는 신청인측이 주심리를 행하고, 상대방측이 반대심리를 한다. 주심리와 반대심리의 내용이 본안분쟁과 무관한 것으로 판단될 경우 판정부는 심리의 철회 및 변경을 요구하고, 그 이의의 채부도 스스로 결정한다. 이 같은 절차는 수회 반복될 수도 있다. 판정부가 당사자에게 반대심리의 기회를 부여하지 않고 내린 중재판정은 취소될 수 있으므로 판정부도 반대심리의 기회가 부여되지 않은 증거는 증거로 채택하지 않는 경향이 지배적이다.

라. 증언록과 선서공술서

불가피한 사유로 증인의 출두가 곤란한 경우에는 증언록과 선서공술서가 인증으로 이용된다. 전자의 경우에는 증인의 형편을 고려하여 그가 원하는 일시 및 장소에서 양 당사자가 주심리 및 반대심리를 하고 그 내용을 녹취한 증언록을 판정부에 제출한다. 이 때에는 중재인이 참석하지 않음에도 양 당사자가 직접 심리 및 반대심리를 실시했다는 점에서 신뢰성이 높은 인증의 하나로 인정된다. 후자의 경우에는 증인이 알고 있는 사실을 기재한 서면에 그 내용이 진실임을 선서한 취지의 공증인증명서를 첨부한 선서공술서를 판정부에 제출한다. 이는 반대심리의 기회가 없다는 점에서 증거력이 약하지만 인증의 하나로 인정되고는 있다.

(b) 감정인

연방중재법이나 NYCPLR상에는 감정인에 관한 명시적 규정이 없다. 그러나 국제중재규칙에 따르면 판정부는 감정인을 선정할 수 있으며, 당사자는 감정인의 증거조사에 협조해야 되는 반면에 감정인을 심리할 수 있다.

③ 현장검증

현장검증(spot investigation)은 심리의 연장이므로 판정부는 필요하다고 인정할 경우 그 일시와 장소를 양 당사자에게 통지한 후 현장검증을 실시할 수 있다. 당사자는 누구나 원할 경우 현장검증에 입회할 수 있다. 따라서 당사자에게 현장입회의 기회를 부여하지 않고 행해진 현장검증은 판정부의 부당행위로 간주되어 중재판정의 취소사유에 해당된다. 한편 현장검증에 필요한 중재인 및 관계자의 비용은 양 당사자가 균등분담하는 것이 원칙이지만, 판정부는 자의적 판단으로 이를 달리 결정할 수 있다.

7) 중재판정

(1) 중재판정의 준칙

① 중재판정의 준거법

중재판정부는 무엇으로 중재판정의 기준을 삼아야 하는가? 이 문제와 관련하여 중재는 그 준칙의 여하에 따라 법적중재와 우의적중재로 분류되는 바, 오늘날 전 세계의 다수국들은 전자의 중재를 지향하는 추세에 있다.

AAA의 국제중재규칙에서도 법적중재를 원칙적으로 하되, 단 당사자의 수권이 있는 경우 예외적으로 우의적 중재를 인정하고 있다. 그러므로 판정부는 당사자가 분쟁에 적용하기로 지정한 실체법을 적용하여 판정하여야 하므로, 이에 대한 당사자의 지정이 명시적이든 묵시적이든 또는 지정된 법이 중재지의 법이든 외국법이든 불문하고 판정부는 지정된 법을 적용하여 판정하지 않으면 안 된다.

그러나 그러한 지정이 없거나, 지정에 실패하면 판정부는 스스로 적절하다고 결정하는 법을 적용하여 판정하면 되지만, 판정부가 이를 스스로 결정할 때에는 중재조항에 판정의 준거법이 지정되어 있지 않을 지라도, 중재지에 관한 합의가 있다면 그 합의속에는 중재지의 법을 준거법으로 삼겠다는 당사자의 의도가 담겨있는 것으로 추정할 수 있다는 취지의 연방지법의 판시나, 또는 주계약상에 그 계약에 적용해야 할 준거법이 지정되어 있다면 판정부는 주계약의 준거법조항에 지정되어 있는 법을 적용하여 분쟁을 해결하여야 한다는 연방 및 뉴욕주최고법원의 판시는 물론 해당 계약에 적용가능한 무역관습을 고려하여야 한다.

② 판정부의 판단 착오나 법의 무시

판정부가 분쟁의 실체에 적용해야 할 판정의 준거법을 결정함에 있어서 판단착오를 범한 경우나, 또는 적용해야 할 법을 정확하게 알고 있으면서도 이를 적용하지 아니한 경우와 같은 법의 명백한 무시를 행한 경우 이는 중재판정의 취소사유에 해당되는 것인가?

이 점에 대해 뉴욕주최고법원은 중재인은 사실에 적합하도록 법을 형성할 수 있으므로 판단착오를 범한 경우는 물론 적용해야 할 법을 무시해도 그것은 중재판정의 취소사유에 해당되지 않는다고 판시하고 있음에 비하여, 연방항소법원은 법의 명백한 무시는 중재판정의 취소사유에 해당된다고 판시 하고 있으며, 연방최고법원은 법의 명백한 무시와는 달리 판정의 준거법에 대한 판정부의 결정은 사법심사의 대상이 아니라고 판시함으로써 판정부의 판단착오는 중재판정의 취소사유에 해당되지 않는다. 따라서 당사자는 분쟁의 실체에 적용할 준거법의 결정과 관련한 판정부의 판단착오를 이유로 연방이나 뉴욕 주의 어느 법원에도 그 구제를 신청할 수 없고, 단지 판정부가 적용해야 할 준거법을 명백히 무시한 경우에는 연방법원에 그 구제를 요구하는 것은 가능하다고 할 수 있다.

③ 자유심증에 의한 판정

당사자의입증이 없는 분쟁사안에 대해 중재인은 자신이 체득한 경험과 전문적 지식에 근거하여 판정할 수 있는가?

국제중재규칙은 물로 상사중재규칙 및 그 보칙, NYCPLR이나 연방중재법상에도 이 점에 관한 명시적 규정이 없다. 그러나 일반적으로 중재인 즉 중재라고 일컬어진다.

이는 중재에 대한 신뢰는 곧 중재판정부를 구성하는 중재인에 대한 신뢰이며, 중재인에 대한 신뢰는 곧 중재판정의 결과에 대한 신뢰를 의미한다. 그러므로 당사자는 불편부당성 및 독립성에 대한 신뢰뿐만이 아니라 학식과 경험이 풍부한 중재인을 선임하고 자 한다. 당사자는 그러한 중재인의 판정에 자발적으로 복종하고 자 하는 속성을 지닌다. 따라서 학식과 경험이 풍부한 중재인을 선임하고 자 하는 당사자의 의도속에는 입증이 불능한 분쟁사안에 대하서는 해당 분쟁의 공정타당한 최종적 해결을 위해 그러한 전문적 학식 및 경험이 충분히 활용되기를 기대하는 당사자의 명백한 희망이 내포되어 있기 때문이 아니겠는가. 그렇다면 중재인은 당사자가 입증한 증거에 반하지 아니하는 한 자유심증에 의거 판정할 수 있다 할 것이다.

이상의 논지를 긍정하는 판례로는 연방법원의 것과 뉴욕주법원의 것이 있다. 즉 전자의 법원은 American Almond Product Co. v. Consolidated Pecan Sales Co. 사건에서 지식과 경험이 풍부한 중재인의 선임을 선호하는 당사자의 행위는 전문적 지식과 풍부한 경험을 활용한 그의 판정에 따라 분쟁을 해결하겠다는 의사표시로 인정되므로 당사자가 입증한 증거의 내용에 반하지 아니하는 한 중재인은 자신이 체득한 개인적 경험 및 지식을 활용하여 판정할 수 있다는 취지의 판시를 한 바 있으며, 또한 후자의 법원도 Conroy v. County Wide Inc. Co. 사건에서 학계, 법조계, 실업계의 인사들이 주로 중재인으로 선임되고 있다는 점을 감안할 때 이 같은 사실은 그들의 전문적 지식 및 경험이 해당 분쟁의 해결에 적용될 수밖에 없다는 필연적 가능성을 단적으로 입증해 주는 결과라고 지적하고, 중재인이 그의 개인적 지식 및 경험을 활용하여 판정하는 것은 인정된다는 취지의 판시를 한 바 있다.

그런데 문제는 자유심증주의라 하여 중재인의 전자(專恣; arbitrariness)가 허용된다는 말은 결코 아니고, 증거법칙으로부터 해방된다는 것을 의미함에 그치므로 중재인의 양심과 이성을 전적으로 신뢰하여 그의 자유로운 심증에 의거 증거를 취사선택할 수 있도록 하는 것인 만큼, 이 때 중재인의 판단은 어디까지나 경험법칙과 윤리법칙을 따라야 하고 사회정의와 형평의 개념에 입각하여 행해지지 않으면 안 된다.

④ 외국통화에 의한 판정

중재판정부는 미국의 통화가 아닌 외국통화로 지급을 명하는 판정을 할 수 있는가?

이 문제는 세계의 많은 국가들이 변동환율제도를 채택하고 있는 현실을 감안할 때 환리스크(의 회피)라는 측면에서 큰 의미를 가진다. 국제중재규칙은 물론 NYCPLR이나 연방중재법상에도 이에 관한 명시적 규정이 없다. 단지 1950년 United Shellac Crop. v. A.M. Jordan Ltd.사건에서도 중재판정도 법원의 판결과 같이 법정지의 통화, 즉 미국의 달러화로 표시되어야 한다. 는 뉴욕주항소법원의 판례가 있기는 하다. 그 이래로 작금에 이르기까지 외국통화에 의한 중재판정의 사례도 보고된 바 없는 것 같다.

그러나 상기한 판례이후 세계통화제도의 변경은 물론 이종통화간의 교환비율 역시 크게 달라졌다는 점에서 40여년 이전의 판례가 오늘날에도 긍정되어야 하는가라는 점에 대해서는 회의적이며, 또한 판정사례가 없다는 사실만으로 그러한 판정의 유효성이 부정되어야 할 합리적 필연성도 발견할 수 없는 것이며, 심지어 타국이긴 하지만 동일법계에 해당하는 영국에서는 외국통화에 의한 중재판정의 유효성이 긍정되고 있을 뿐만 아니라, 이론적으로도 부정되어야 할 필연성도 없는 것으로 판단된다.

(2) 중재판정의 요건

① 중재판정의 기한

국제중재규칙은 판정기한에 관하여 별도로 규정하고 있지는 않다. 따라서 동 기한은 당사자나 판정부가 지정한 준거법에 따라 결정하게 된다.

그러나 상사중재규칙에 의하면 별도의 당사자 합의가 없거나 법률에 특별한 규정이 없는 한 판정부는 심리종결일로부터, 또는 구두심리를 포기한 경우에는 최종진술서 및 증거가 판정부에 송달된 날로부터 각각 30일 이내에 판정을 내려야 하지만, 특히 국제상사중재의 경우에는 판정이유를 기재하여야 하므로 일반적으로 30일에서 90일을 요한다.

② 중재판정의 방법

중재판정부는 심리와 증거조사를 통해 얻은 심증, 심리의 속기록, 입증된 증거 및 당사자가 제출한 서증 등을 근거로 분쟁의 해결책을 탐구한다. 그러기 위해 중재인 전원이 참석하여 각자의 견해를 확인하는 회합을 갖는다. 이 때 각 중재인은 자신의 견해와 이유를 설명하고 그에 관한 상호 견해차이의 유무를 확인한다. 중재인은 전원의 견해가 일치하면 의장중재인이 이를 중재판정으로 정리한다.

그러나 각 중재인의 견해에 차이가 있음이 확인되면 이를 일치시키기 위한 노력의 일환으로 쟁점부분에 대한 재검토를 시도한다. 그럼에도 불구하고 견해의 일치가 불가한 때에는 다수결의 원칙에 의거 중재인 과반수의 찬성으로 최종 해결책을 결정한다. 이 때 의장중재인이 중재판정문을 정리한다. 그렇게 결정된 중재판정은 당사자에 대하여 최종적이고 구속력을 가지며, 또한 이는 비공개를 원칙으로 하지만 단 예외적으로 당사자의 승낙이 있거나 또는 법률상 요구가 있는 경우에만 공개될 수 있다.

③ 중재판정문의 요건

a. 서면작성

구두중재판정은 그 유효성이 부정되므로 판정부는 판정문을 서면으로 작성하여야 한다. 서면으로 작성되는 판정문은 당사자나 또는 판정부에 의하여 결정된 공용어로 작성되어야 한다.

b. 판정이유

판정이유의 기재여부에 관하여 연방중재법과 상사중재규칙은 이를 명시적으로 규정하고 있지 않지만, 연방최고법원은 판정이유는 기재되지 않아도 좋음이라는 취지의 판시를 한 바 있다. NYCPLR 역시 판정이유의 기재를 원칙적인 요건으로 규정하고 있지 아니하다.

그러나 대륙법계 국가는 물론 영미법계 국가에서도 중재인으로 하여금 보다 신중한 본안심의에 임하도록 하는 동인이 되어 판정의 신뢰성을 다소나마 증대시킬 수도 있다는 점에서 판정문에 판정이유를 기재하는 것이 바람직하다는 성향의 인식전환이 계속 추구되어 왔음은 주지의 사실이다. 따라서 종래의 법원의 태도와는 달리 국제중재규칙은 판정의 근거가 된 판정이유의 기재를 명시적으로 규정하고 있다. 단 판정이유의 불기재에 관한 당사자 합의가 있는 때에는 이를 기재할 필요가 없으며, 불기재가 중재판정의 취소사유로 되지 않는다. 한편 판정 전에 당사자간에 화해가 성립하여 화해 조건에 의한 판정문의 작성시에는 이를 기재할 필요가 없다.

c. 중재지

중재판정문에는 당사자나 판정부가 결정한 중재지가 기재되어야 된다. 그렇게 기재된 중재지는 해당 판정문의 작성지로 간주된다. 따라서 중재판정은 반드시 중재지에서 행해져야 하지만 그러나 중재절차상의 모든 행위가 그곳에서 이루어져야 한다는 뜻은 아니다. 그러므로 판정부는 적당하다고 판단되는 여하한 장소에서 회합하거나, 증인을 심리하거나, 재산 또는 서류를 조사할 수 있다.

d. 판정문의 작성일자

판정문에는 판정문이 작성된 연원일이 기재되어야 한다. 이는 판정일로 간주되므로 준거법상 또는 당사자의 합의상 판정기한이 설정되어 있는 경우 그 기한 내에 판정이 행해졌는 지의 여부를 확인하는 기준일이 된다. 별도의 합의가 없는 한 설정된 판정기한이 경과된 후에 내려진 중재판정은 무효이다.

e. 중재인의 서명

중재인의 서명이 없는 판정문은 그 유효성이 부정되므로 판정문에는 중재인 과반수 이상의 서명이 있어야 한다. 특히 복수중재인판정부인 경우에는 서명에 불참한 중재인이 있을 경우 그 해명서가 첨부되어야 한다.

(3) 중재판정의 승인 및 집행

뉴욕협약이 채택됨으로서 체약국 상호간에는 외국중재판정의 승인 및 집행을 보장받게 되었다. 따라서 각 체약국은 외국중재판정을 구속력있는 것으로 승인하고 그 판정이 원용되는 영역의 절차규칙에 따라 이를 집행하여야 한다. 그러므로 일단 중재판정이 내려지면 판정패자(losing party)는 상대방의 최고가 없너라도 자발적으로 판정의 내용에 좇아 그 이행의 의무를 완수하여야 된다. 그러나 그러한 자발적 변제가 이루어질 가망이 없는 경우에는 법원에 의한 강제집행의 방법에 의존할 수밖에 없게 된다.

중재판정의 승인·집행절차는 집행판결을 구하는 소의 제기에 의하여 개시되고, 필요적 변론을 거쳐서 집행판결을 받음으로서 비로소 그 승인·집행이 가능해진다. 중재판정의 승인은 물론 강제집행도 집행지국의 관할법원에 신청함으로서 집행청구자측의 입증책임은 완료되고, 그때부터 청구를 거부할 수 있는 거증책임(burden of proof)은 피청구자측에 귀속된다.

실제로 중재판정승자(winning party)가 미국 내에서 집행을 구할 시에는 우선 해당 중재판정에 관한 법원의 승인판결을 득해야 하는데, 승인절차는 일정기한 내에 관할법원에 이를 신청하면 된다. 신청을 받은 법원은 극히 제한적인 승인 및 집행의 거부사유가 없는 한 이를 승인하고 집행을 실현한다.

뉴욕이 아닌 타주에서 집행을 구할 때에는 타주의 관할법원에 직접 중재판정의 승인 및 집행을 청구하는 방법과 판정지주의 법원에서 승인판결을 득한 후 그에 기하여 집행지주의 관할법원에 이의 집행을 요구하는 방법이 있다. 외국에서 집행을 구할 때에도 소정의 서류를 갖추어 집행지국의 승인판결을 득한 후 동 승인판결을 집행지국의 관할법원에 제출하고 그 집행을 요구하는 방법이 있을 수 있다.

이 중 어느 방법이 더 용이한가 하는 점은 집행지국의 절차규칙이 정하는 바에 따라 결정될 문제이다. 따라서 중재판정이 승인·집행되기 위해서는 집행지국의 중재판정의 승인·집행절차의 기본원리, 즉 소송절차의 기본원리에 따라서 절차가 진행되고 종국판결에 의하여 그 승인·집행의 가부가 판단된다. 일단 승인을 받은 경우에는 그 집행력은 전적으로 집행국의 법에 따르므로 집행지국의 강제집행법의 규정이 적용된다.

3. AAA 중재의 본질과 사사점

1) 약정된 중재규칙이 개정된 경우 별도의 합의가 없는 한 중재절차의 개시당시에 유효한 개정된 중재 규칙이 적용되어야 함은 판례상 인정되고 있다.

2) 중재조항이 삽입되어 있는 주계약의 성부를 다투는 경우 그 결정권은 판정부에 있으므로 이를 법원에서 다툴 수 없음은 연방법원이나 뉴욕주법원도 공히 인정하고 있다. 그러나 중재합의의 성부 및 그 유효성의 결정권에 대해서는 법규와 판례의 태도가 일치하지 않는다. 그러므로 이 문제는 중재절차 중에도 법원에서 다툴 수가 있다.

3) 중재신청권의 포기는 판례상 인정된다. 즉 ① 약정기한이내에 중재신청을 해태한 경우와, ② 약정된 기한은 없지만 중재신청권의 행사가 현저히 지연된 경우, ③ 중재관할을 주장함이 없이 소송절차에 따라 변론을 행한 경우에도 중재합의의 포기는 성립된다. 그 성부의 결정권은 ③의 경우 법원에 있지만, ①과 ②의 경우는 판정부에 있다. 만약 포기가 인정되면 ①과 ②의 경우는 자동적으로 소권도 소멸되지만, ③의 경우는 판례상 합리적인 기간 이내에 중재합의포기에 관한 당사자의 묵시적 합의가 있는 것으로 간주되어 소권은 소멸되지 않으므로 제정법상의 규정에 따라 제소할 수 있다.

4) 국제중재규칙, 연방중재법, NYCPLR상에는 중재인의 자격에 관한 명시적 규정이 없다. 그러나 판례 및 학설상 공민권이 박탈된 자나 의사능력이 없는 자, 불편부당성 및 독립성을 결한 자, 또는 중재인윤리규정에 반하는 행위를 한자는 중재인의 자격요건을 결한 것으로 간주된다.

5) 일반적으로 변호사의 보수는 중재비용에 포함되지 않지만, 그러나 다수의 판례에 따르면 법령상 또는 계약상 별도의 규정이 있다면 합리적인 변호사의 보수는 중재비용에 포함될 수 있다. 그러한 경우에도 동 보수를 판정패자의 전담조건으로 판정하는 것은 법규나 판례상 부정하고 있다.

6) 제정법상의 출소기한은 중재신청기한에도 적용되는 것인가? 국제중재규칙이나 연방중재법 또는 NYCPLR상에는 이에 관한 명시적 규정이 없다. 미국 내에서도 이 점에 관하여는 부정설과 긍정설이 대립되고 있어서 미확정의 문제라는 것이다. 그러나 실제로 중재인이 이를 적용한

사례도 있으며, 심지어 이를 적용하지 아니한 중재판정은 공서에 반한다는 견해도 있다.

7) 증거법상 원칙적으로 전문증거(hearsay evidence)는 영·미의 경우 증거로 인정되지 않는다. 국제중재규칙, 연방중재법, NYCPLR등도 이점에 관하여 규정하고 있지 않다. 그럼에도 불구하고 전문증거가 중재에서도 당연히 배척되어야 하는 것은 아니라는 판례가 있으며 동시에 이의 채부를 결정하는 서은 중재인의 자유재량에 속한다는 판례도 있다.

8) 오늘날 미국을 포함하여 세계의 다수국가들이 법적중재를 지향하는 추세에 있으므로 판정부는 당사자가 분쟁의 실체에 적용하기로 지정한 실체법을 적용하여 판정하여야 한다. 이의 지정이 불가한 때에는 판정부가 판정의 준거법을 결정하되 중재지나 주계약의 준거법 또는 무역관습을 고려하여 결정하여야 함을 다수의 판례가 긍정하고 있다.

9) 판정의 준거법을 결정함에 있어서 판정부의 판단착오나 법의 무시는 중재판정의 취소사유에 해당되는가? 판례상 판정부의 판단착오는 취소사유에 해당되지 않는 것으로 아래 법원들의 판례의 태도가 일치하지만, 그러나 법의 명백한 무시에 대해서는 뉴욕최고법원의 판사와는 달리 연방의 항소법원과 최고법원은 상기의 의문에 대한 긍정적 판시를 하고 있다. 결국 판정부의 판단착오는 사법심사의 대상이 아니지만 법의 명백한 무시는 사법심사의 대상이 된다 하겠다.
따라서 당사자는 판정의 준거법 결정과 관련하여 판정부의 판단착오를 이유로 연방이나 뉴욕 주의 어느 법원에도 그 구제를 신청할 수 없고, 단지 판정부가 준거법을 명백히 무시한 경우에는 연밥법원에 그 구제를 요구하는 것은 가능하다.

10) 당사자의 입증이 없거나 불가한 분쟁의 사안에 대해 중재인은 자신이 체득한 경험과 전문적 지식에 근거하여 판정할 수 있는가? 국제중재규칙 및 그 보칙, 연방중재법이나 NYCPLR상에는 이에 관한 명시적 규정이 없다. 연방법원과 뉴욕주법원의 판례에 따르면 지식과 경험이 풍부

한 중재인의 선임을 선호하는 당사자의 행위는 그들의 전문적 지식과 경험을 활용하겠다는 의사표시 또는 그것이 분쟁의 해결에 적용될 수 밖에 없다는 필연적 가능성을 단적으로 입증해 주는 결과이므로 당사자가 입증한증거의 내용에 반하지 아니하는 한 그에 근거하여 판정할 수 있다.

5.2 국제분쟁해결센터(ICDR)

1. ICDR의 설립과 역할

ICDR는 AAA의 산하기관으로, 미국중재협회에 접수되는 국제중재 사건들의 절차진행을 담당한다. ICDR은 1996년 뉴욕에 설립되어, 13개의 언어에 능통한 변호사 및 전문가들로 구성되어 있고, 또한 43개국 62개 중재기관과 협정을 맺고 있다. ICDR의 본사는 뉴욕에 있고 더블린(아일랜드), 멕시코시티에 사무소가 있으며, 주업무는 ICDR의 국제중재규칙을 적용한 국제중재 업무라 할 수 있다.[4)]

하지만 ICDR은 그 이외에도 UNCITRAL 중재규칙이나 AAA Commercial Rules이 적용되는 국제중재를 담당하기도 한다. 또한, ICDR은 조정을 포함한 대체적 분쟁해결수단과 연관된 업무를 비롯하여 국제 상사분쟁의 해결과 관련된 제반 업무를 수행한다. ICDR이 설립된 이래 ICDR이 처리한 국제중재사건은 그 숫자가 지속적으로 증가하고 있으며, 초기에는 한쪽의 당사자가 미국 측인 경우가 적지 않았지만, 점차 그와 같은 경우는 줄어들고 대신 유럽이나 아시아 측 당사자들을 포함하는 사건들이 늘어나고 있는 추세이다.

---

4) http://www.adr.org/about_icdr

2. ICDR 분쟁해결절차

1) ICDR 국제중재규칙

전체 36조로 이루어져 있는 ICDR 국제중재규칙[5]은 국제중재 사건의 진행에 필요한 최소한의 규정들을 포함하고 있는 동시에 분쟁 당사자들의 의사를 최대한 반영할 수 있는 유연성을 가진 규칙이라고 할 수 있다. ICDR에 접수되는 국제중재 사건들 중 당사자들 사이에 ICDR 국제중재규칙을 적용하기로 이미 약정되어 있는 사건의 경우에는 당연히 ICDR 국제중재규칙이 적용된다. 하지만, 적용규칙에 대한 구체적인 약정이 없이 ICDR의 중재를 통해 분쟁을 해결하는 것으로만 정해져 있는 경우에도 ICDR 국제중재규칙을 적용하여 중재 사건을 진행하게 된다.[6]

2) 중재합의

중재합의이라 함은 일정한 법률관계(legal relationship)에 대하여 당사자간에 이미 발생하고 있거나 또는 장래에 발생 가능한 모든 분쟁을 중재로 해결하기로 하는 당사자 합의이다. 중재로 분쟁을 해결하기 위해서는 이 같은 중재합의가 있어야 된다.

(1) ICDR 영문표준중재조항

Any controversy or claim arising out of or relating to this contract, or the breach thereof, shall be determined by arbitration administered by the International Centre for Dispute Resolution in accordance with its International Arbitration Rules. or

Any controversy or claim arising out of or relating to this contract, or the breach thereof, shall be determined by arbitration administered by the American Arbitration Association in accordance with its International Arbitration Rules.

---

5) http://www.adr.org/sp.asp?id=28780

6) 고학수, 미국중재협회 국제분쟁해결센터의 국제중재절차, 계간중재 여름호, 대한상사중재원, 2003.

The parties may wish to consider adding:

(a) The number of arbitrators shall be (one or three)

(b) The place of arbitration shall be (city and/or country)

(c) The language(s) of the arbitration shall be ______________.

3) 중재절차의 개시

ICDR에서의 중재에 의해 분쟁을 해결하는 것으로 일단 정해진 후, 신청인(claimant)이 ICDR에 중재통지서를 제출하고 ICDR이 이를 접수함으로써 공식적으로 시작된다. 신청인은 중재통지서의 제출과 함께 소정의 수수료를 납부하여야 하고 중재통지서 사본을 피신청인(respondent) 측에 송부하여야 한다. 중재통지서에 포함되어야 하는 내용에는 중재의뢰요청, 당사자의 성명 및 주소, 분쟁 발생의 원인계약에 대한 소개, 클레임 내용 및 관련 사실에 대한 설명, 법적 구제책에 관한 요구사항 등이 있다. 피신청인은 중재절차가 시작된 후 30일 이내에 답변서(Statement of Defense)를 제출하여야 한다. 답변서에 반대청구 또는 상쇄청구(setoffs)에 관한 내용이 포함이 되어 있는 경우 신청인는 그로부터 다시 30일 이내에 신청인 측 답변서를 제출하여야 한다.

ICDR은 중재통지서의 접수 후 바로 당사자들에게 연락을 취하여 중재절차의 시작을 알리는 한편, 내부적으로 케이스 매니저(case manager)를 선정한다. 케이스 매니저는 각 사건의 절차진행을 담당하는데, 특히 중재인 확정 이전의 초기 단계에서 중재합의의 내용이 중재에 적절한 것인지 확인하고 지체없이 절차가 진행되는 데에 필요한 제반 조치를 취하는 것은 대부분 케이스 매니저에 의해 이루어진다. 중재절차가 시작되는 초기단계에 중재지에 대한 결정은 중요한 이슈가 된다.

이는 그 결정에 따라 흔히 심리 장소 등 중재 절차 진행에 있어 실무적으로 중요한 문제들이 함께 결정되기 때문이기도 하지만 그보다 더 중요한 이유는 준거가 되는 절차법, 중재판정의 궁극적 집행과 관련된 법절차 등 중요한 법적인 문제들 또한 중재지의 결정과 함께 결정되는 것이 일반적이기 때문이다. 중재합의의 내용에 중재지에 대한 합의가 포함되어 있는 경우에는 그에 따라 중재지가 정해지는 것이 원칙이고, 그렇지 않은 경우에는 ICDR에서 당사자들의 의견을 참고하여 중재지를 결정한다. 중재판정부가 구성되고 나면 중재판정부는 그 구성 후 60일 이내에 ICDR이 처음에 정한 중재지를 변경할 수 있다.

4) 사전적인 분쟁

중재절차의 본격적인 시작에 앞서 중재합의의 내용이 명확하지 않은 경우는 물론 중재합의문에 구체적인 내용이 약정되어 있는 경우에도 일부 예비적인 문제에 대해 분쟁이 생기는 경우가 있다.

예를 들어 중재합의가 존재하는지의 여부, 분쟁의 내용 자체가 중재를 통해 해결하기로 약정한 범위에 포함되는지의 여부, 중재절차의 개시에 필요한 모든 선결요건이 충족되었는지의 여부, 당사자가 여럿일 경우 해당 중재합의가 모든 당사자들에 대해 구속력이 있는지의 여부, 절차적 결함사항은 없는지의 여부 등 중재가능성 혹은 중재판정부의 관할권과 연관된 문제들이 제기될 수가 있다.

이와 같은 문제 제기가 있는 경우, 일단 정당한 중재합의가 존재하는 것으로 판단된다면 ICDR 국제중재규칙은 중재판정부로 하여금 절차를 계속 진행하면서 중재가능성과 연관된 문제를 결정할 수 있도록 하고 있고, 또한 중재판정부 자체의 관할권에 대해서도 스스로 판정을 내릴 수 있는 권한을 부여하고 있다. 분쟁이 되는 사안의 중재가능성이나 중재판정부의 관할권에 대해 어느 한 당사자가 이의를 제기할 경우, 그와 같은 이의 제기는 답변서 제출의 기일까지 공식적으로 이루어져야 한다.

5) 중재판정부의 구성

(1) 중재판정부의 구성방법

중재절차가 시작된 후 당사자들에게 영향을 미치는 가장 중요한 절차 중 하나는 중재판정부를 구성하는 것이다. 중재판정부의 구성에도 당사자들의 합의를 존중하는 원칙에 따라 중재합의에 중재판정부의 구성 절차에 관한 내용이 포함되어 있으면 이를 따르게 된다. 중재합의의 규정 혹은 별도의 약정에 의거하여 당사자들은 각 분쟁의 상황에 맞는 가장 적절한 방법으로 중재판정부를 구성할 수 있다.

예를 들어 사안의 복잡성에 따라 중재판정부는 한 명의 중재인으로 구성될 수도 있고, 세 명 혹은 그 이상의 중재인으로 구성될 수도 있다. 또한 중재인의 선임을 ICDR에 일임할 수도 있고, 양측이 각각 한 명의 중재인을 선임하고 나서 그렇게 선임된 두 중재인이 세 번째 중재인을 선임하여 중재판정부를 구성하도록 할 수도 있다.

실제 중재판정부 구성에 있어 당사자 입장에서 가장 간편한 방법은 중재판정부의 구성을 ICDR에 위임하는 것이다. 또한 ICDR 국제중재규칙 제 6조 3항에 따르면, 중재절차 개시 후 45일 이내에 당사자들이 중재판정부 구성절차에 관하여 합의를 하지 못하는 경우에도 ICDR이 당사자들의 의견을 구한 후 중재인을 선임하는 것으로 되어 있다. 이는 중재판정부 구성이 지나치게 지연되는 것을 방지하기 위한 일종의 안전장치라 할 수 있다. 중재판정부를 구성하는 중재인의 수에 관해서는, 당사자들이 별도로 합의한 바가 없다면 한 명의 중재인으로 중재판정부를 구성하는 것을 원칙으로 하되, 분쟁의 규모나 복잡성 및 기타 사항을 고려하여 바람직할 경우에는 세 명의 중재인으로 중재판정부를 구성한다. 중재판정부 구성에 있어 실무 관행상으로는 당사자들이 ICDR로 부터 중재인 후보에 관한 추천을 받아 선임하는 방법이 흔히 사용된다.

(2) ICDR을 통한 중재인 선정

중재인의 역할은 일반적인 법률지식 뿐 아니라 분쟁이 발생된 해당분야의 전문적 지식이나 경험, 그리고 사건의 원활한 진행에 필요한 행정능력 등을 필요로 하는 경우가 많다. 그에 맞추어 ICDR은 법조인을 포함하여 여러 분야의 전문지식과 경험을 가진 전문가들을 구성하여 중재인 후보로 활용하고 있다.

이들은 전문지식이나 경험뿐만 아니라 문화, 언어, 국적 측면에서도 다양한 배경을 가지고 있다. 당사자들 사이에 별도의 약정이 없는 경우에는

ICDR은 사안에 맞는 중재인 후보들을 당사자들에게 추천한 후 당사자들의 합의하에 중재인을 선정함으로써 중재판정부를 구성한다. 당사자들의 합의가 이루어지지 않을 경우에는 ICDR의 결정에 의해 중재판정부가 구성된다.

하지만 그러한 경우에도 어느 한쪽의 당사자에 의해 기피되는 중재인은 중재판정부에 포함되지 않는다.

(3) 중재인 중립성 요건

중재인은 항상 중립성과 독립성을 유지하여야 한다. 이와 관련하여 ICDR 국제중재규칙은 중립성과 독립성을 모든 중재인이 갖추어야 할 요건으로 명문화 하고, 중립성성이나 독립성에 대해 의문이 제기될 수도 있는 상황이 있는 경우 이를 중재인 스스로 공개하도록 하는 의무를 부과하고 있다. 또한, 중재인의 중립성이나 독립성이 의문시 될 만한 정당한 사유가 있는 경우에는 중재 절차의 진행 중 어느 당사자건 이에 관하여 문제제기를 할 수가 있고, 실제로 문제가 있다고 인정되는 경우 이는 궁극적으로 중재인의 사퇴나 교체를 불러올 수도 있다.

6) 중재절차의 진행

중재절차 진행의 전체적인 일정이 정해지고 나면 케이스 매니저의 역할은 줄어들고 중재판정부가 절차진행에 좀 더 적극적인 역할을 하게 된다. 그 후 당사자들은 절차상의 문제나 실체법 상의 관련 문제 등을 비롯한 대부분의 사항에 관하여 중재판정부와 직접 의사소통을 하게 된다. 중재판정부는 각 당사자를 동등하게 대한다는 전제하에 상당한 재량권을 발휘하여 중재절차를 진행한다.

중재판정부는 당사자들과 서면이나 전화회의 등을 통하여 증거 채택에 관한 절차나 방법, 심리일정, 필요한 서면의 종류와 제출일정, 증인 선정 등을 포함한 제반절차를 결정하고 중재를 진행한다. 또한, 중재판정부는 절차의 진행과정 중 증거자료의 추가제출을 명할 수도 있고, 반대로 불필요하거나 중복되는 증거자료는 배척할 수도 있고, 절차를 나누어 진행(bifurcate proceedings)할 수도 있다. 그리고 당사자들로 하여금 기존에 제출한 서면과는 별도로 추가서면을 제출하게 할 수도 있다.

7) 중재심리

심리는 제출된 각종 서면 및 증거자료와 함께 중재판정부가 중재판정을 내리는 데 중요한 역할을 한다. 심리의 진행과 관련하여 중재판정부는 증인의 심리절차를 결정하고, 제시된 증거의 채택이나 배척 여부 등 증거와 관계된 사항들도 결정할 수 있다. 필요할 경우, 중재판정이 내려지기 전 어느 때고 심리는 속개될 수 있다.

각 당사자는 심리가 시작되기 15일 전까지 심리에 참석할 증인들의 인적사항을 제출하여야 한다. 어느 한쪽 당사자가 필요한 서면이나 증거자료를 기일 내에 제출하지 않거나 심리에 참석하지 않는 경우에도 중재판정부는 절차를 계속 진행할 수 있고, 나아가 중재판정까지도 내릴 수 있다. 한편, 심리를 비롯한 중재절차의 진행과정 중 적용규칙이나 규정의 위반이 있는 경우, 이를 발견한 당사자가 즉각 서면으로 이의를 제기하지 않으면 그 당사자는 이의제기를 할 권리를 포기한 것으로 간주된다.

심리의 내용은 당사자들이 공개하기로 합의하지 않는 한 비공개로 한다. 뿐만 아니라 중재 혹은 그 판정과 연관된 사항들도 당사자들의 합의가 있거나 법적으로 공개가 요구되는 경우를 제외하고는 모두 비공개로 한다.

8) 중재판정과 집행

(1) 중재판정

중재판정부는 당사자들이 제출한 각종 서면 및 증거자료 그리고 심리 기록 등을 바탕으로 정해진 실체법을 적용하여 중재판정을 내린다. 중재판정부가 2인 이상의 중재인으로 구성되어 있는 경우에는 과반수에 의한 결정도 무방하다. 중재판정은 서면으로 하도록 되어있고, 이에는 판정의 사유가 포함되어야 하는 것이 원칙이고 판정일자 및 판정장소 등도 포함되어야 한다. 중재판정은 해당 사안에 대한 중재판정부의 최종판정이 된다. 어느 한 당사자의 요청이 있을 경우에는 최종 판정을 내리기에 앞서 임시적 처분(Interim

Measures of Protection)을 내릴 수 있다.

(2) 뉴욕협약을 통한 중재판정의 집행

일단 중재판정이 내려지면 그 집행을 원하는 당사자가 상대측에 대한 재판관할권이 미치는 곳에서 그 집행에 필요한 법원명령을 받은 뒤 실제로 중재판정을 집행하는 것이 일반적이다. 이와 같은 중재판정의 집행에는 뉴욕협약(New York Convention)이 중요한 역할을 한다.

뉴욕협약 가입국에서는 그 집행이 중재판정 집행국의 국내 절차법에 저촉되지 않을 것 등의 몇 가지 조건이 만족되면 집행국 법원의 명령을 받아 ICDR 중재판정을 비롯한 각종 국제중재의 판정내용을 집행할 수 있다. 2010년 현재 뉴욕협약에는 한국을 포함한 145개 국가가 가입되어 있어, 뉴욕협약은 하나의 중재판정으로 여러 나라에 흩어져 있는 상대 당사자들을 대상으로 집행을 해야 하는 경우 특히 효과적이고 경제적인 도구가 된다.

3. ICDR의 시사점

국제 상거래에 있어 분쟁해결의 주요수단으로 중재가 활용되는 빈도는 지속적으로 높아지고 있는 추세이다. 특히 ICDR 국제중재규칙이 적용되는 국제중재 사건은 ICDR의 설립 이래 눈에 띄게 증가하여 왔고, 우리나라 측 당사자가 포함된 ICDR 국제중재 사건도 점차 늘어날 것으로 보인다. ICDR 국제중재규칙은 국제중재사건의 진행에 필수적인 규정들을 모두 포함하고 있으면서도 충분한 유연성을 유지하고 있는 규칙이고, ICDR은 국제중재 업무의 효율적인 진행에 필요한 시스템과 풍부한 경험을 가지고 있는 기관이라고 할 수 있다.

5.3 국제신용장중재센터(ICLOCA)

1. 기존 국제상사중재의 문제 인식

세계 각국에 자연인 및 법인이 행하는 경제활동이 한 국가의 규모에서 국경을 초월하여 글로벌화되고 각국 경제간의 국제적 상호의존과 국제경제의 지구화가 진행됨에 따라 국제거래의 질과 양의 양면에 걸치는 대폭적인 변화는 동시에 국제거래 당사자간의 분쟁 건수의 대폭적인 증가와 분쟁내용의 다각화를 초래하고 있는 것이 현실이다. 다발하는 이러한 국제상사분쟁의 대부분은 당사자간의 교섭에 의해 해결되지만 그것이 곤란한 경우 무역현실에서의 중요한 분쟁해결 방법으로서는 각국의 법원에 의한 소송과 국제상사중재에 의한 방법이 있다.

국가의 사법제도의 일환인 소송에 대해서는 국가권력에 의한 강행적인 분쟁처리이므로 그 분쟁처리의 실체 및 절차의 양면에서 법률에 따라야 하는 제약 때문에 분쟁해결에 장기간과 거액의 비용을 필요로 하는 경우가 많다. 이로 인해 이러한 국제상사분쟁처리에 있어 바람직하지 않는 문제를 대안하는 방책으로서 국제거래의 당사자에 의해 국가의 사법(私法)제도에서 독립한 신속하고 저렴한 해결이라는 사적분쟁처리제도로서의 특징을 가진 국제상사중재가 활용되어 오고 있다.

동시에 최근에 뉴욕협약의 세계적인 보급 및 각국에서의 중재법제의 정비에서 볼 수 있는 바와 같이 대부분의 국가에서 국제거래의 촉진을 위해 국제상사중재를 지원하는 정책이 채택되고 있으며 이것이 국제상사중재의 진흥에 커다란 성과를 거두고 있다.

그러나 이러한 국제상사분쟁 중 유용한 무역결제수단으로 평가되고 있는 신용장분쟁은 줄어들지 않고 있다. ICC의 통계자료에 의하면 전 세계에서 통용되고 있는 신용장거래의 약 60~70%가 첫 서류제시시 크고 작은 하자를 이유로 수리거절 되고 있다는 것이다.[7] 이같은 사실은 결과적으로 신용장제

---

[7] Over 65% of the letters of credit are subject to reserves from banks, due to discrepancies.

도의 효율성을 저하시키는 요인으로 작용하게 된다. 이러한 분쟁발생빈도의 요인으로는 신용장거래에 임하는 실무당사자들의 신용장 자체에 대한 이해 부족, 거래절차의 복잡성, 포괄적인 UCP 규정의 적용미숙 등으로 인하여 신용장거래와 관련된 분쟁들이 많이 발생하고 있는 것도 사실이다.

국제간에 신용장분쟁이 발생되면 피해를 극소화시킬 수 있는 방안이 모색되어 그 분쟁이 반드시 해결되어야 되고 분쟁해결 방법 또한 경제적인 것이어야 한다. 가장 경제적인 분쟁해결 방안은 해당 당사자간에 합리적인 선에서 화해를 통하여 분쟁사안의 내용을 합의하여 타협과 양보를 통하여 분쟁을 종결시키는 것이 가장 바람직하다. 그러나 국제간 분쟁이 발생하였을 때 당사자들의 주장은 주관적이어서 국제간 분쟁이 화해로 종결되는 것은 쉽지 않다.

정리해 보면 국가권력에 의한 강행적인 분쟁처리인 소송제도에는 제도적인 제약이 내재함으로 소송에 의한 거래분쟁의 처리에서는 신속하고 저렴하게 현실적인 해결을 실현하는 것이 곤란하게 되었기 때문에 이것을 해결하기위해 국제상사중재에 요구하게 된 것이다. 그러나 국제상사중재가 이러한 기대에 부응할 수 있는 것은 현실에서는 곤란하게 되어 있다. 즉 국제상사중재의 현실은 일반적으로 말해 다음과 같은 상태에 있으며 기능부전에 빠져 있다고 해야 할 것이다.

1) 분쟁해결의 지연

국제상사중재에 의한 분쟁처리의 이상적인 것은 분쟁당사자 일방이 당사자간의 중재합의에 기초하는 중재절차의 개시를 희망하면 매우 단기간에 중재인의 선임을 필두로 하는 소정의 중재절차가 개시되고 조기에 집중된 중재심리가 실시되고 심리가 종료된 후 조기에 공정타당한 중재판정이 이루어져 중재판정의 자주적인 이행이 즉시 행해져 분쟁의 조기해결을 보는

In order to avoid this, it is strongly recommended to send instructions for issuing letter of credit with pro forma invoice or contract, in order to facilitate the issuing of the documentary credit and avoid any later expensive modifications; http://www.iccwbo.org/home/bdrs/docdex/reduce.asp 2007.04.16

것이다.

그리고 국제상사중재에 의한 거래분쟁의 처리를 소송과 비교한 경우의 이점의 하나는 조기에 분쟁해결이 가능하다는 것에 있다고 말해져 왔지만 세계의 국제상사중재의 현상은 이러한 이상에서는 상당히 벗어나 있다. 일반적 문제로는 무역의 거래형태는 관행과 관습이 우선되는 경향이 있으며, 현실적 절차문제를 정리해 본다면 다음과 같은 지연현상이 다수 있고 이러한 중재의 지연이 국제상사중재 당사자들이 우려하는 이유의 하나라고 할 수 있다.[8)]

① 중재실무에서는 일반적으로 중재인, 당사자, 중재대리인의 형편이 일치하는 날을 심리기일로 하는 결과, 좀처럼 일치하는 날을 찾을 수 없어 심리기일이 지연되게 되어 심리기간이 장기화된다.

② 당사자에 의한 중재인의 지명이 소수의 자에 집중하고 더구나 직업적인 중재인은 매우 소수이므로 연간에 중재에 종사할 수 있는 시간이 한정되어 있는 결과 심리기일이 지연되어 심리기간이 더욱더 장기화된다.[9)]

③ 만일 중재절차에 위법한 점이 있으면 후일 중재판정의 취소원인, 나아가서는 중재인 및 관계상설중재기관의 업무상의 과오를 이유로 하는 손해배상책임추구의 원인이 될 수 있으므로 중재인 및 관계상설중재기관이 뉴욕조약 및 중재지의 중재법에 비추어 중재절차가 법적으로 완벽하다는 것을 요구하는 결과 과도하게 신중하게 절차를 진척시키는 것이 적지 않고 그것이 중재절차의 장기화의 하나의 원인이 되고 있다.[10)]

---

8) 예를 들면 대표적인 국제적 상설중재기관의 하나인 ICC에 의한 그 중재규칙의 1997년 개정의 중요한 이유의 하나는 중재의 지연의 해소에 있다고 되어 있다.

9) 중재인의 지명이 중요한 국제상사중재센터에서는 소수의 정평이 있는 자에게 집중하고 있는 것에 대해서는 통계자료는 없고 숫자로 제시할 수 없지만 중재관계자에게는 잘 알려져 있는 사실이다. 뉴욕에서의 특정시기에 대한 조사이며 한정적인 것이다.

10) 중재인 및 상설중재기관의 면책이 중재인 및 상설중재기관에 의해 커다란 문제이며 중재인 및 면책에 대해서는 검토의 대상으로 되어 있지만 상설중재기관의 면책에 대해서는 대부분 검토의 대상이 되지 않고 있다.

④ 분쟁의 내용으로서 법률문제가 쟁점으로 되는 경우가 증가한 것에 수반되어 주장 및 반론에 대한 입증의 증거조사에 장기간을 필요로 하게 되어 그것이 중재절차의 장기화의 원인이 되고 있다.

⑤ 중재절차 중에 중재지의 중재법에 따라 중재합의의 무효, 실효 등을 이유로 하는 중재절차의 불허 및 중지 또는 금지를 요구하는 소송이 제기되면 중재인은 일반적으로 판정이 나오기까지 중재절차를 정지하는 경우가 많으므로[11] 중재절차의 연장전술로서 소송이 이용된다.

⑥ 중재절차 중에 중재지의 중재법에 따라 중재인의 기피의 신청이 행해지면 중재지는 일반적으로 기피에 대한 결론이 나오기까지 중재절차를 정지하는 것이 많으므로[12] 사소한 이유에 기초하여 중재인의 기피의 신청이 중재절차의 지연전술로서 이용된다.

⑦ 중재판정 채무자가 임의로 이행하지 않는 경우에는 중재판정집행을 위한 소송절차가 필요하게 되지만 그 때 중재인의 법률판단의 과오 등을 이유로 하는 중재판정의 취소소송을 반소(反訴)로서 제기하고 중재판정집행의 지연이 야기된다.

2) 경비의 증가

국제상사중재에 의한 거래분쟁의 처리를 소송과 비교한 경우의 또 하나의 이점은 저렴하게 분쟁해결이 가능하게 된다고 말해졌지만 이 점에 대해서도 세계의 현상은 일상에서 상당히 괴리가 있다.

---

11) 결론이 나오기까지 중재절차를 정지해야 할지의 여부는 중재지의 중재법에 따르게 되지만 중재인에게 절차속행권을 인정하고 있을 때는 중재절차의 정지는 필요없다. 그러나 중재인으로서는 속행해도 재판에서 청구가 성립한 경우에는 지금까지의 절차가 무의미하게 되어 당사자에게 무용의 부담을 강요하는 결과가 될 수 있으므로 소송의 결론이 나오기까지 중재절차를 정지하는 것이 되기 쉽다.

12) 중재인의 기피의 신청이 행해지면 중재인은 기피에 대한 결론이 나오기까지 중재절차를 정지해야 할지의 여부는 중재지의 중재법에 따르게 되지만 중재인에게 절차속행권을 인정하고 있을 때는 중재절차의 정지는 필요없다. 그러나 중재인으로서는 속행해도 기피가 성립한 경우에는 지금까지의 절차가 무의미하게 되어 당사자에게 무용의 부담을 강요하는 결과로 되기 때문에 기피에 대한 결론이 나오기까지 중재절차를 정지하게 된다.

현실로는 중재절차의 지연에 따라 중재인의 보수 및 중재대리인에 대한 지불의 증가, 중재절차에서의 입증을 위한 증거 및 감정에 관련하는 경비의 지출, 중재절차 및 중재판정의 집행절차에 관련한 소송을 제기 또는 제기된 것에의 대응을 위한 경비의 지출 등을 위해 분쟁처리를 위한 경비는 증가하고 있다.

국제상사중재에 관련하는 국제회의 등에서 중재이용자(국제상사분쟁의 당사자)로부터 제기되는 국제상사중재에 대한 비판 및 불만중 하나는 국제상사중재에 필요로 하는 비용이 대폭적으로 증가했다고 하는 지적이다.

3) 법률판단의 중심으로 인한 현실적인 결론의 감소

분쟁당사자간에 법률문제가 쟁점으로 되는 경우가 증가한 것에 따라 중재판단이 법률판단을 중심으로 하는 것이 되는 경우가 증가하고 있다. 이 결과 법률에 구속됨이 없이 중재인의 지식 및 경험을 살려 사안에 따른 타당성이 있는 현실적인 결론을 유도하는 상사중재의 특징을 발휘하는 기회가 상실되고 있고, 법적 안정성 및 판정결과의 예측결여 등을 이유로 소송 법적 시각에서 중재를 보는 경향이 새삼 심화되어 가는 추세다.

우리나라의 중재실무에서도 주로 법률전문가가 중재인으로 선임되고 있고, 당사자에 의해 선정되는 대리인도 변호사일변도이고, 중재인 또한 이런 저런 이유로 법리적 측면을 과도하게 중시하는 등 중재가 마치 소송절차의 일종인 것처럼 인식되어 가고 있다. 그럼에도 이런 현상들이 중재일각에서 지극히 자연스런 현상으로 치부되고 있는게 지금 중재의 현실이다. 이를테면 중재가 소송을 닮아가고 있는 것이다.[13]

4) 국제거래분쟁 그 자체의 변화에 기인하는 원인

1970년대 이후 국제거래분쟁 그 자체가 지금까지의 무역거래 중심의 분쟁에서 투자거래에 대한 분쟁도 포함하는 것으로 질적인 변화를 하고 있는

13) 우성구, “소송과 차별화되어야 중재가 활성화 된다”, 「대한중재인협회보」, 제6호, 대한상사중재원, 2004, p.13.

것에 주목해야 한다.

무역거래는 국제물품매매거래를 중심으로 대상물건의 운송을 위한 국제물건운송, 대상물건의 대가 지급을 위한 외환, 물품운송중의 위험에 대한 적하보험 등의 비교적 단순한 부대거래로 구성되고 있다. 더구나 영국에서의 산업혁명 이래 오늘날까지 반복·계속해 행해져 왔기 때문에 무역거래를 구성하는 여러 거래에 대한 국제협약 및 국제적인 표준서식 및 상관습이 정비될 뿐만 아니라 각국의 법률도 정비되고 있다.

따라서 상기의 여러 거래에 대한 분쟁인 무역분쟁은 내용은 비교적 단순하며 분쟁건수는 많지만 1건당의 분쟁금액이 거액이 되는 경우는 적고 분쟁처리를 할 때 기준이 되는 법규범 그 자체에 대한 분쟁이라기보다는 법규범 적용의 전제가 되는 사실관계에 대한 분쟁이 대부분이라 할 수 있다.

그런데 투자거래의 경우 국제합병사업, 플랜트수출, 천연자원개발사업, 사회기반정비사업, 각종 프로젝트 파이낸스, 기술이전 등 다양한 거래로 구성되며 1건당의 거래금액도 무역거래에 비교하여 거액이 되는 경우가 많을 뿐만 아니라 활발하게 이루어지고 있는 것은 최근 30년간의 일이므로 투자거래에 대한 국제조약, 국제적인 표준서식 및 상관습, 각국의 법률도 정비되어 있지 않은 것이 현실이다.

이로 인해 투자거래에 대한 투자분쟁의 경우 내용이 복잡다양할 뿐만 아니라 거래의 성질상 1건당의 분쟁금액이 거액이 되는 경우가 많고 또한 분쟁처리의 기준이 되는 법규범의 내용이 분쟁되는 경우가 많다고 할 수 있다.

이와 같이 국제거래분쟁에 무역분쟁에 추가하여 투자분쟁이 증가한 것에 따라 국제거래분쟁이 크게 변화하여 그 절대건수가 대폭으로 증가했을 뿐만 아니라 다방면에 걸친 복잡한 내용의 분쟁이 증가하여 1건당의 분쟁금액이 거액이 되는 것이 증가하고 있는 추세이다.

2. ICLOCA의 설립경위

1) ICLOCA의 설립경위

신용장과 관련된 분쟁이 발생되는 경우 신용장의 고유의 특성을 고려한 분쟁해결시스템이 필요하다. ICLOCA(International Center for Letter of Credit Arbitration, Inc. 이하 중재센터라 칭함)는 신용장 거래당사자들의 전술한 국제상사제도의 기능부전의 반성을 통하여 전 세계의 법률, 은행대표들과 광범위한 논의를 통해 신용장분쟁의 최종해결을 위한 중재기관이다. 본 중재센터는 신용장을 사용하는 사회단체 내부의 자발적 참여에 따라 설립되어 미국 뿐만아니라 신용장 관련 기관, 단체, 은행등이 참여하고 있으며, 국제은행업에 관한 미국평의회(United States Council on International Banking: USCIB) 및 국제은행 법률관행 협회(Institute of International Banking Law and Practice Inc.)가 공동으로 후원하고 있다.

신용장 및 신용장과 관련된 업무로부터 발생되는 분쟁의 해결을 위해 1996년 9월에 창설되었고, Washington, D.C.의 메트로폴리탄에 소재하고 있다. 본 중재센터의 서비스는 당사자가 어떠한 국가나 거래부분, 범위, 범주, 분야, 영역 또는 조직에 어떠한 형태로든 가입되어 있어야만 하는 전제조건이 없기 때문에 모든 당사자들이 이용·가능하도록 되어 있다. 따라서 인정된 법인체를 가지고 있는 개인이나 단체들은 누구나 중재센터에 분쟁을 회부할 수 있다.

본 중재센터에서 추구하는 중재는 전문가를 통한 가장 경제적이면서 신속함을 원칙으로 최종적인 해결책을 제공함으로써 신용장과 신용장과 관련된 업무로부터 발생되는 신용장분쟁을 해결하기 위한 것이다. 또한 신용장 관련분쟁에 대한 정보와 교육의 지원센터 및 행정관리기관으로서의 역할을 목적으로 하고 있다.

또한 중재센터 내에 ICLOCA 중재위원회(Arbitration Council)와 ICLOCA 자문협의회(Consultative Council)인 2개의 부속기구를 두고 있다. 중재위원회는 공·사부문의 대표들로 구성되어 있으며 기획 및 정책적인 문제들에 대해 본 중재센터에 조언하고 추천하는 역할을 수행한다. 자문협의회는 신용장 및 중재분야의 일류 전문가들로 구성된다.

본 협의회의 주요기능은 ICLOCA 규칙상의 중재절차 중 본 중재센터가 결정해야 할 비일상적 사안들(중재인의 기피, 해임 또는 보궐이나 중재인의 보수 등)에 대하여 중재센터에 권고적 의견(advisory opinions)을 제안하는 역할을 한다. 자문협의회의 자문이 필요한 경우에는 본 중재센터는 자문협의회의 위원으로 구성된 임시위원회(ad hoc committee)를 소집할 수 있고 특별한 경우 본 중재센터는 자문협의회 위원이 아닌 외부전문가도 임시위원회의 위원으로 선임할 수 있다.

2) 적용대상 및 적용범위

본 중재센터는 신용장, 신용장의 확인 또는 통지, 화환추심, 지급이체 및 이와 유사한 문제들을 포함한 국제은행업무에서 야기되는 분쟁뿐만 아니라 신용장, 독립보증, 추심지시, 상환약정, 또는 기타 협정이나 약정 등이 본 중재센터의 규칙에 따른 중재에 의할 것을 규정하고 있거나 분쟁사안을 본 중재센터의 중재에 회부할 것을 규정하고 있는 경우에 그러한 약정과 관련된 모든 분쟁 또는 논쟁이 국내·외, 양당사자자 또는 다수당사자, 직·간접 행위의 여부를 불문하고 본 규칙에 따라 해결되어야 한다. 또한 법률규정이 본 중재센터규칙에 우선 적용되는 경우를 제외하고는 중재센터의 규칙이 적용되며, 본 규칙에 따라 중재기간 동안 중재인을 선임하고 중재업무를 수행한다.

3) 센터의 제도적 특징과 역활

본 중재센터의 중재시스템은 중재가 관리지원센터의 약식처분절차를 통해 국제금융업무 관련분야의 전문가로 구성된 중재인에 의해 수행되고, 중재센터는 중재관리의 집합체로 중재판정부 및 중재인 기피에 관한 임명권을 관리한다. 또한 중재절차상의 추가적 관리로 중재절차의 모든 단계에서 해당 당사자들의 서류의 신청, 접수, 송달과 중재가 행하여질 중재장소에 대하여 당사자 별도의 합의가 없는 경우, 중재의 제반 상황을 고려하여 그 구성원간의 협의를 위해서나 증인, 감정인 또는 당사자의 심리 또는 물품, 기타 재산 또는 서류의 조사를 위하여 적당하다고 여기는 중재장소를 결정하고, 당사자에게는 사전에 충분히 예고되어야 한다.

3. ICLOCA 분쟁해결절차

ICLOCA 중재규칙은 UNCITAL 중재규칙에 그 기반을 두고 있고 ICLOCA의 후원아래 독립보증, 화환추심, 및 자금이체 등 지급보장을 위한 신용장 및 이와 유사한 문제점을 포함한 분쟁의 중재를 위하여 개발되었다.

1) 중재합의

(1) ICLOCA에서 권장하는 표준중재조항(신용장, 독립보증, 추심지시거래시)

Any dispute, controversy or claim arising out of or relating to this undertaking or the dishonor, termination or invalidity threrof shell be finally settled by arbitration administered by The International Center for Letter of Credit Arbitration, Inc., under its Rules of Arbitration(1996) ; All disputes subject to arbitration under ICLOCA Rules of Arbitration(1996).

(2) ICLOCA에서 권장하는 표준중재조항(상환약정, 또는 기타 협정이나 약정시)

Any dispute, controversy or claim arising out of or relation to this reimbursement agreement or application or the letter of credit issued pursuant to it, or the breach, dishonor, termination or invalidity threrof, shall be finally settled by arbitration administered by The International Center for Letter of Credit Arbitration, Inc., under its Rules of Arbitration(1996) ; All disputes subject to arbitration under ICLOCA Rules of Arbitration(1996)

(3) 현존하는 분쟁을 중재센터에 서면으로 회부 할 경우

We, the undersigned, hereby agree to submit to arbitration administered by The International Center for Letter of Credit Arbitration, Inc., under its Rules of Arbitration(1996), the following controversy: [insert a description of dispute] We further agree to perform this agreement to arbitrate and to observe these Rules. 과 같은 합의내용을 명시해야 한다.

2) 중재의 신청

본 중재센터의 분쟁해결서비스를 이용하고자 하는 모든 당사자는 누구나 이용할 수 있다. 특정 국가, 기업, 기구를 대상으로 하는 가입요건이 없고, 개인이나 단체는 누구나 본 중재센터에 중재서비스를 받을 수 있다. 분쟁발생시 신청인(claimant)은 중재센터와 피신청인(respondent)에게 중재통지를 서면으로 제출하여야 한다.

중재절차는 중재통지서가 중재센터에 의해 접수된 날로부터 시작되는 것으로 간주되며, 중재통지서에는 ① 중재의뢰요청서 ② 중재합의 입증자료 ③ 중재인의 수에 대해 사전합의가 없는 경우에 중재인의 수(1인 또는 3인)에 대한 제안 ④ 본 중재센터 제18조에 의한 청구진술서 등이 제시되어야 하고 중재통지시에 본 중재센터가 정한 등록수수료[14]를 지불하여야 한다. 또한 당사자는 대리인을 지정할 수 있고, 당사자는 대리인의 성명과 주소를 타방당사자, 중재센터, 중재판정부에 서면으로 통지하여야 한다.

3) 중재판정부의 구성

당사자들은 중재인의 수에 관하여 합의를 할 수 있다. 만약 당사자들이 중재개시 후 15일이내에 중재판정부의 구성을 단독중재 또는 3인중재에 관해 합의를 하지 못할 경우 중재판정부는 단독중재인으로 구성된다. 단독중재의 경우는 분쟁당사자가 합의하여 지명하나 중재개시 후 30일 이내에 중재인 지명합의가 없으면 중재센터가 중재인을 즉시 지명한다. 이때 중재센터는 필요한 전문성, 자격요건, 타당성에 대해서 신중히 검토하여 중재인 명부로부터 중재인을 선정한다.

3인중재에서는 각 당사자가 1인의 중재인을 선정하고 이에 따라 선정된 2인의 중재인이 제3의 중재인을 선정하고 제3의 중재인이 판정부의 의장중재인을 대표한다. 만약 중재개시 후 30일 이내에 중재인의 지명이 없으면

---

[14] 본 제도의 수수료 종류는 반환되지 않는 미화 1,000달러의 등록수수료, 행정수수료, 중재인 수수료로 구성되어 있다. 클레임 행정수수료는 최저 미화 1,500달러에서 최대 미화 40,000달러이다. 중재인수수료는 단독 또는 3인중재에 따라 변동되며, 총 클레임금액에 비례하여 책정된다.

중재센터가 지명하고, 두번째 중재인이 지명된 후 30일 이내에 두 중재인이 의장중재인의 선정에 합의하지 못하면 중재센터가 지명한다.

만약 신청인 또는 피신청인이 2인 이상이면서 3인중재일 경우는 신청인들 또는 피신청인들이 공동으로 중재인을 지명하고, 만약 중재개시 후 30일 이내에 어떤 사유든 공동지명이 도출되지 않으면 타방이 앞서 지명한 중재인은 무효로 간주되고 중재센터가 제6조 제3항에 따라 3인중재인 모두 선정한다.

중재센터는 전문성, 독립성, 공정성을 갖춘 중재인 선정을 보장하는데 적절한지를 고려하면서중재인 명부를 유지·관리해야 한다. 제6조 제1항과 제7조 제1항에 의거해 중재인명부에 등재되어 있지 아니한 사람을 중재인으로 지명하고자 할 때는 지명당사자가 피지명인의 성명, 주소, 자격요건을 작성하여 직접 중재센터에 승인을 구한다.

만약 중재센터가 승인하지 않을 경우, 중재센터는 지명인에게 중재인명부에서 다른 중재인을 10일 이내에 지명할 것을 통지하고, 지명인이 지명하지 못한 경우 중재센터는 제6조 제3항에 의거해 단독중재인을 선정한다. 중재센터는 중재판정부가 구성되면 당사자들에게 통지하여야 한다.

당사자는 자신에게 공정성 또는 독립성에 대해 당연시되는 의문을 야기할 수 있는 모든 사정을 고지하여야 한다. 중재인도 중재인으로 선정된 때로부터 그리고 중재절차의 종료시까지 그러한 사정을 당사자와 중재센터에 지체없이 고지하여야 한다.

중재인이 중재인으로서의 공정성이나 독립성에 관하여 의심을 야기할 수 있는 사유가 있는 경우 기피될 수 있으며, 당사자는 자신이 선정하였거나 그 선정절차에 참여한 중재인에 대해서 선정 후에 비로소 알게 된 사유에 의해서만 기피할 수 있다. 중재인의 선정, 승인, 기피 및 보궐에 관한 중재센터의 결정은 최종적이다.

중재인을 기피하고자 하는 일방의 당사자는 기피대상중재인의 선정통지를 받은 후 15일 이내에, 또는 제9조와 제10조에 규정된 사실을 알게 된 후 중재인 기피사유를 진술한 서면을 중재판정부에 송부하여야 하며 타방당사자, 기피대상중재인, 중재판정부의 다른 구성원 및 중재센터에게 하여야 한다. 기피통지는 서면으로 하고 기피사유가 명시되어야 한다.

중재인이 당사자로부터 기피신청을 당한 경우에 타방당사자는 기피신청에 동의할 수 있고, 중재인이 자진하여 사임하거나 당사자가 중재인의 권한 종료에 합의하였다 하더라도 이러한 사실이 기피사유의 유효성을 인정하는 것을 의미하지는 아니한다. 타방당사자가 중재인기피에 동의하지 않거나 기피중재인이 사임하지 않을 경우, 기피여부는 중재센터가 결정하고, 중재센터가 기피를 승인하는 경우, 보궐중재인의 지명 및 선임은 제6조 또는 제9조에 규정되어 있는 절차에 따른다.

중재절차 중 중재인이 사망하거나 자진사임한 경우에 보궐중재인의 지명 또는 선임은 제6조 내지 제9조에 따라 행해지며, 자신의 직무를 수행할 수 없거나 적정기간에 직무수행이 불가능하게 된 경우 중재인의 기피 및 보궐에 관해서는 제6조 또는 제9조의 절차를 따른다.

제11조 내지 제13조의 규정에 따라 단독중재인이나 의장중재인이 교체된 경우 모든 심리는 당연히 반복되어야 하며 기타 다른 중재인이 교체된 경우에는 중재판정부의 재량으로 앞서 한 심리를 반복할 수도 있다.

4) 중재절차의 관리

중재판정부는 본 중재센터의 규정에 따라 스스로 적절하다고 여기는 방식으로 중재를 진행할 수 있다. 해당 당사자는 동등한 대우를 받아야 하며 각 당사자는 자신의 사안을 진술할 수 있는 충분한 기회를 가져야 하며, 중재판정부는 구두심리 또는 서면심리 등 기타절차의 진행 여부를 결정해야 한다. 당사자가 중재지에 관하여 합의하지 아니한 경우 중재지는 중재판정부가 당사자의 편의 등을 포함한 해당 사건의 사정을 고려하여 결정한다. 중재판정부는 그 구성원간의 협의를 위해서나 증인, 감정인 또는 당사자의 심리를 위하여 또는 물품, 기타 재산 또는 서류의 조사를 위하여 중재판정부가 적당하다고 여기는 장소에서 회합할 수 있다. 해당 당사자에게는 사전에 충분히 통지되어야 한다. 중재판정은 중재지에서 행해진 것으로 간주한다.

중재절차에서 사용될 언어는 당사자가 선택한 언어로 한다. 그러한 선택이 없는 경우에는 중재판정부의 다른 결정이 없거나 또는 결정이 있을 때까지 계쟁중인 약정서상의 언어를 사용한다. 이러한 결정은 중재통지, 청구신청서, 답변서, 추가서면, 구두심리에서 사용될 언어에 적용된다.

신청 당사자의 청구신청서에는 ① 당사자의 명의 및 주소, ② 청구를 입증하는 사실의 진술, ③ 분쟁의 요지, ④ 청구하는 배상액과 구제내역, ⑤ 제출가능하다면 청구의 근거가 되는 약정서의 사본 및 다른 증빙자료를 포함·제출해야 한다. 중재개시 후 30일 이내에 피신청인은 답변서를 서면으로 신청인과 중재센터에게 송달하여야 하고, 답변서에 자신의 답변을 뒷받침할 증빙서류를 첨부할 수 있다. 또한 피신청인은 신청인이 청구신청서 상에 제출한 약정서와 관련하여 반대청구를 할 수 있다. 당사자간에 어느 일방 당사자가 중재절차 진행 중에 자신의 청구내용이나 답변을 수정하거나 보충할 수 있다. 다만 중재판정부가 이를 인정함으로써 야기되는 지연을 고려하여 그러한 수정을 허용하는 것이 부적절하다고 여기는 경우에는 그러하지 아니하다.

중재판정부는 중재조항 또는 독립중재합의의 존부 또는 유효성에 대한 모든 이의제기를 포함하여 중재판정부는 아무런 관할권(jurisdiction)이 없다는 이의제기에 관하여 결정할 권한을 가지며, 관할권의 이의는 늦어도 답변서 제출 또는 반대신청에 대한 답변서의 제출 이전에 제기되어야 한다.

중재판정부는 청구신청서 및 답변서에 추가하여 당사자로 하여금 추가서면진술서를 제출하도록 요구할 수 있으며 그 제출기간도 정할 수 있고 중재판정부가 정하는 서면진술의 통지기간은 21일을 초과할 수 없으나 기간의 연장이 정당성이 있으면 연장할 수 있다.

당사자는 자신의 청구 및 답변 근거사실의 입증책임을 지며, 중재판정부는 중재절차 도중 정해진 기간내에 증빙서류 및 자료들을 제출하도록 요구할 수 있다.

심리는 당사자간에 별도의 합의가 없으면 비공개를 원칙으로 한다. 예비회의나 구두심리로 진행을 할 경우, 중재판정부는 당사자들에게 충분한 시간을 두고 일시 및 장소에 관하여 사전통지를 하여야 하고 화상통신수단 및 이와 유사한 방법을 이용하여 진행 할 수 있다. 증인이 필요한 경우 출석할 증인의 성명과 주소, 증언내용 및 사용할 언어를 중재판정부와 타방당사자에게 적어도 심리 15일 전에 통지하여야 한다. 증인의 증언은 서면진술서의 형식으로 제출될 수 있으며, 제출된 증언의 허용성, 관련성, 구체성 및 비중의 여부를 결정하여야 한다.

당사자의 요청시 중재판정부는 분쟁대상의 물품이나 서류와 관련해서 중재판정부의 재량으로 잠정조치를 취할 수 있으며 잠정조치는 중간판정(interim award)의 형태로 이루어 질수 있다.

중재판정부는 1인 또는 다수의 감정인을 지정할 수 있다. 당사자들은 감정인의 요청이 있을시 감정인의 조사를 위해 관련 문서의 제출, 물품 또는 기타의 재산을 조사하거나 또는 감정인이 이용할 수 있도록 제출하여야 한다.

당사자들이 규정된 기간이내에 답변서를 제출하지 아니한 경우, 심리에 불참한 경우, 중재판정부는 중재절차를 속행하여야 한다. 당사자의 일방이 특정사유를 제시하지 않고 증거서류를 기간 내에 제출하지 아니한 경우, 중재판정부는 제출된 서류만으로 판정을 내릴수 있다.

중재절차가 규정과 요건에 따르고 않고 이를 알고도 이의를 제기하지 않을시 이의제기권(right to object)을 포기한 것으로 간주된다.

5) 중재판정

중재판정부가 3인중재의 구성되는 경우 중재판정부의 모든 결정은 전 구성원중의 과반수 결의에 의한다. 중재절차의 문제에 있어 다수결이 성립하지 아니하거나 당사자나 중재판정부 구성원 전원의 수권이 있으면 의장중재인이 결정할 수 있다.

중재판정부는 최종판정 이외에 임시, 중간 또는 일부판정을 내릴 수 있으며, 중재판정은 서면으로 작성되어야 하고, 그 효력은 최종적이며 당사자를 구속한다. 중재판정부는 판정이유를 기재하여야 하고, 판정의 집행력을 확보하기 위하여 판정문의 형식에 대해 중재센터에 자문을 구할 수 있다. 중재판정문에는 중재인이 서명하여야 하며, 판정일자와 중재지 등이 기재되어야 한다. 중재인이 서명한 판정문의 원본은 중재센터에게 제출되어야 한다.

중재센터의 중재판정부가 분쟁의 실체에 적용할 법규는 당사자들이 분쟁의 본안에 적용하려고 선택한 법규에 따라 판정을 하여야 한다. 당사자의 준거법에 관한 지정이 없는 경우 중재판정부는 중재판정부가 적용가능하다고 보는 국제사법규정(conflict of laws rules)에 따라 결정되는 법을 적용하며 일반적으로 적용가능한 국제규칙과 관습 및 관행을 고려한다.

중재판정 이전에 당사자가 분쟁을 화해로 합의하는 경우 또는 화해 이외의 사유로 중재절차의 진행이 불필요 또는 불가능하게 된 경우에 당사자의 이의제기가 없는 한, 중재판정부는 절차종료를 명령할 수 있다.

중재판정문 수령한 후 30일 이내에 일방당사자는 타방당사자에게 통지함과 동시에 동 판정문의 계산상 오류, 오기나 오식 또는 이와 유사한 오류를 정정 및 특정 사항이나 판정의 일부에 대한 해석을 중재판정부에 요청할 수 있다. 또한 중재판정문을 수령한 날로부터 30일 이내에 중재절차 중에 제출되었으나 중재판정에서 누락된 청구부분에 관한 추가판정을 중재판정부에 요청할 수 있다. 중재판정부는 그 요청이 정당하다고 보는 경우에 60일 이내에 추가판정을 내려야 한다.

6) 비용

중재판정부는 판정에서 중재비용을 정해야 하며, 중재판정부에 지급될 보수는 분쟁금액, 사안의 복잡성, 소요시간, 기타 제반상황을 고려하여 비용금액이 합당하여야 한다.

중재비용은 원칙적으로 판정에 패한자가 부담을 하나 사건의 제반상황을 고려하여 합당하다고 판단되면 중재판정부는 비용을 분담시킬 수 있다. 중재판정문의 해석이나 수정 또는 완결에 대해서는 어떠한 추가비용도 청구할 수 없다.

중재센터는 당사자들에게 규정된 비용에 상당금액을 예납하도록 요구할 수 있고, 중재절차의 진행 중에도 당사자에게 추가예납을 요구할 수 있다. 중재센터로부터 예납통지 후 21일이내에 예납을 납부치 않을 경우 중재센터는 중재절차의 중지나 종료를 명할 수 있다.

4. ICLOCA 중재의 활용방안

1) 분쟁의 최종해결수단으로 활용

본 제도는 중재를 분쟁해결의 한 유형으로 규정하고 있으며 형식적인 측면에서는 UNCITRAL 중재규칙을 근거로 하여 제도적으로 확립된 정형화된 중재형태를 취하고 있어 법적구속력을 가지는 분쟁해결제도이다. 본 제도에서 중재판정부가 내린 중재판정은 최종적이며 당사자는 판정에 구속되어 법원에 제소할 수 없다. 대부분의 국제중재사건에서 당사자는 자발적으로 중재판정에 복종한다. 만약 당사자가 중재판정에 불복하는 경우에는 뉴욕협약에 의하여 법원의 강제집행이 가능하다. 뉴욕협약의 체약국은 2010년 12월말 현재 145개국에 이르고 있으며, 이들 체약국상호간에는 제한적인 사유가 없는 한 상호주의원칙에 따라 외국중재판정의 승인 및 집행이 보장되기 때문이다.

그리고, 국제상사중재에 적용되는 중재규칙으로는 유엔국제무역법위원회(United Nations Commission on International Trade Law; UNCITRAL)에 의하여 제정된 중재규칙(UNCITRAL Arbitration Rules)을 기초로한 총 4장 43조로 구성된 본 중재센터의 국제중재규칙이 적용되고 있고, 이미 다양한 선례가 존재하는 중재제도로 이미 거래당사자에게 충분히 익숙한 시스템이므로 시스템의 운영면에 있어 새로운 문제가 발생할 여지가 없다.

본 중재센터의 중재판정부가 분쟁의 실체에 적용할 법규[15]는 당사자들이 분쟁의 본안에 적용하려고 선택한 법규에 따라 판정을 하여야 한다. 당사자의 준거법에 관한 지정이 없는 경우 중재판정부는 중재판정부가 적용가능하다고 보는 국제사법[16] 규정(conflict of laws rules)에 따라 결정되는 법

[15] ICLOCA규칙은 절차법이지만, 특히 증거의 채택에 있어서는 실정법에 있어서의 법적요구조건에 일치함을 강조하고 있다. ICLOCA를 위한 절차법은 보통법에 근거를 둔 미국의 메릴랜드 주법을 따르고 있다. 그런데 ICLOCA규칙에서 중재판정부의 판정은 절차법이나 실정법에 따라 이루어지기 때문에 국제법정에서 재판소의 판정을 보류하도록 요구하는 것은 매우 어려운 일이다(권오, "ICLOCA와 ICC의 화환신용장 분쟁해결 규칙", 「논문집」, Vol.24, No.1, 한성대학교, 2000, p.17).

[16] 영미에서는 현재 아직도 국제사법을 저촉법 또는 보다 정확하게 법률저촉법이라

을 적용하며 일반적으로 적용가능한 국제규칙과 관습 및 관행을 고려하고 있다.

2) 제도이용의 자율성 및 다양한 분쟁해결 지원

본 중재센터에서는 소송의 대안으로 구속력 있고 강제력이 있는 분쟁해결제도의 한 형태인 중재서비스 제공을 기본원칙으로 하고 있으나, 해당 당사자의 요구가 있으면 알선 및 기타 ADR서비스를 지원하고 제공하기도 한다. 본 중재센터의 분쟁해결서비스를 이용하고자 하는 모든 당사자는 누구나 이용할 수 있다. 특정 국가, 기업, 기구를 대상으로 하는 가입요건이 없고, 개인이나 단체는 누구나 본 중재센터에 중재서비스를 받을 수 있다. 분쟁을 중재에 회부하기 위해서는 당사자들의 약정이나 협정과 관련하여 발생하는 모든 장래의 분쟁에 대해서 본 중재센터의 규칙하에 중재에 회부하겠다는 조항을 삽입하면 된다.

만약 중재합의가 없는 경우 이미 발생한 현존의 분쟁 중재로 해결한다는 취지의 별도합의가 반드시 선행되어야 된다. 중재에 있어 중재합의의 성부(成否)에 관한 다툼은 또다른 분쟁을 야기 할 수도 있으므로 반드시 선행되어야 한다.[17] 당사자가 중재합의 그 자체의 성부를 다투는 경우와 중재조항이 삽입되어있는 주계약의 성부를 다투는 경우가 있다. 이런 선행조건이 있는 상황에서 분쟁이 발생되면 중재를 희망하는 당사자(claimant)는 중재통지서(Notice of Arbitration)를 작성하여 본 중재센터와 타방당사자(respondent)에게 서면으로 통지하면 된다.

3) 중재의 신뢰성

무역대금결제 특히 신용장 관련 분쟁해결에 적용되는 규칙과 전문용어들은 법원보다 상업기관들에 의해 더 많은 영향을 받아왔기 때문에 다른 상거

고 부르고 있다. 본래의 의미에서의 국제사법은 저촉법을 말하는 것이며, 또한 그 개별적인 규정을 저촉규정이라고 한다.

17) 우성구, “우리나라 국제상사중재제도의 적용상의 쟁점”, 「국제상학」, 제18권 제4호, 한국국제상학회, 2003, p.15.

래분야와 비교하면 독특한 성격을 가지고 있어 법원에 의한 신용장분쟁의 해결방식은 오류의 가능성이 높다고 지적되어 왔다. 신용장 관련 중재에서 중재결과의 신뢰성 측면에서 보면 분쟁해결 전반을 주도하는 중재인은 중재의 핵심이라 하여도 과언이 아니다. 이러한 이유로 중재인의 전문성과 자질에 관심을 갖게 된다.

그런데 중재인의 전문성과 자질을 객관적으로 판단하고 선임하는 것은 매우 어려운 문제이다. 본 중재센터의 중재시스템은 중재가 관리지원센터의 약식처분절차를 통해 국제금융업무 관련분야의 전문가로 구성된 중재인에 의해 실시되고, 중재절차를 국제은행업무의 관련분야에 임하고 있는 전문가들에 의해 수행한다는 점이다. 중재센터가 보유하고 있는 중재인 명부에는 무역대금결제 전반의 법과 실무 그리고 이와 관련한 지식과 경험이 풍부한 중재인들의 정보가 들어있다.

분쟁당사자들은 중재센터에서 중재인명부의 사본을 입수할 수 있어 중재인 선임에 있어 보다 정확하게 분석할 수 있다. 또한 복합중재를 포괄하는 UNCITRAL 중재규칙에 근거하고 있어 다양한 분야의 지식과 경험을 갖춘 전문가들의 정확한 판단으로 복합분쟁에도 충분히 대처할 수 있다.

4) 분쟁예방 실무지침으로 활용

무역분쟁 중 특히 신용장거래에 임하는 은행실무자간 또는 은행 및 무역실무자간 견해차이나 업무지체는 오랫동안 국제무역의 장애요인이 되어 왔다. ICLOCA는 신용장제도가 붕괴되면 국제무역도 총체적 위기에 직면할 수 있다는 인식하에서 신용장제도의 유용성을 유지할 수 있는 해결방안으로 ICLOCA 중재제도를 고안한 것이다. 본 제도의 궁극적인 목적은 전술한 기존 중재제도의 문제점을 보완하고 관련 실무자들이 업무상의 실수나 이견(異見)을 줄이고, 그와 관련된 정보를 제공하는 것이며, 그러한 역할을 해낼 수 있을 것으로 ICLOCA는 기대하고 있다. 따라서 은행 및 무역업계의 당사자들이 동 중재사례를 실무지침으로 활용함으로써 분쟁을 줄이는데 기여할 것이다.

소위 신용장전문가중재인 주도형 분쟁해결 방식이며 당사자의 자율성이 최대한 보장되는 분쟁해결 방식이라는 점에서 질 높은 신용장분쟁해결 국제상사중재라고 평가할 수 있다. 국제상사중재로서의 신용장중재를 선택하여 분쟁을 용이하게 해결하는데 선도적인 역할을 더욱 증대시킬 것으로 판단된다.

5.4 화환결제수단 분쟁해결 전문가 자문제도(ICC DOCDEX)

1. 국제상사중재나 소송과 차별화된 분쟁해결제도의 필요성

오늘날 무역대금의 결제방식은 다양하다. 그 중 세계무역현장에서 가장 보편적으로 이용되고 있는 대표적인 무역대금의 결제방식은 분명 화환신용장제도이다. 신용장방식은 여타의 결제방식에 비해 무역거래당사자들의 신용위험을 최소화시켜 주고, 나아가 여러 가지 금융상의 편익을 제공해 주는 제도이기 때문이다. 따라서 신용장제도는 국제무역이 시작된 이래 지금까지 개발되어온 다양한 결제방식 중 가장 안전하고 효율적인 무역대금의 결제방식으로 인정받고 있다.

그럼에도 불구하고, 오늘에 이르기까지 화환신용장거래에 따른 분쟁은 예나 지금이나 그다지 감소되지 않고 있는 실정이다.

그 원인은 세계교역량의 급속한 증대와 그에 따른 거래내용의 복잡다양화 및 전문화 등 여러 가지로 지적될 수 있겠지만, 특히 무역업자들은 물론 은행을 포함하여 신용장거래에 임하는 실무당사자들이 UCP 관련 규정 및 관행의 적용미숙으로 복잡다양하고 전문화된 실무상의 수요에 능동적으로 신속·정확하게 대처하고 있지 못한 탓이 크다 하겠다. 이처럼 화환신용장거래에 임하는 은행실무자간 또는 은행과 무역 실무자들 간의 견해 차이는 결국 업무지체 및 분쟁으로 발전되고, 그러한 분쟁은 오랜 동안 국제무역의 장애요인으로 작용하여 왔음은 주지의 사실이다.

일단 신용장분쟁이 발생되면 발생된 분쟁은 반드시 해결되어야 되고, 그 분쟁해결 방법 또한 가장 경제적이고 효율적인 것이어야 함은 앞에서 지적한 바 있다. 그러므로 신용장거래 역시 사적법률문제(private legal matters)에 해당하고 신용장분쟁 또한 사적분쟁(private legal disputes)에 속하므로, 사적자치의 원칙(principle of private autonomy)에 따라 분쟁당사자는 합의로 가장 경제적이고 효율적인 분쟁해결 방법을 선택할 수 있다. 사적분쟁해결의 기능을 가진 전형적인 제도가 민사소송제도라는 사실에는 이론이 없다. 그러나 신용장분쟁을 포함한 국제상사분쟁은 그 특수성 때문에 민사소송제도가 아닌 소위 소송의 대안적 분쟁해결제도인 ADR제도가 전 세계적으로 널리 발전되어 왔다. 국제상사중재제도(international commercial arbitration system)가 ADR제도 중 가장 대표적인 것이라 할 수 있는데, 이는 소송제도와 함께 신용장분쟁해결수단으로 이용되고 있다.

그런데 20세기 후반에 이르면서 신용장분쟁에 대한 법원의 판결이나 중재인의 판정에 대한 국제 은행 및 무역업계측의 불만이 고조되면서 신용장분쟁해결수단으로써 중재와 소송 제도의 한계를 지적하는 목소리가 높아지게 된다. 사실 화환신용장분쟁을 해결하기 위해서는 고도의 전문성이 요구된다. 그런 점에서 기존의 소송이나 중재제도는 분쟁당사자의 기대를 충족시켜주지 못한 측면이 없지 않음을 ICC도 인정하고 있다. 국제은행업계측도 전 세계적으로 대다수의 판사나 중재인 및 변호사는 신용장의 복잡한 국제거래관행을 이해하는데 한계가 있으며, 그래서 타당하지 않은 판결이나 판정이 내리지는 경우도 적지 않다는 사실을 지적해 왔다.[18)]

이에 ICC는 만약 화환신용장제도가 붕괴되면 국제무역도 총체적 위기에 직면할 수 있다는 판단 하에 국제무역에서 매우 유용한 결제수단으로 평가받고 있는 화환신용장제도의 고유한 특성을 극대화하고, 그리고 앞에서 지적한 소송이나 중재제도의 한계를 극복하고 신용장분쟁을 거래의 실정에 맞게 명쾌하게 효과적으로 해결할 수 있는 다기능적·다목적적 분쟁해결시스템이 필요하다는 사실을 인지하고 이를 연구하게 되었으며, 그 결과로 탄생하게 된 것이 소위 전문가 주도형 신용장분쟁해결 메커니즘(expert-based dispute resolution mechanism)인 ICC DOCDEX 제도(이하 DOCDEX라 칭함)이다.

18) http://www.iccwbo.org/home/news-archives/letter-credit-dispute

2. DOCDEX 제도의 도입경위

은행의 조건부 지급약정인 신용장은 전 세계적으로 가장 흔히 이용되고 있는 무역결제수단임에도 불구하고, 화환신용장거래에 임하는 은행실무자간 또는 은행과 무역실무자들 상호간의 견해차와 그에 따른 업무지체는 오늘날에도 신용장거래의 장애요인으로 작용되고 있다. 그 결과로 야기된 신용장분쟁의 해결은 국제간의 소송이나 중재제도에 주로 의존해 왔다.

그런데 앞에서 지적한 바와 같이 20세기 중·후반부터 국제 은행 및 무역업계 측을 중심으로 국제 화환신용장분쟁해결수단으로써 소송과 중재제도의 한계를 지적하는 비판이 점차 커지게 된다. 이를테면 국제상거래분쟁의 해결수단으로써 시간과 비용의 비경제성, 판결효력의 비국제성, 대부분 판·검사와 변호사의 신용장거래관행에 관한 비전문성 및 법리적 측면의 지나친 중시로 국제상거래관행의 특수성 경시 등 소송제도의 한계를 극복하고자 소송제도의 대안으로서 중재제도가 도입된 것임에도 불구하고, 중재제도의 단점 중 하나인 법적안정성 및 예측가능성 결여를 특히 중시한 나머지 오늘날 지구촌의 중재제도가 하나같이 소송제도를 닮아가고 있는 소위 중재의 소송화 경향 역시 그 같은 비판의 빌미를 제공한 무시할 수 없는 하나의 원인으로 판단된다.

뿐만 아니라 신용장분쟁에 대해 당사자의 기대를 충족시켜주지 못하는 타당하지 않은 법원의 판결이나 중재판정부의 판정이 내려진 경우도 적지 않으며, ICC는 물론 국제 은행 및 무역업계 측은 그 원인을 화환신용장분쟁은 고도의 전문성이 요구되는 사안인 만큼 대다수의 판사나 중재인 및 변호사는 화환신용장거래의 독특하고 복잡한 은행관행을 이해하는데 한계가 있기 때문인 것으로 분석하고 있다는 것이다.

따라서 이 같은 한계와 문제점을 극복하기 위한 방안의 일환으로 ICC와 국제은행업계측을 중심으로 과연 소송이나 중재제도를 일탈하여 신용장분쟁은 해결될 수 없는가라는 문제가 제기되어 왔다. 그래서 ICC는 소송과 중재제도의 한계를 극복하고 수요자인 국제 은행 및 무역업계 측을 만족시킬 수 있는 새로운 어떤 분쟁해결시스템의 개발이 필요하다는 사실을 인지하고 이의 개발에 착수하게 된다.

ICC 은행기술실무위원회(ICC Commission on Banking Technique and Practice; 이하 ICC 은행위원회로 칭함)에 의해 구성된 특별작업팀(special working party)은 1996년 소위 DOCDEX 규칙의 초안을 작성·공표한다. 이는 ICC 각 회원국의 국내위원회(National Committee)와 은행·무역·중재업계 및 관련 기관이나 단체에 배포되어 광범한 의견수렴절차를 거쳐 여러 차례 심의·수정한 후, ICC 은행위원회의 승인을 얻어 1997년 10월 1일부터 정식으로 발효되었다. 그 후 이 규칙은 2002년 3월 15일부로 제1차 개정되었으며[19], 2002년 7월과 2003년 9월에 문법 및 인쇄상의 오류가 수정·공고되어 지금에 이르고 있다.[20]

3. DOCDEX 제도의 의의와 적용범위

1) DOCDEX 제도란?

DOCDEX 제도란 Documentary Instruments Disputes Resolution Expertise의 약어로써, 우리말로는 화환결제수단분쟁해결전문가자문제도로 번역할 수 있다. DOCDEX 제도는 ICC가 1997년 10월 1일에 처음 도입한 새로운 형태의 화환결제수단분쟁해결을 위한 ADR제도의 하나이다. DOCDEX 제도는 그 본질상 기존의 상사중재나 소송제도와는 차별화된 분쟁해결제도임과 동시에 다른 한편으로는 중재나 소송과 경합하는 제도가 아니라 오히려 이들 두 제도의 단점을 보완해 주는 기능이나 역할을 할 수도 있는 소위 전문가 주도형 분쟁해결 방식이며 다기능적·다목적적 분쟁해결 방식이라는 점에서 새로운 미래형 신용장분쟁해결 메커니즘이라 할 수 있다. 본 제도는 ICC 은행위원회의 후원 하에 국제전문가자문센터(International Center for Expertise; 이하 센터로 칭함)에 의해 관리되고 있다. DOCDEX 제도는 처음 도입된 이래 수년간 그 유용성을 검증받아 왔으며, 최근 동 결정건수도 증가하고 있

19) 개정의 주된 이유는 적용범위를 확대하고 표준비용을 인하하기 위한 것이었으며, 특히 비용을 인하한 것은 긍정적으로 평가되고 있다.

20) http://www.iccwbo.org/drs/english/docdex/all-topics.asp

고 2003년도에는 12건의 DOCDEX 결정이 내려진 바 있으며, 2010년 현재 2권의 사례집이 발간되었다.

2) 적용범위 및 목적

1997년 10월 1일 첫 도입당시 "Documentary Credit Dispute Resolution Expertise (화환신용장분쟁해결전문가자문)"이던 DOCDEX의 공식명칭이 2002년 3월 15일 제1차로 개정되면서 "Documentary Instruments Dispute Resolution Expertise (화환결제수단분쟁해결전문가자문)으로 변경되었다. 그에 따라 DOCDEX 제도의 적용범위도 확대되었다.

당초 ICC의 화환신용장통일규칙(Uniform Customs and Practice for Documentary Credits: 이하 UCP로 칭함)과 화환신용장부 은행 간 대금상환에 관한 통일규칙(Uniform Rules for Bank-to-Bank Reimbursement under Documentary Credits: 이하 URR로 칭함)과 관련된 분쟁만을 적용대상으로 하였으나, 제1차 개정과 더불어 향후 관련분쟁이 증가할 것으로 예상되는 ICC의 요구불지급보증에 관한 통일규칙(Uniform Rules for Demand Guarantee: 이하 URDG로 칭함)[21]과 추심통일규칙(Uniform Rules for Collections: 이하 URC로 칭함)과 관련된 분쟁도 DOCDEX 제도의 적용범위에 포함되었다. 따라서 ICC의 UCP, URR, URC 또는 URDG의 적용문언이 삽입되어 있거나 이들 규칙이 적용가능한 모든 분쟁은 DOCDEX 제도의 적용대상이 된다.

본 제도의 목적은 이상의 분쟁이 화환신용장, 추심지시서, 요구불지급보

21) "Demand Guarantee"란 보증서에 약정된 조건에 따라 수혜자가 요구한 금액 중 보증서에 정해진 상한금액까지 수혜자에게 지급해야 된다는 원칙을 명시한 발행자(보증인)의 취소불능적 약속이다. ICC 은행기술실무위원회의 10여년간의 연구결과로 탄생된 URDG는 1992년부터 시행되었다. UNCITRAL을 포함한 주요 국제 연구소들에 의하면 URDG의 유용성은 널리 인정되고 있으며 그 결과 이의 사용은 국제적으로 크게 확산될 것이라는 것이다. 2004년 유럽부흥개발은행(The European Bank for Reconstruction and Development, EBRD)은 동유럽 은행의 무역재무전문가 양성교육프로그램에 URDG과정을 포함시키기로 결정하였으며, 전세계를 대상으로 한 설문조사결과에 따라 SWIFT는 보증서발행을 위한 MT-760에 URDG를 선택할 수 있도록 형식을 개정해서 2005년 말부터 시행예정으로 되어 있다. 새로운 URDG 형식은 세계은행 홈페이지에서 확인할 수 있다(http://ibc.korcham.net).

증서의 제 조건 및 적용 가능한 ICC의 규칙인 UCP, URR, URC 또는 URDG에 근거하여 어떻게 해결되어야 되는가에 관해 신속하고 독립적이며 불편부당한 전문가의 결정(DOCDEX 결정)을 제공하기 위한 것이다. 따라서 DOCDEX에 의뢰되는 일체의 분쟁은 화환신용장, 추심지시서 또는 요구불지급보증서에 별도의 다른 명시가 없는 한, DOCDEX 규칙과 적용 가능한 관련 ICC 규칙의 최신 버전이 적용된다.

4. DOCDEX 제도의 분쟁해결절차

1) DOCDEX 신청과 접수확인

(1) 신청인의 신청방법 및 내용

분쟁발생 시 분쟁당사자의 일방 또는 쌍방은 누구나 원할 경우 센터에 신청서(Request)를 제출하고 DOCDEX 결정을 구할 수 있다. 신청방법은 두 가지가 있다. 하나는 분쟁당사자의 일방이 단독으로 신청하는 방법이고, 다른 하나는 분쟁의 다수 또는 복수의 모든 당사자들이 공동명의로 단일의 신청서를 제출하는 방법이다. 이 중 어느 방법에 의하든 상관없다.

모든 관련증빙서류가 첨부된 신청서 4부를 프랑스 파리에 있는 센터에 제출하면 되나, 다만 신청서 역시 센터에 접수됨과 동시에 최종적인 것으로 간주되므로 신청서의 내용은 간결하여야 하며, 거기에는 특히 다음과 같은 필요한 모든 정보가 분명하게 적시되어야 된다.

즉 ① 신청인(Initiator)의 구체적인 명의(full name)와 주소 및 화환신용장, 대금추심, 또는 요구불지급보증과 관련된 신청인의 역할, ② 분쟁의 타방당사자인 피 신청인(Respondent)의 구체적인 명의와 주소 및 화환신용장, 대금추심, 또는 요구불지급보증과 관련한 피 신청인의 역할(단 분쟁당사자의 전원이 공동으로 단일의 신청서를 제출하지 아니하는 경우에 한함), ③ ICC 간행물 제811호인 DOCDEX 규칙에 따른 DOCDEX 결정을 공식적으로 신청한다는 취지의 신청인 진술, ④ 화환신용장, 대금추심, 또는 요구불지급보증 및 적용 가능한 ICC 규칙과 관련하여 결정되어야 될 모든 쟁점사안을 분명하게 입증하는 분쟁의 요약 및 신청인의 청구요약, ⑤ 문제의 화환신용장, 추심지시서, 요구불지급보증서와 그에 따른 조건변경서 및 관련 정황을 입증하는 데 필요한 것으로 간주되는 모든 서류의 사본, ⑥ 일체의 모든 관련 첨부서류를 포함한 신청서의 사본을 신청서상에 기명된 피 신청인 앞으로 각각 송부하였음을 확인하는 신청인의 진술.

(2) 피신청인의 답변방법 및 내용

피 신청인(Respondent)은 신청서상에 피 신청인으로 기명된 분쟁의 당사자 중 1인 또는 복수의 당사자가 될 수 있다. 피 신청인은 신청인의 신청내용에 대한 답변서(Answer)를 센터에 제출할 수 있다. 분쟁의 신청방법과 마찬가지로 답변방법에도 두 가지가 있다. 하나는 피 신청인 각자가 개별적으로 답변서를 제출하는 방법이고, 다른 하나는 다수 또는 복수의 피 신청인이 공동명의로 단일의 답변서를 제출하는 방법인데, 이 중 어느 방법에 의하든 역시 상관없다. 그러나 동 답변서는 소정의 기한 내에 제출되지 않으면 안 된다. 그러므로 답변서는 늦어도 센터가 신청서를 접수하고 이를 확인·통보해온 센터의 신청서접수확인서(Center's Acknowledgement of the Request)에 명시되어 있는 소정의 기한 이내에 동 센터에 제출되어야 된다. 기한경과 후 접수된 답변서는 센터가 이를 무시한다.

답변서는 관련된 모든 증빙서류가 첨부된 4부를 프랑스 파리에 있는 센터에 제출하면 되는데, 다만 답변서 역시 센터에 접수됨과 동시에 최종적인 것으로 간주되므로 신청서의 내용은 간결하여야 하며, 거기에는 특히 다음과 같은 필요한 모든 정보가 분명하게 적시되어야 된다. 즉 ① 신청인의 명의와 주소, ② 관련 신청일자, ③ ICC 간행물 제811호인 ICC DOCDEX 규칙에 따른 DOCDEX 결정을 공식적으로 신청한다는 취지의 피 신청인의 진술(만약 이에 관한 진술이 없는 경우, 최종적인 DOCDEX 결정은 피 신청인에게는 공개되지 않는다.), ④ 화환신용장, 대금추심, 또는 요구불지급보증 및 적용 가능한 ICC 규칙과 관련하여 결정을 원하는 모든 쟁점사안을 분명하게 언급한 피 신청인의 청구요약서, ⑤ 관련 정황을 입증하는 데 필요한 것으로 간주되는 모든 추가서류의 사본, ⑥ 일체의 모든 관련첨부서류를 포함한 답변서의 사본을 신청서상에 기명된 신청인 및 다른 피 신청인 앞으로 서면으로 송부하였음을 확인하는 피 신청인의 진술.

(3) 신청 및 답변의 보완

분쟁당사자인 신청인과 피 신청인으로부터 신청서와 답변서를 접수한 센터는 필요하다고 판단되는 경우 권유서(Invitation)를 통하여 신청인과 피 신청인에게 DOCDEX 결정에 필요한 관련서류의 사본을 포함하여 특정 보완정보를 제출하도록 권유할 수 있다. 이때 센터에 제출되는 보완서(Supplements)는 오직 센터가 발행한 권유서의 내용과 일치하여야 된다. 따라서 보완서는 늦어도 권유서상에 명시되어 있는 소정의 기한 이내에 4부가 센터에 접수되어야 된다. 보완서 역시 센터에 접수됨과 동시에 최종적인 것으로 간주되므로, 그 내용은 간결하여야 하며, 거기에는 표출된 필요한 모든 정보와 관련서류가 포함되어야 된다. 뿐만 아니라 보완서상에는 ① 권유서상에 명기된 일자와 참조사항, ② 동 보완서 발행자의 명의와 주소, ③ 모든 관련첨부서류를 포함한 보완서의 사본을 신청인과 피 신청인 앞으로 송부하였음을 확인하는 보완서발행자의 진술이 반드시 포함되어야 된다.

(4) 접수의 확인 및 거절

① 접수의 확인

앞에서 본 바와 같이 신청서, 답변서 및 보완서는 접수와 동시에 최종적인 것으로 간주된다. 그러므로 센터는 신청서, 답변서 및 보완서를 접수한 경우 신청인과 피 신청인에게 이의 접수사실을 반드시 확인·통지해 주어야 한다. 이때 센터는 특히 답변서나 보완서가 각기 센터에 접수되어야 되는 합리적인 기한을 명시하여야 한다. 접수확인서에 명시된 동 기한은 신청서의 접수사실을 확인·통지한 익일부터 기산하여 30일을, 또는 보완서를 제출하도록 권유서를 발행한 익일부터 기산하여 14일을 각각 초과하지 않아야 된다. 관련 접수확인서나 권유서상에 명시된 기한이 경과된 후 센터에 접수된 일체의 답변서나 보완서 및 센터가 요구하지 아니한 일체의 통신문은 무시된다.

② 접수의 거절

다음과 같은 사유가 있는 경우 신청인과 피 신청인에게 통지해 주는 조건으로, 센터는 접수확인 전·후를 불문하고 언제든지 어떤 신청서, 답변서, 또는 보완서의 전부 또는 일부의 내용을 배척할 수 있다. 즉 결정되어야 할 어떤 쟁점사안이 적용 가능한 ICC 규칙과 무관한 것으로 센터와 전문가패널이 판단한 경우, 또는 특히 분쟁의 형식 및/또는 본질이 적용 가능한 ICC 규칙의 요건에 부적합한 경우, 또는 센터가 표준비용을 신청일 후 14일 이내에 수령하지 아니한 경우가 3대 접수거절사유에 속한다.

③ 기한의 기산일

동 규칙 또는 일부조건이 적용되는 모든 접수확인서나 권유서상에 명시된 기한은 월력일(consecutive calendar days)을 의미하는 것으로 간주되며, 관련 접수확인서 또는 권유서상에 명기된 발행일의 익일부터 기산하여야 한다. 만약 관련기한의 최종일(last day)이나 어떤 특정된 날자가 프랑스 파리의 비영업일(non-business day)에 해당될 경우, 동 기한은 파리 시간으로 다음 첫 영업일의 종료시간(the end of the first following business day)에 종료한다.

2) 전문가패널의 구성

(1) 전문가 및 의장전문가의 선임

DOCDEX 절차는 사실상 전문가패널이 구성되면서 개시된다고 할 수 있으며, 전문가패널은 통상 3인의 전문가로 구성된다. 그러므로 ICC 은행위원회는 화환신용장, 추심지시서, 요구불지급보증의 제 조건 및 적용 가능한 ICC 규칙인 UCP, URR, URC 또는 URDG에 관한 풍부한 지식과 경험을 지닌 전문가의 명부(lists of experts)를 자체적으로 비치·관리하고 있다. 센터는 신청서가 접수되는 즉시 동 전문가의 명부에서 3인의 독립적이고 불편부당한 전문가를 선임한다. 그리고 선임된 3인의 전문가 중 1인을 의장전문가로 선임한다. 의장전문가(experts' chair)는 선임된 다른 전문가를 대표하며, 선임된 전문가들이 필요하다고 판단하는 경우 본 규칙 제4조의 규정에 따라 신청인 및 피 신청인으로 하여금 추가정보 및/또는 서류의 사본을 제출하도록 센터에 요구할 수 있으며 본 규칙 제10조 제1항에 언급된 추가비용이 납부되지 아니한 경우를 제외하고 동 제7조 제4항에 따라 결정문을 센터에 제출하여야 한다.

(2) 선임된 전문가의 책임 및 의무

선임된 전문가는 고지의무와 기밀유지의무를 진다. 그러므로 선임된 전문가 각자는 신청서상에 기명된 당사자들에 대하여 독립적임을 고지하여야 한다. 독립성을 의심받을 만한 사유가 있는 경우 선임된 전문가는 자발적으로 사임하거나 센터가 동 전문가에 대하여 직무의 종료를 명할 수 있다. 또한 선임된 전문가는 본 DOCDEX 사건과 관련되는 모든 정보와 서류에 대하여 항상 엄격하게 기밀을 유지하여야 함은 물론 본 규칙에 명시적으로 규정되지 아니한 모든 사안에 대해서도 기밀을 준수하여야 하고, 본 규칙의 취지에 맞게 행동하여야 한다.

한편 선임된 전문가패널은 신청인과 피 신청인으로부터 구두심리를 하도록 강요당하지 않고, 그 누구로부터도 성명을 공개하도록 강요당하지 않으며, 관련 분쟁을 심리중인 중재판정부나 법정에 증인이나 감정인 또는 이와 유사한 자격으로 출석 등의 행위를 강요받지 아니한다.

그리고 선임된 전문가는 일체의 메시지, 서신 또는 서류의 송달 중 지연 및/또는 분실로 야기되는 결과에 대하여, 또는 전기통신문의 전송 중 야기되는 지연, 훼손 또는 기타 오류에 대하여, 또는 기술적인 전문용어의 번역 및/또는 해석상의 오류에 대하여 어떠한 의무나 책임을 부담하지 아니한다. DOCDEX 결정과 관련된 자신의 직무수행에 대해서도 어떠한 의무나 책임을 부담하지 아니하나, 다만 작위 및 부작위가 악의적인 것으로 입증되는 경우는 그러하지 아니하다.

(3) 전문가의 보궐

선임된 전문가 자신이 더 이상 자신의 직무를 수행할 수 없는 경우에는 즉시 센터에 직무의 종료를 요청하여야 한다. 이때 선임된 전문가의 직무수행이 더 이상 불가능하다고 판단되는 경우, 센터는 즉시 동 전문가에게 직무의 종료를 명해야 한다. 센터로부터 직무의 종료를 명받은 해당 전문가는 자신이 보유하고 있는 당사자의 신청서, 답변서 및 보완서를 포함한 일체의 모든 관련첨부서류를 센터에 반환하여야 한다. 한편 센터는 선임된 다른 전문가에게 그러한 사실을 통보한 후 지체없이 본 규칙 제6조 제4항에 따라 조기에 직무가 종료된 전임 전문가를 후임 전문가로 대체하고, 동 사실을 선임된 다른 전문가에게 통보하여야 한다.

3) DOCDEX 결정

(1) 결정절차

DOCDEX 결정(decision)은 센터에 의해 선임된 전문가패널이 ICC DOCDEX 규칙에 따라 내리는 결정이다. 그러므로 동 센터는 자신이 선임한 전문가패널에게 즉시 당사자로부터 수령한 관련 신청서, 답변서 및 보완서를 제공해 주어야 하며, 전문가패널은 센터로부터 제공받은 신청서, 답변서 및 보완서와 관련 화환신용장과 UCP 및 또는 URR, 또는 추심의뢰서 및 URC, 또는 요구불지급보증서 및 URDG에 근거하여 소정의 기한이내에 공정하고 독립적인 결정을 내려야 한다.

선임된 전문가패널은 결정을 내려야 할 쟁점에 필요하고도 적절하다고 스스로 판단하는 모든 정보 및 서류를 수령한 후 30일 이내에 결정문을 입안해서 의장전문가는 이를 센터에 제출하여야 한다. 의장전문가로부터 결정문을 수령하는 즉시 센터는 ICC 은행위원회의 기술고문이나 그의 지명대리인과 협의하여 동 결정이 적용 가능한 ICC 관련 규칙 및 은행위원회의 견해와 합치되는 지의 여부를 확인하여야 한다. 그런데 이때 기술고문이나 그 대리인의 제안으로 전문가패널의 결정내용을 수정하고자 하는 때에는 선임된 전문가 종다수의 동의를 얻어야 된다. 이처럼 ICC은행위원회 기술고문단의 소위 재심절차를 거친 전문가패널의 결정은 본 규칙에 따른 ICC DOCDEX 결정으로 최종 확정된다. 그렇게 최종 확정된 DOCDEX 결정은 센터가 이를 작성한 일자에 프랑스 파리에서 내려진 것으로 간주된다.

(2) DOCDEX 결정의 법적효력 및 요건

당사자 간에 별도의 다른 합의가 없는 한, DOCDEX 결정은 원칙적으로 당사자에 대하여 법적 구속력이 없다. 따라서 동 결정문은 중재판정에서 요구되는 법적요건(legal requirements)을 구비해야 할 필요는 없다. 그러나 전문가패널에 의한 다른 결정이 없는 한, DOCDEX 결정문은 센터가 영문으로 작성하여야 하며, 거기에는 특히 ① 신청인과 피 신청인의 명의, ② 결정되어야 할 쟁점관련주장의 요지, ③ 결정내용의 요지 및 이유와 ④ 작성일자와 센터를 대표 또는 대리하는 서명이 반드시 포함되어야 된다.

(3) DOCDEX 결정의 관리

이상의 절차를 거처 DOCDEX 결정이 최종 확정되면 당사자로부터 소정의 비용이 납부된 이상 센터는 지체없이 이를 신청한 신청인과 피 신청인이 DOCDEX 결정을 활용할 수 있도록 조치하여야 하며, 당사자는 신청일로부터 통상 6 내지 12주 이내에 최종 DOCDEX 결정을 받아볼 수 있다. 그러나 센터가 추가비용을 청구한 경우에는 동 비용이 수령될 때까지 동 결정문은 당사자에게 발송되지 않는다. 그리고 동 결정문의 원본은 센터가 이를 10년간 보존하도록 되어 있다. 한편 ICC는 분쟁당사자의 신원을 밝히지 않는 조건으로 모든 DOCDEX 결정을 공간할 수 있다.

4) DOCDEX 비용

DOCDEX 비용(costs of DOCDEX)이란 DOCDEX 결정문을 구하는데 소요되는 서비스비용이다. 그러므로 동 비용이 소정의 기한에 납부되지 않으면 신청서가 접수되지 않거나 DOCDEX 결정문은 발행되지 않는다. 이 비용은 표준비용과 추가비용으로 구분된다.

표준비용(standard fee)은 관리비용과 전문가비용을 포함하여 건당 미화 5천 달러인데, 이는 신청 시 선납되어야 되며 환불되지 아니한다. 추가비용(additional fee)은 표준비용에 추가하여 센터가 징구하는 비용인데, 이는 어떤 경우에도 표준비용의 100%를 초과할 수 없다. 그러므로 문제의 신용장금액, 추심금액, 또는 요구불지급보증금액이 미화 50만 달러를 초과하는 경우, 센터는 자신의 판단에 따라 쟁점 및 주제사안의 복잡성의 정도 등을 고려하여 표준비용의 100%까지로 되어 있는 최고금액의 범위 내에서 추가비용을 책정하여 이를 징구할 수 있으나, 최저금액인 미화 50만 달러를 초과하지 아니하는 경우 추가비용은 없다.

추가비용은 합리적인 기한 내에 신청인에게 청구되어야 되는데, 늦어도 신청서접수 후 45일을 초과해서는 안 된다. 센터는 추가비용의 납부시한(time limit for the payment)을 정해야 하며, 신청인이 추가비용을 납부할 때까지 언제든지 절차를 정지하고 선임된 전문가패널에게 본 안 심의를 정지하도록 지시할 수 있다.

표준 및/또는 추가비용은 미화(UD$)로 파리의 국제상업회의소에 납부하되 반드시 DOCDEX 참조표시를 해야 된다. 납부방법은 국제상업회의소가 수취인으로 표시된 수표 또는 비자카드로도 가능하나, 일체의 비용납부사실은 신청인의 명의, 직책, 회사명, 우편번호, 신청일 등을명기하여 센터에 통보하여야 한다.

5. DOCDEX 제도의 활용방안

1) 분쟁의 최종해결수단으로 활용

DOCDEX 결정은 원칙적으로 당사자에 대한 법적 구속력(legal binding force)이 없기 때문에 소송이나 중재제도의 경우와는 달리 본 제도를 통해 화환결제수단 관련분쟁을 최종적으로 해결할 수 없음이 원칙이다. 그러나 이와 다른 별도의 당사자 합의가 있는 경우에는 사적자치의 원칙에 따라 동 결정은 당사자를 구속하게 된다. 따라서 당사자는 명시적 합의를 통해 DOCDEX 제도를 관련분쟁의 최종해결수단으로 활용할 수 있다.

그러기 위해서는 당사자의 명시적 합의가 있어야 하고, 그러한 합의는 분쟁발생시점을 기준으로 사전 또는 사후 언제든지 가능하다. 사전합의는 분쟁이 발생하기 전에 당사자가 신용장이나 추심 및 요구불지급보증과 같은 화환결제수단(documentary instruments)이나 관련 통신문을 통해 합의하는 방식이고, 사후합의란 분쟁이 발생한 후 당사자가 입증 가능한 방법을 통해 합의하는 방식이다.

ICC도 전 세계의 은행들이 자발적으로 DOCDEX 결정에 따를 것을 기대하면서, 그 일환으로 국제무역에 관여하는 모든 은행들에게 예컨대 화환신용장발행의뢰서(documentary credit applications)와 그 통지서 또는 기타 관련 통신문에 DOCDEX 적용문언을 삽입할 것을 권장하고 있다. ICC가 공식적으로 권장하는 적용문언[22]은 다음과 같다. 즉 "This credit is issued subject to the ICC's Uniform Customs and Practice for Documentary Credits 600 and the DOCDEX Rules(이 신용장은 국제상업회의소의 화환신용장통일규칙 600과 DOCDEX 규칙을 조건으로 발행됨)." 이 적용문언이 삽입된 화환신용장의 분쟁은 당연히 DOCDEX 결정을 통해 최종적으로 해결되게 된다.

2) 소송·중재 시 증거자료로 활용

앞에서 본 바와 같이 하나의 화환결제수단분쟁해결 방법으로써 소송은 장시간이 소요되고 비용도 많이 들고, 화환결제수단의 복잡한 국제거래관행이 법리해석에 묻혀버린 법원판결에 대한 불신도 없지 않고, 게다가 승소에 대한 확신도 불명한 경우라면 당사자는 제소여하를 망설이게 될 것이다. 중재의 경우는 사전중재합의가 일반적이므로 분쟁이 발생하면 중재관할권이 있으므로 당사자 일방의 신청이 있으면 중재절차가 자동 개시된다. 그런데 ICC 은행위원회는 관례적으로 소송중이거나 중재중인 사안에 대해서는 유권해석(opinion)을 내리지 않지만, DOCDEX 결정은 그러한 관례에 구애되지 않는다. 그러므로 언제든지 신청인의 신청이 있으면 그로부터 통상 6 내지 12주 이내에 최종 DOCDEX 결정이 내려져서 당사자에게 제공된다.[23]

당사자 간에 별도의 다른 합의가 없는 한 DOCDEX 결정은 당사자에 대한 구속력은 없지만, 당사자가 제소 또는 중재신청 여부를 결정하는데 주요자료로 활용할 수 있다. 뿐만 아니라 일방당사자가 자신에게 유리한 ICC DOCDEX 결정을 확보하고 있는 한, 타방당사자로 하여금 제소 또는 중재신청을 단념케 하는 요인이 될 수도 있다. 또한 이미 소송중이거나 중재중인

22) http://www.iccwbo.org/home/news-archives
23) http://www.iccwbo.org/drs/english/docdex/all-topics.asp

사안에 대해서 당사자는 ICC 유권해석은 구할 수 없지만 DOCDEX 결정은 구할 수 있으므로 이를 증거로 법원이나 중재판정부에 제출할 수 있으며, 판사나 중재인도 동 사건을 심리할 때 증거로 제출된 DOCDEX 결정에 큰 비중을 둘 것으로 보인다. 그러므로 분쟁당사자는 소송이나 중재 시 DOCDEX 결정을 결정적 증거자료로 활용할 수 있다. 뿐만 아니라 동 결정은 당사자 간 분쟁의 자발적 해결을 촉구하는 유인성 자료로 활용될 수 있는 여지도 있다.

3) 분쟁예방용 실무지침으로 활용

화환신용장거래에 임하는 은행실무자간 또는 은행 및 무역실무자간 견해차이나 업무지체는 오래간 국제무역의 장애요인이 되어 왔다. ICC는 신용장제도가 붕괴되면 국제무역도 총체적 위기에 직면할 수 있다는 인식하에서 신용장제도의 유용성을 유지할 수 있는 하나의 고정 핀(linchpin)으로써 DOCDEX 제도를 창안한 것이다. DOCDEX 제도의 궁극적인 목적은 관련 실무자들이 업무상의 실수나 異見을 줄이고, 확신을 가지고 업무에 임할 수 있도록 정보를 제공하는 것이며, DOCDEX가 그러한 역할을 해낼 수 있을 것으로 ICC는 기대하고 있다. 그래서DOCDEX 규칙의 全文은 ICC 웹사이트에서 무료로 다운받을 수 있고, 필요하면 누구나 ICC의 온라인예약구독제도를 통해 DOCDEX 결정사례를 구입하여 참조할 수 있도록 되어 있다.

DOCDEX 결정은 비록 당사자의 신원은 공개되지 않지만 그 내용은 전 세계에 배포된다. 따라서 은행 및 무역업계의 당사자들이 동 결정사례를 실무지침으로 활용함으로써 실무상 조건 불일치서류의 수를 감소시켜서 분쟁을 줄이는데 기여할 것이다.

6. DOCDEX 제도의 시사점

국제상사분쟁해결수단은 기본적으로 ① 이용의 편의성, ② 비용의 경제성, ③ 절차의 신속성, ④ 결과에 대한 신뢰성 및 ⑤ 당사자의 자율성의 다섯 가지 요건을 두루 충족시킬 수 있어야 된다.

앞에서 본 바와 같이 화환결제수단 분쟁해결 방법으로써 소송은 그 단점으로 지적되어온 ① 내지 ③과 ⑤의 요건과는 달리 일반적으로 ④의 판결결과에 대해서만은 신뢰성이 높은 것으로 인식되어 왔으나 특히 20세기 후반부터 적지 않은 법원판결결과에 대한 타당성을 부정하는 전 세계 은행 및 무역업계측의 불평이 고조되어 왔음을 감안할 때 이에 대해서도 부정적 인식이 확산되고 있다는 추론이 가능해진다. 한편 중재의 경우는 위의 다섯 가지 요건을 대체적으로 충족시킨다 하겠으나 DOCDEX 제도와 비교할 때 다음과 같은 점에서 큰 차이가 있다.

①의 경우 중재는 당사자 쌍방의 중재합의가 있어야 중재관할이 생기므로 어느 일방의 의사만으로는 중재제도를 이용할 수 없다. 그러나 DOCDEX는 제도이용의 전제조건으로 반드시 당사자 합의를 요하지 않기 때문에 타방당사자의 의사에 관계없이 동 결정을 신청할 수 있으며 그 절차도 간편하다.

②와 ③의 경우 비용 면에서는 두 제도 공히 경제적이라 할 수 있겠으나 DOCDEX는 표준비용이 미화 5천 달러로 정해져 있고 계쟁금액에 따른 예외가 인정되는 경우에도 미화 1만 달러를 초과하는 경우는 없으므로 중재에 비해 DOCDEX가 더 경제적이다. 그리고 최종결정이 있기까지 소송은 수개월에서 수년이 걸리고 중재는 국가별 제도별로 약간의 차이가 있으나 통상 3~6개월이 걸리는데 반해, DOCDEX는 불과 2~3개월밖에 소요되지 않는다.

④의 경우 중재는 국가마다 상설중재기관이 있고 유사시 그들 기관마다 각기 비치·관리하고 있는 중재인 명부에서 중재인이 선임되고 선임된 중재인이 중재판정을 내리게 되는데, 이들 판정 중 타당성을 결한 판정이 적지 않다는 비판이 있어왔고, 그 원인에 대해 대다수의 중재인은 고도의 전문성이 요구되는 독특하고 복잡한 화환신용장거래관행을 이해하는 데 한계가 있기 때문인 것으로 국제 은행 및 무역업계측은 분석하고 있다.

그런데 DOCDEX는 ICC 은행위원회가 전 세계 80여개 국가에서 엄선·관리하고 있는 전문가명부에서 동 분야 세계최고라 할 수 있는 3인의 전문가를 센터가 직접 선임하고, 선임된 전문가패널이 내린 결정은 ICC 은행위원회의 재심절차를 거친 후 DOCDEX 결정으로 최종 확정되기 때문에 세계 각국에서 내려지는 중재판정에 비해 동 결정에 대한 신뢰성이 높은 것으로 평가할 수 있다.

⑤의 경우 당사자에게 허용되는 자율성의 폭이 중재에 비해 DOCDEX가 더 넓다. 중재제도 하에서 당사자는 중재합의가부를 스스로 결정할 수 있지만 중재합의 없이는 어떠한 경우에도 중재판정을 구할 수 없고, 만약 합의한 경우에는 중재판정결과에 복종해야 되므로 판정결과에 대한 자율성이 보장되지 않는다.

이에 반하여 DOCDEX 제도 하에서 당사자는 DOCDEX 결정을 통해 분쟁을 최종적으로 해결한다는 별도의 명시적 합의를 한때에만 중재판정의 경우와 같이 동 결정에 복종해야 되므로 자율성이 보장되지 않지만, 그러한 합의가 없어도 당사자는 DOCDEX 결정을 구할 수 있으며, 자신의 목적에 부합되게 동 결정을 활용할 수 있다.

ICC가 DOCDEX 결정에 법적 구속력을 인정하지 않은 이유도 이 같은 당사자의 자율성을 최대한 보장해줌으로써 실수요자들에게 선택의 폭을 넓혀주기 위한 의도로 평가할 수 있다.

한편 DOCDEX 제도가 도입되기 전에도 ICC 은행위원회는 분쟁당사자들의 질의사항에 대하여 무료로 유권해석(opinion)을 내려왔다. 그런데 DOCDEX 결정의 경우에는 문제의 모든 관련 증빙서류가 3인의 전문가로 구성된 패널에 제시되고, 전문가패널은 그에 기하여 결정을 내리게 된다.

이에 반해 유권해석의 경우에는 어떠한 증빙서류의 제시를 요하지 않고 주로 일방당사자의 질의내용에만 의존하기 때문에 동 유권해석은 주어진 사실에 대한 종합적인 것이 아니라 오히려 단편적이고 즉흥적인 판단(snapshot)이라 할 수 있다.

그리고 ICC 유권해석의 경우와는 달리 소송이나 중재중인 사안에 대해서도 DOCDEX 결정을 구할 수 있다. 따라서 DOCDEX 결정은 증거에 입각하여 사건의 모든 정황을 충분히 고려한 보다 신중한 판단을 할 수 있는 기회가 있다는 점과 필요하면 2~3개월 내에 동 결정을 구할 수 있다는 점에서 유권해석에 비해 보다 신뢰성이 높고 유사시 증거자료로의 활용도 훨씬 용이하다.

이상과 같이 DOCDEX 제도는 그 본질상 기존의 소송이나 중재제도와는 차별화된 분쟁해결제도임과 동시에 다른 한편으로는 소송이나 중재와 경합하는 제도가 아니라 오히려 이들 두 제도의 단점과 한계를 보완해 주는 기능이나 역할을 할 수도 있는 소위 심리절차 없이 서류에 의한 전문가주도형 분쟁해결 방식이며 당사자의 자율성이 최대한 보장되는 다기능적·다목적적 분쟁해결 방식이라는 점에서 새로운 미래형 화환결제수단분쟁해결 메커니즘이라고 평가할 수 있다.

나아가 UCP를 제정·발전시켜 온 것만으로도 ICC는 국제무역결제분야에서 전대미문의 찬사를 받아왔다. 앞으로 그에 못지않게 DOCDEX 제도 역시 화환결제수단분쟁해결분야에 있어서도 ICC의 창의적이고 선도적인 역할을 더욱 증대시킬 것으로 판단된다.

7. DOCDEX 사례분석

화환신용장 거래는 서류거래라는 원칙에 지배되기 때문에 화환신용장부약정서류의 기재사항 불일치는 대금지급 거절의 원인이 되고 화환신용장의 거래기능을 상실시키게 된다. 실무에서도 서류의 조건 불일치로 인한 분쟁이 화환신용장 분쟁의 주를 이룬다. 따라서 화환신용장 제도의 당면과제는 신용장분쟁을 줄일 수 있는 방안과 발생된 분쟁의 효율적이고 능률적인 해결방법의 문제로 집약할 수 있다.

전통적 분쟁해결제도에 대한 하나의 대안으로 도입된 DOCDEX 사례를 분석함으로 전문가패널의 해석기준을 살펴보고 그 판단근거 및 이유를 규명함으로써 약정서류의 기재사항과 관련한 분쟁발생시 분쟁해결을 위해 능동적으로 대처할 수 있는 지침을 제시하고자 한다.

1) 상업송장 관련사례

(1) 송장의 표제 및 당사자 기재관련

① 송장표제의 해석기준

상업송장(이하 송장이라 칭함)은 선적명세서이자 가격견적서이고 대금청구서의 기능을 하는 필수 무역서류이다. 송장은 선하증권이나 보험증권과 같이 그 자체가 청구권이 있는 서류는 아니나 계약의 사실이행을 증명하는 자료이며 수입물품의 정확성 및 진실성을 입증하는 세관신고 자료가 된다. 매수인은 송장을 통해 매도인의 매매계약 이행여부를 확인할 수 있고, 발행은행이나 확인은행 및/또는 지정은행은 신용장조건과 송장의 기재내용을 대조해 봄으로써 선적된 물품이 신용장요건을 충족시키고 있는지를 간접적으로 확인할 수 있다.

세관 등의 제3자들도 이를 통해 해당 거래의 구체적인 내용을 확인할 수 있다. 송장은 또한 당사자간 매매계약의 이행여부에 대한 분쟁이 있는 경우 유력한 증거수단이 되며 영사송장이나 세관송장이 이용되지 않는 경우에는 수입업자가 송장을 수입물품의 매입증서로 수입국의 세관에 제출하여 수입관세의 증거자료로 활용하기도 한다.

실무에서 이용되는 송장의 종류가 다양하고 그 기능 및 역할에 따라 송장의 표제도 서로 다르기 때문에 송장의 표제와 관련해서 당사자 간에 분쟁도 적지 않다. UCP는 송장표제의 수리요건에 관하여 규정하고 있지 않다. 그러나 ISBP는 Para. No.59(이하 제59문과 같이 역칭한다)에서 송장표제의 수리요건에 관해 자동수리인정 표제와 수리거절 표제로 구분하여 규정하고 있다.

신용장이 송장제시를 요구하면서 제시되어야 할 송장의 표제나 종류에 관한 특별한 약정이 신용장상에 없는 경우, 송장은 그 표제에 관계없이 제시된대로 수리된다. 단 견적송장[24] 또는 이와 유사한 표제가 기재된 송장은

24) 상업송장은 통상적으로 약정물품이 선적된 후 작성되는 선적송장인데 비해 견적송장은 매매계약조건의 절충이나 상담 중 작성되는 것으로서 가송장(假送狀)이라고도 한다. 다시 말해서 수출상이 거래를 유발·촉진하기 위한 수단으로 또는 수입허가나 외화배정 등을 받기 위한 수입상의 요청에 의해 수입상이 수입하기를 원하는 물품에 대해 시산적(試算的)으로 작성해 주게 된다. 이러한 견적송장은 외환사정이 좋지 않은 국가에서 주로 사용하고 있는데 수입상은 견적송장을 근거로 정부로부터 외화배정을 받게 되고 그 범위 내에서 수입이 가능하게 된다. 견적송장에 표시된 물품가격 등의 기재내용은 법적구속력(legal binding-force)이 없으며, 단지 수입상의 신용장발행을 위해 편의상 형식을 갖추어서 발행해 주는 말 그대로 가송장에 불과하다. 한편 견적송 장은 광석이나 원양에서 포획한 수산물이나 원목 등의 거래에서 볼 수 있는 바와 같이 예컨대 선적단계에서는 대금의 일정률을 우선 송장청구 가능하도록 하고 잔액은 목적지에서 품질이나 중량을 계측하고 그 결과에 따라 정산하는 거래에 이용되기도 한다.

신용장에 별도의 수권이 없는 한 수리되지 않는다. 송장, 세관송장, 세금송장, 최종송장, 영사송장 등은 표제에 관계없이 신용장요건에 충족되는 것으로 인정되어 자동 수리된다. 그러나 견적송장 또는 이와 유사한 표제가 기재된 송장은 기재되어 있는 내용이 확정된 정보가 아니므로 수리가능하다는 취지의 명시적 특약이 신용장에 없는 한 수리되지 않는다. 또한 송장에 기재된 표제 "Invoice"는 "Commercial Invoice"로 간주되므로 신용장에서 "Commercial Invoice"를 요구하였음에도 단지 "Invoice"로 기재된 표제의 서류도 수리된다.[25)]

이같은 사실은 다음과 같은 이유로 DOCDEX 사례[26)]에 의하여 지지되고 있다. 해바라기 종자를 수입하기 위해 Y사의 의뢰로 M사를 수익자로 하여 A은행이 발행한 UCP 조건부 취소불능 화환자유매입신용장 LC제123456호에는 "SIGNED COMMERCIAL INVOICE IN 3 COPIES INDICATING THE L/C NO. AND CONTRACT NO."라는 문언이 약정되어 있었다. 그런데 제시된 송장에는 신용장조건대로 "Commercial Invoice"로 표기되지 않고 단순히 "Invoice"로 표기되어 있었다. 송장을 심사한 DOCDEX 결정 피신청인(이하 피신청인이라 한다)은 송장표제의 불일치를 주장하면서 서류의 수리를 거절했다.

DOCDEX 전문가패널(이하 전문가패널이라 한다) 전원은 다음의 이유로 피신청인의 불일치 주장은 부당하다고 결정하였다. 신용장이 요구한 것은 신용장 번호와 계약서 번호가 기재된 서명된 송장 3부였다. 제시된 송장에는 "Invoice No. 369", "L/C number 123456", "Contract No. 123"이 기재되고 서명되어 있었다. 본 송장의 발행자도 신용장의 수익자인 M사이고 수취인 역시 신용장발행의뢰인인 Y사로 되어 있었다. 따라서 송장은 신용장의 조건을 충족시키며 UCP의 규정에도 부합되므로 송장에 "Commercial Invoice"라고 명시적으로 표기하지 않고 단순히 "Invoice"로 표기되었다는 사실만으로 해당 송장을 불일치한 것으로 볼 수 없다는 것이다.

그런데 "Commercial Invoice"를 요구한 신용장에서 "Invoice"란 표제의 서

25) ISBP Para.59(ICC Publication No.645).
26) ICC DOCDEX Decision No.227.

류도 수리된다는 본 DOCDEX 결정과 ISBP 제59문의 규정에 대하여 법원은 다른 견해를 가질 수도 있다. 신용장에 특정 서류의 명칭이 약정되어 있다면 약정된 표제의 서류가 제시되어야 함은 당연하다. 신용장에 "Commercial Invoice"로 약정되어 있다면 그 또한 "Invoice"가 아니라 "Commercial Invoice"란 표제의 서류만을 원한다는 당사자의 의사로 해석하는 것이 당연한 것일 수도 있다.

그러나 ISBP 제59문의 규정에 근거해 수입상이 수입국 사정에 의해 "Invoice"란 표제의 서류가 아니라 "Commercial Invoice"란 표제의 서류가 필요해서 신용장에 "Commercial Invoice"라고 약정한 경우, "Commercial Invoice"란 표제의 서류를 입수할 수 있는 보장이 없다면 이는 분명 잘못된 해석으로 볼 수 있기 때문에 분쟁의 여지가 있는 것으로 보인다. 사례별로 판단해야 할 사항이지만 본 DOCDEX 결정사례는 ISBP 제59문의 송장표제 정의규정의 일반적인 경우에 입각해서 신용장제도의 원활한 흐름을 위해 내린 전문가패널 결정이라 본다. 특수한 경우에 따라서는 전문가패널 결정이 다를 수도 있을 것이다.

② 송장 당사자 기재의 해석기준

a. 송장 발행자의 명의 및 주소

UCP에는 "신용장에 별도의 다른 약정이 없는 한, 송장은 본 규칙 제48조에 따라 신용장이 양도되는 경우를 제외하고 신용장에 지정되어 있는 수익자가 발행한 것으로 표기되어야 한다"고 규정되어 있고, ISBP 제60문에도 "송장은 그 문면상 신용장에 지정된 수익자에 의해 발행된 것으로 표기되어야 한다"고 규정되어 있다.

그러므로 송장에 표기된 수익자의 명의 및 주소는 신용장의 기재와 반드시 일치해야 한다는 것이다. 그런데 문제는 어느 정도로 일치해야 하는지가 문제이다. 이점에 대해 ISBP는 수익자의 명의나 주소 그 자체는 신용장의 기재와 동일해야 하지만, 그렇다고 해서 주소의 일부를 구성하는 텔렉스나 팩스번호 등까지 기재해야 할 필요는 없고, 기재하는 경우에도 신용장의 것과 반드시 동일해야 할 필요까지는 없다[27]는 것이다. 이는 텔렉스나 팩스번호 및 이메일주소 등은 어떤 이유로든 자주 바뀔 수도 있다는 현실적 측면을 감안할 때 타당한 것이라 할 수 있다.

법원의 판례도 신용장이나 서류상에 엄밀일치의 원칙을 확대적용 할 필요는 없다는 견해를 피력하고 있다.

DOCDEX 사례[28]도 이같은 입장이다. DOCDEX 결정 신청인(이하 신청인이라 한다)인 매입은행으로부터 서류를 접수한 발행은행은 서류심사 결과 "송장에는 수익자의 명의가 "Company K Ltd."로 표기되지 않고 "Limited"로 표기되었으며, 스탬프의 중앙에 표시되어 있는 "Company K"는 회사명으로 간주할 수 없다"는 이유로 하자통지(MT-799)를 하였다. 이에 대해 매입은행은 "송장에는 발행자의 명의가 분명하게 표기되어 있다. 즉 송장에 찍힌 스탬프는 수익자용 스탬프이고 스탬프의 중앙에는 수익자 명의의 일부인 "Company K"라는 표기가 있으며, 그리고 동 스탬프상의 "Limited"란 용어는 수익자가 법인으로 등록한 국가의 기업형태를 표시하는 것이므로 이는 신용장에서 말하는 "Ltd."란 용어와 의미상 동일한 것"이라고 반박하며 지급을 독촉하였다.

이에 대해 전문가패널은 다음과 같이 결정하였다. 문제된 송장에는 발행자인 수익자의 명의가 제대로 표기되어 있다. 송장에 찍혀 있는 타원형의 스탬프 중앙에는 "Company K"라는 문언이, 그 원주에는 "Limited"라는 문언이 나타나 있고, "Ltd."는 "Limited"의 약어이며, 이 같은 공인 약어를 사용하는 것은 서류의 하자사유에 해당되지 않으므로[29] 이는 하자가 아니다.

그리고 송장상 수익자의 주소기재에서 발생된 불일치는 그것이 서류취급에 중대한 영향을 미치지 않을 정도의 명백한 타이핑상의 오류는 하자로 보지 않는다[30]는 것이다. 예를 들어 수익자의 주소 중 "St. Blass"가 "St. Glass"로 잘못 표기되어 발행된 신용장의 경우에도 송장에서 이를 바르게 정정하여 "St. Blass"로 표기한 것은 주소의 다른 모

27) ISBP Para.60.
28) ICC DOCDEX Decision No.223.
29) ISBP Para.6.
30) ICC DOCDEX Decision No.205.

든 기재내용이 신용장의 것과 동일하게 기재되어 있는 이상 서류의 취급을 어렵게 만들지 않는 명백한 타이핑상의 실수로 볼 수 있으므로 하자가 될 수 없다.

뿐만 아니라 수익자의 주소 중 신용장의 기재인 "Industrial Park" 대신에 "Industrial Parl"로 AWB에 표기된 것은 실제로 "Industrial Parl"로 해독될 위험이 없는 명백한 오타로 볼 수 있으므로 하자로 간주되지 않으며, 또한 송장에 기재된 수익자의 주소 중 우편번호가 신용장에 기재되어 있는 "2056"대신에 "0256"으로 표기된 경우도 우편번호는 우편배달 용도로만 쓰일 뿐 송장 발행자에게는 영향을 미치지 못하므로 송장거절 이유가 될 수 없다.

또 다른 DOCDEX 사례[31]의 경우, "Bank I and C"가 "Company N"을 수익자로 하여 발행한 화환신용장에는 특히 "Draft at sight drawn on Bank I and C; Signed commercial invoice in 3 copies" 등과 같이 약정되어 있었다. 이에 따라 신청인(Company N)은 신용장대금을 지급받기 위해 제시은행을 통하여 약정서류를 피신청인(Bank I and C)에게 제시하였으나, 피신청인은 "COMMERCIAL INVOICE NOT SHOWING ORIGINAL; COMMERCIAL INVOICE SHOWING ISSUING BANK'S NAME DIFFER FROM L/C; BENEFICIARY'S TELEPHONE NO. IN INVOICE DIFFER FROM L/C"라는 이유를 들어 서류의 수리를 거절하였다. 이에 신청인은 제시된 송장은 신용장의 제 조건과 일치하므로 피신청인이 제기한 수리거절 이유는 부당하다고 주장하면서 지급을 촉구하였고, 피신청인 역시 동 거절통지는 UCP의 규정과 일치하게 이루어졌다고 주장하였다.

이에 대해 전문가패널은 다음과 같이 전원일치의 결정을 내렸다. 우선 신용장에는 "Signed commercial invoice in 3 copies"로 약정되어 있으므로 이때에는 적어도 원본 1부와 잔여통수의 사본이 제시되면 된다. 그런데 신청인이 제출한 송장은 신청인의 상호 등이 포함된 레터헤드가 인쇄되어 있는 용지에 작성되고 신청인의 수기서명이 있으므로 이

31) ICC DOCDEX Decision No.215.

들 서류는 분명 원본이며, 또한 신용장에는 송장에 "original" 표시를 요하는 별도의 단서조항도 없다. 따라서 송장에 원본표시가 누락되었기 때문에 하자라는 피신청인의 주장은 옳지 않다.

그리고 송장과 환어음에 기재된 발행은행의 명의가 신용장의 것과 다르다는 주장에 대해서도 신용장에는 신용장발행은행의 명의가 "Bank I and C, City F, City F Branch"; "Bank I and C, F City Branch;" "Bank I and C, F Branch"; "Bank I and C, F Br"와 같이 일관성 없게 기재되어 있고, 이러한 신용장에 의거 발행된 환어음은 "Bank I & C, Country C"로 작성되었으나 "and"와 "&" 간에는 의미상의 차이가 없으므로 하자가 아니며, 송장에는 발행은행의 명의가 "Bank I and C of Country C, F(F City Branch)"로 기술되어 있는 바 이는 신용장에 기술되어 있는 발행은행의 명의와 모순되는 점이 없으므로 하자가 아니라고 결정하였다.

또한 송장에 기재된 수익자의 전화번호가 신용장의 것과 상이하므로 하자라는 주장에 대해서 전문가패널은 신용장에 기재되어 있는 수익자의 전화번호는 예컨대 "123-4567-0335"이나 송장에는 "123-4567-0355"로 틀리게 기재되어 있지만, 이는 명백한 타이핑상의 오류이므로 하자가 아닌 것으로 결정하였다. 따라서 신청인인 수익자는 피신청인인 발행은행으로부터 신용장대금을 지급받을 권리가 있는 것으로 결정하였다.

한편 ICC 은행위원회의 유권해석에 의하면 신용장에 수익자의 명의가 "Company T"로 기재되어 있는 경우, T사와 동일그룹소속의 계열사인 "ABC Division"이라는 명의로 발행된 송장은 불일치로 간주된다는 것이다. 왜냐하면 "신용장이 양도된 경우를 제외하고 그리고 신용장에 다른 규정이 없는 한, 송장은 신용장에 지정되어 있는 수익자가 발행한 것으로 문면상 기재되어야 된다"는 UCP의 규정에 의하여 "ABC Division"이란 명의로 발행된 송장의 거절은 정당화될 수 있기 때문이다. 또한 송장은 지정된 수익자와 동일그룹 소속의 계열사에 의하여 발행될 수도 있음을 명시한 화환신용장은 된다는 규정은 없다. 그리고 "신용장에 다른 규정이 없는 한"이라는 단서규정에 주목할 필요가 있다. 따라서 화환신용장에서 제시되어야 될 서류의 종류나 그 발행자 및 기재내용을 분명히 해야 할 책임은 수익자측에 있다고 할 수 있다.

b. 송장 피발행자의 명의 및 주소

신용장에 별도의 다른 규정이 없는 한, 송장은 신용장의 발행의뢰인 앞으로 작성되어야 된다. 이처럼 송장 피발행자는 신용장 발행의뢰인이 된다. 이때에도 송장에 표기된 발행의뢰인의 명의 및 주소는 신용장의 것과 동일하여야만 동일인임이 확인될 수 있기 때문이다. 다만 앞의 경우와 같이 텔렉스나 팩스번호 등은 기재할 필요가 없으며, 기재된 경우에도 신용장의 것과 반드시 동일하지 않아도 된다.[32] 예를 들어 송장에 기재된 수익자나 발행의뢰인의 텔렉스 및 팩스번호가 신용장의 것과 다르거나, 이들 기재가 누락되어 있거나, 또는 이메일주소의 추가기재 등은 불일치로 간주되지 않는다. 그러나 ICC 은행위원회의 유권해석에 따르면, 신용장발행의뢰인의 명의 및 주소가 “Company F, CZ Strasse 2, City A”로 기재된 신용장에서 제시된 송장을 포함한 모든 서류에는 “Company F, CZ Strasse 15, City A, Country D”로 기재된 경우, 15와 실제 국명(발행의뢰인의 소재지국은 G국임)이 다르므로 하자로 취급될 수 있다는 것이다.

c. 송하인·수하인의 명의 및 주소

UCP는 물론 ISBP 역시 송하인·수하인의 명의 및 주소의 기재에 관하여는 아무런 언급이 없다. 그러나 본 기재 역시 앞에서 고찰한 송장의 발행자나 피발행자의 명의 및 주소기재의 원칙이 준용될 것이다. 이와 직접 관련된 DOCDEX 사례는 없다. 그러나 ICC 은행위원회의 유권해석에 의하면 송하인의 명의가 신용장에는 “X NATIVE PRODUCE, AND ANIMAL BY PRODUCTS IMPORT AND EXPORT CORPORATION, COUNTRY A”로 약정되어 있으나 송장에는 “X NATIONAL NATIVE PRODUCE, AND ANIMAL BY PRODUCTS IMPORT AND EXPORT CORPORATION, COUNTRY A”로 기재된 경우, 신용장에는 없는 “NATIONAL”이 “X”와 “NATIVE”사이에 추기된 송장은 하자로 간주된다는 것이다. 왜냐하면 모든 서류의 기재내용은

32) ISBP Para.61.

신용장 및 UCP의 규정과 일치해야 함에도 문제의 송장은 신용장조건과 일치하게 발행되지 않았으며, 그 결과 UCP의 규정에 따라 서류가 신용장의 조건과 문면상 불일치할 경우 은행은 해당 서류의 수리를 거절할 수 있기 때문이다.

반면에 수익자나 수하인의 상호 중 일부가 "Limited"로 표기된 신용장에서 이를 "Ltd"로 표기하는 것은 하자가 아니지만, 그러나 "Ltd"란 의미를 갖는 취지의 문언이 아예 누락되면 하자로 간주된다. 뿐만 아니라 AWB에 기재된 수하인의 이름 중 성이 "Chan"대신에 "Chai"로 잘못 표기된 경우, 이는 동일한 주소지에 "Chai"라는 성을 가진 다른 사람이 있을 수도 있으므로 하자로 본다는 것이다.

(2) 송장 물품명세기재 관련사례

① 신용장에 없는 정보가 추기된 물품명세의 해석기준

송장을 제외한 기타 모든 서류에서 물품은 신용장의 물품명세와 모순되지 않는 일반용어로 기술될 수 있으나 송장에 기술되는 물품의 명세는 신용장의 명세와 반드시 일치해야 된다. 신용장의 독립·추상성에 의하여 대금결제는 실제 상품과는 관계없이 이루어지므로 송장상의 물품명세는 정확해야 된다는 판례가 많다. 그렇다고 해서 송장에 기술되는 물품명세의 경우에도 거울에 비쳐진 형상같이 엄밀일치할 것을 요구하는 것은 아니다. 물품의 명세가 마치 거울에 비쳐진 형상처럼 엄밀일치할 것을 요구하는 명시적 규정은 UCP 500은 물론 다른 어디에도 없다. 그러므로 신용장의 물품명세에는 없는 용어가 송장의 명세에 추기되어 있다고 하더라도 그것이 해당 물품의 본질을 변화시키거나 다른 중대한 영향을 미치지 않는다면 단순히 그러한 사실만으로 하자가 될 수 없다.

이러한 사실은 DOCDEX 사례[33]에서도 견지되고 있다. 동일 당사자간 UCP 500 적용조건부로 피신청인이 발행한 3건의 자유매입신용장에 의거 서류를 매입한 신청인은 이를 2003년 1월 10일, 14일, 17일에 각각 피신청인에게 송부하였고, 피신청인은 특히 그 중 2건의 신용장서류에 대하여

33) ICC DOCDEX Decision No.231.

"INVOICE(S) SHOWING DIFFERENT GOODS DESCRIPTION FROM L/C"라는 이유를 들어 지급을 거절하였다.

첫번째 SWIFT 신용장에는 물품의 명세가 "4,704 PCS OF ELECTRONIC PRODUCTS COMPRISING VGA CHIP 08/0487/08 AT USD 35.00/PC AS PER CONTRACT NO. XYZ1234"로 기술되어 있었으나 제시된 송장상의 물품명세에는 "DIGITAL"이라는 단어와 "08/0497/09"라는 번호가 추가로 기재되어 있었다. 두 번째 SWIFT 신용장에는 물품의 명세가 "6,480 PCS OF ELECTRONIC PRODUCTS COMPRISING K9K1G08U M-YCBO (COMPANY S) AT USD 27.50/PC AS PER CONTRACT NO. JKL6789"로 기술되어 있었으나 제시된 송장상의 물품명세에는 "SM-J47824"가 추기되어 있었다. 이들 두 송장상의 다른 명세는 신용장의 것과 동일하게 기술되어 있었다.

전문가패널은 다음과 같은 이유에서 두 건의 송장명세에 대하여 하자없음을 결정하였다. 물품의 명세에 "DIGITAL"이 추가되었다고 해서 선적된 물품의 본질이 바뀌는 것은 아니다. 따라서 이는 하자가 아니다. 그리고 "08/0497/09"라는 번호가 추가된 것 역시 하자로 간주될 수 없다. 이는 단지 일련번호일 수 있다. 또한"SM-J47824"가 추기된 것 역시 하자로 간주될 수 없다. 이 역시 단순한 일련번호일 수 있다. 이처럼 본건 송장의 물품명세에 추기된 용어들도 어느 것 하나 선적된 물품의 본질을 변화시키지 못한다는 것이다. 그리고 신용장에 의거 제시되는 대부분의 송장에는 형식번호나 일련번호는 물론 간단명료해야 할 신용장의 물품명세에 언급되지 아니한 정보가 추가·기재될 수 있으며 실무상 그런 예도 적지 않다.

또 다른 DOCDEX 사례[34]에서 신청인은 피신청인이 발행한 3건의 신용장에 의거 각각 한 세트씩의 서류를 피신청인에게 제시하였고, 피신청인은 신용장 명세에는 없는 문언이 송장상의 물품명세에 추기되어 있음을 주장하면서 이들 3세트의 서류 모두를 수리거절 하였다.

첫번째 SWIFT 신용장(MT-700 45A)에 기술되어 있는 물품의 명세는 다음과 같다: "1,176 PCS OF DIGITAL PRODUCTS COMPRISING VGA CHIP 08/0487/08 AT USD35.00/PC, 2,160 PCS OF DIGITAL PRODUCTS COMPRISING

34) ICC DOCDEX Decision No.228.

K9K1GO8UM-YCBO (Company S) AT USD27.50/PC AS PER CONTRACT NO. ABC1234". 동 신용장하에서 제시된 송장에는 물품의 명세가 "DIGITAL ELECTRONIC PRODUCTS COMPRISING AS PER CONTRACT NO. ABC1234 VGA CHIP 08/0487/08 (Company P) 1,176 PCS AT USD35/PC 08/0497/09 K9K1GO8UM-YCBO (Company S) 2,160PCS AT USD27.5/PC 0578-97"와 같이 기술되어 있었다.

두번째 SWIFT 신용장(MT-700 45A)에는 물품의 명세가 "4,600 PCS OF DIGITAL PRODUCTS COMPRISING K9K1G08U M-YCBO (Company S) AT USD27.50/PC, AS PER CONTRACT NO. ABC1234"와 같이 기술되어 있었고, 그에 기하여 제시된 송장에는 "DIGITAL ELECTRONIC PRODUCTS COMPRISING AS PER CONTRACT NO. ABC1234 K9K1GO8UM-YCBO (Company S) 4,600PCS AT USD27.5/PC 0578-97"와 같이 물품의 명세가 기술되어 있었다.

세번째 SWIFT 신용장(MT-700 45A)에는 "5,076 PCS OF ELECTRONIC PRODUCTS COMPRISING K9K1G08UM-YCBO (Company S) AT USD27.50/PC AS PER CONTRACT NO. XYZ4567"로 물품의 명세가 기술되어 있음에 비하여, 제시된 송장에는 물품의 명세가 "BILINGUAL ELECTRONIC PRODUCTS COMPRISING AS PER CONTRACT NO. XYZ4567 K9K1GO8UM-YCBO (Company S) 5,076PCS AT USD 27.5/PC 0578-97"로 기술되어 있었다.

피신청인이 서류의 수리거절 통지서에서 각각 주장한 거절사유는 첫 번째 신용장의 경우는 "INVOICE SHOWING DIFFERENT MERCHANDISE DESCRIPTION FROM STATED IN L/C"이고, 두 번째 신용장의 경우는 "DESCRIPTION OF MERCHANDISE ON INVOICE NOT SAME AS ON L/C"이며, 세 번째 신용장의 경우에는 "DESCRIPTION OF MERCHANDISE DIFFERENT FROM L/C STIPULATED"이었다.

문제된 3건의 송장상의 물품명세에도 신용장 명세에는 없는 추가문언이 각각 포함되어 있었다. 첫 번째의 경우에는 "ELECTRONIC," "Company P" 및 "0578-97"이라는 문언이, 두 번째의 경우에는 "ELECTRONIC"과 "0578-97"이라는 문언이, 세 번째의 경우에는 "BILINGUAL"과 "0578-97"이라는 문언이 각각 추기되어 있었다.

전문가패널은 다음과 같은 이유로 3건의 송장 모두에 대하여 하자가 없다는 전원일치의 결정을 내렸다. UCP에 의하면 송장상의 물품의 명세는 신용장의 명세와 엄밀일치하게 기술되지 않으면 안되는 것으로 해석된다. 그러나 엄밀일치하게 기술되어야 된다고 해서 거울에 비쳐진 형상처럼 완전히 똑같을 것을 요구하는 것은 아니다.

따라서 본 건의 경우에서와 같이 신용장명세에는 없는 몇 가지 추가정보가 송장상의 물품명세에 추기되어 있다는 이유만으로 송장의 수리를 거절하는 것은 국제표준은행관행이 아니라고 결정하였다.

이상과 같은 DOCDEX 결정내용은 ICC 은행위원회의 유권해석은 물론 ICC 간행물 제645호인 ISBP 제62문에 의해서도 지지되고 있다. 신용장에는 물품의 명세가 "SINGLE CORE COPPER CONDUCTOR PVC INSULATED CABLE 450-750 VOLTS TO BS6004.1975"로 기술되어 있었으나, 제시된 송장에는 "SINGLE CORE COPPER CONDUCTOR PVC INSULATED CABLE 450/750 VOLTS TO BS 6004/1975-EUROCAB BRAND ON REELS EACH 85 YARDS"로 기술되어 있었다. 확인은행은 신용장에 없는 문언(EUROCAB BRAND ON REELS EACH 85 YARDS)이 송장상의 물품명세에 추가되어 있다는 이유를 들어 서류의 수리를 거절하였다.

이에 대해 UCP 500 제37조 제(c)항은 송장에 기술되는 물품의 명세는 신용장의 것과 반드시 일치할 것을 요구하고 있다. 그러나 신용장에 기술된 명세와 똑같거나 신용장에 기술된 명세대로만 기술되어야 된다는 제한요건은 없다. 그리고 물품명세에 추가된 문언[35]은 물품의 본질을 변화시키지 못하므로 하자로 볼 수 없다는 것이다.

뿐만 아니라 물품의 명세가 "PRODUCTS OF CONSUMER ELECTRONIC, ELECTRONIC COMPONENTS"로 기술된 신용장에서 제시된 송장에는 "PRODUCTS OF CONSUMER ELECTRONIC, ELECTRONIC COMPONENTS: RADIO, TV"로, B/L에는 "RADIO, TV"로 기술된 경우에도 위와 유사한 이유로 하자가 아니라는 것이다. 특히 B/L은 신용장의 명세와 모순되지 않는 일반용어

---

35) 이에 비해 물품명세에 관한 신용장상의 추가정보(additional information)를 송장에서 누락시키는 것은 하자로 취급될 여지가 보다 높다.

로 기술될 수 있고, 본건 송장과도 모순되지 않기 때문이다.

물품의 명세가 "A.B.C."로 기술되어 있는 신용장에서 제시된 송장에는 "XYZ (A.B.C.)로" 기술되어 있는 경우도 일치한 것으로 본다. "XYZ"는 물품의 기술적/화학적 성분을 표시한 것이고 UCP 500 제37조 제(c)항에 따르면 송장에는 신용장의 것과 일치하는 물품의 명세가 포함되어야 된다. 물품의 명세가 송장의 어디에 어떻게 기재되어야 되는지의 여부에 관한 약정이 신용장에 없다. 다만 ISBP 제62문에 의하면 물품의 명세는 거울에 비쳐진 형상 같을 필요는 없으며, 경우에 따라 송장상의 여러 곳에 분산표기 될 수 있다. 본건 송장에는 우선 물품의 구성성분인 "XYZ"의 표시에 이어 바로 그 뒤에 신용장에 규정된 물품의 명세인 "A.B.C."가 기재되어 있기 때문이다.

한편 물품의 명세가 신용장에는 "IRON ORE CONCENTRATE"로 기술되어 있었고 제시된 송장에는 신용장의 것과 일치하게 기술되었으나 보험증권에는 "KOOLYANOBBING LUMP IRON ORE"로 기술되어 있었다. 발행은행은 "Description of goods shown on insurance policy is not consistent with other documents"라는 이유를 들어 서류의 수리를 거절하였다. 매입은행은 "KOOLYANOBBING"은 브랜드명이고, 보험증권에는 "IRON ORE"라는 일반명세가 기재되어 있는 동일한 형태의 물품이라고 주장하였다.

이에 대해 발행은행은 "LUMP"는 "CONCENTRATE"와 다른 의미를 가진 용어이므로 이들 두 명세는 서로 다른 형태의 "IRON ORE"를 기술하고 있다고 반박하였다. 이 경우 보험증권에 기재되는 물품의 명세는 송장의 경우와는 달리 신용장의 명세와 모순되지 않는 일반용어로 기술될 수는 있다. 그러나 은행에게 물품의 종류, 형태, 특성 및 브랜드에 이르기까지 전문가적 소양을 갖추도록 기대하거나 요구할 수는 없다. 따라서 신용장의 명세에 없는 "KOOLYANOBBING LUMP"가 추기된 보험증권의 명세는 송장에도 이러한 명세가 기재되지 않는한, 수리거절의 원인이 된다.

② 신용장에 기재된 정보가 누락된 물품명세의 해석기준

DOCDEX 사례[36]에 의하면 신용장의 물품명세에 기술되어 있는 용어 중

36) ICC DOCDEX Decision No.229.

일부가 송장상의 물품명세에서 누락되는 경우에는 누락된 명세의 중요도에 따라 하자여부가 결정된다는 것이다. 신청인의 국가에서 2001년 9월 5일까지 유효한 조건으로 발행된 화환신용장에는 물품의 명세가 다음과 같이 기술되어 있었다. "DESCRIPTION OF GOODS; PRIME COLD ROLLED STEEL SHEET IN COILS; SIZE(MM) / QUANTITY(MT); 0.90 X 1250 X C / 2500; 1.10 X 1250 X C / 300; 1.50 X 1250 X C / 200; TOTAL: 3000"

신청인인 통지은행은 발행은행의 확인수권이 없었음에도 수익자에게 신용장을 확인·통지하였다. 그런데 문제는 동 8월 31일 피신청인인 발행은행은 거절증서에 이어 송장상의 명세에 물품의 용적단위인 "MM"이 누락되어 있다는 이유로 서류의 수리를 거절하였다. 동 거절통지를 접한 신청인은 9월 4일 누락된 용적단위 "MM"이 포함된 정정본 송장을 대체용으로 피신청인에게 송부하였다. 이 경우 쟁점은 "MM"이 누락된 것은 하자인가 그리고 대체용으로 제시된 정정본 송장은 유효한가라는 점이다.

본 건에서 전문가패널이 내린 만장일치의 결정은 신용장에 기술되어 있는 물품명세 중 용적단위가 송장명세에서 누락되었다고 하더라도 제출된 송장의 명세가 피신청인이 발행한 신용장의 제조건 및 UCP의 관련규정에 부합되기 때문에 하자로 볼 수 없으며, 대체용으로 제시된 정정송장 역시 유효하다는 것이다. 송장의 물품명세는 신용장의 명세와 반드시 일치해야 되지만 거울에 비쳐진 형상처럼 엄밀일치하게 기재할 것을 요구하는 것이 아니므로[37] UCP 500 제37조 제(c)항의 규정과 문면상 일치한 것으로 판단되기 때문이다. 실제로 송장에는 신용장의 물품명세에서 요구하는 용적명세가 "SIZE: 0.90 X 1250 X C, 1.10 X 1250 X C, 1.50 X 1250 X C"와 같이 정확하게 표기되어 있다. 그러므로 단순히 표면상의 표제에 "MM"이 누락되었다고 해서 신용장의 것과 다른 물품이 선적되었다고 다툴 정도의 충분한 이유가 되지 못한다는 것이다. 따라서 "MM"이 누락된 것은 하자가 아니다.

그리고 이상과 같이 처음 제시된 송장은 해당 신용장의 요건 및 UCP 관련조항과 일치하므로 송장의 정정본(MM이 표기된)은 처음부터 필요하지 않았다는 것이 전문가패널의 일치된 견해였다. 더욱 중요한 사실은 대체용

37) ISBP Para.62.

으로 제시된 정정본 송장 역시 신용장의 요건과 UCP 관련규정을 충족시키고 있다는 점이다. 당초의 송장에서 누락되었던 “MM”이 기재되어 있는 정정본 송장은 신용장의 유효기일 전에 신청인에게 제시되었으며, 피신청인에게도 신용장 유효기일의 종료일 하루 전인 동 9월 4일에 송부되었기 때문이다.

이상의 DOCDEX 결정내용 역시 ICC 은행위원회의 유권해석에 의하여 지지되고 있다. 예컨대 신용장에는 물품의 명세가 “CLOCK MOVEMENT; ‘O.K.’ BRAND QUARTZ CLOCK MOVEMENT WITH SWITCH”로 기술되어 있었으나, 제시된 송장(B/L · P/L 포함)에는 “‘O.K.’ BRAND QUARTZ CLOCK MOVEMENT WITH SWITCH”로 기술되어 있었다. 이 경우 신용장의 명세에는 물품명이 두 번이나 반복 기재되어 있고, 제시된 송장과 다른 서류에는 일반표제인 “CLOCK MOVEMENT” 가 생략되어 있으나 그보다 더 자세한 물품명세가 신용장의 것과 완전일치하게 기술되어 있기 때문에 송장(B/L · P/L 포함)에서 “CLOCK MOVEMENT”가 누락된 것은 하자로 간주되지 않는다.

③ 신용장의 기재와 상이한 물품명세의 해석기준

Demiminis Rule이 적용될 수 있는 정도의 사소한 하자는 하자로 볼 것이 아니라 엄밀일치한 것으로 보아야 한다[38]는 것이다. 이는 법원의 판례에서도 타당성이 인정되고 있다. 다만 신용장거래는 서류거래라는 특성을 감안할 때, Demiminis Rule이 하자서류에 대해 확대적용 되어서는 안 될 것이며, 그 적용에 있어서도 축소지향적으로 해석되고 적용되어야만 또 다른 분쟁의 소지를 줄이고 신용장 본래의 기능이 제대로 발휘될 수 있다고 본다.

DOCDEX 사례[39]에서 전문가패널이 만장일치로 내린 결정에 따르면 신용장에 물품명세가 “MEN'S PANT”로 그리고 수량명세가 “21,000 PCS”로 기술되어 있는 경우, 송장에 “MEN'S PANT” 또는 “21,000 PCS of MEN'S PANT”와 같이 기재된 물품명세는 신용장의 명세와 일치한다는 것이다.

그런데 신용장에는 물품명세의 일부로 “RAYGN”이라 기재되어 있었으나

38) 우성구, “신용장거래에 있어서 엄밀일치 및 상당일치의 원칙에 관한 영·미 판례 연구,” 「국제상학」, 제12권 제1호, 한국국제상학회, 1997, p.149.
39) ICC DOCDEX Decision No.203.

제시된 서류에는 "RAYON"으로 기재되었다. 원래는 "RAYON"으로 신용장이 발행되어야 했음에도 이 오타를 바로잡기 위한 조건변경조치는 취해지지 않았다. 결국 발행은행은 "DOCUMENTS SHOWING 'RAYGN' I/O 'RAYON'" 이라는 이유를 들어 서류의 수리를 거절하였는데, 이 경우 은행은 오타를 문제삼지 않을 수도 있지만 반드시 수리해야 할 의무 또한 은행측에 없으므로 거절이유가 될 수 있다는 것이다.

(3) 거래조건 및 기타 송장 기재사항의 해석기준

① 송장상 거래조건 기재의 해석기준

거래조건이 물품명세의 일부로 신용장에 표기되어 있는 경우, 금액과 관련하여 표기되어 있는 경우의 거래조건은 송장에도 표기되어야 되고 또한 동 명세에 거래조건의 근거가 제시되어 있으면 동일한 근거가 기재되어야 된다. 거래조건이 합의되어 있음에도 거래조건이 송장에 기재되어 있지 않거나, 신용장에 "CIF Singapore Incoterms 2000"으로 기재된 경우 송장에 "CIF Singapore Incoterms"로 기재된 것은 하자로 본다.[40)]

이러한 사실은 DOCDEX 사례[41)]에서도 견지되고 있다. 거래조건은 물품명세의 일부로 취급되어야 하므로 거래조건이 신용장의 것과 다르게 기재된 것은 하자이나 정당하게 정정되어 대체된 송장은 하자로 간주되지 않는다는 것이다. 피신청인이 발행하고 신청인이 확인한 화환신용장 MT-700 45A(물품 및/또는 서비스의 명세)에는 "EX-WORKS U.S.A."라는 거래조건이 포함되어 있었으나, 그 후에 "EX-WORKS"로 조건변경 되었다. 제시된 송장에는 가격과 관련하여 "EX-WARE HOUSE MERSIN FREE ZONE"으로 표기되어 있었는데, 피신청인은"EX-WORKS"와 다르다는 이유로 거절하였다. 즉시 송장은 다른 것으로 대체되었으며 대체된 송장에는 "EX-WORKS MERSIN FREE ZONE-TURKEY"라고 표기되어 있었으나 대체된 송장 역시 동일한 이유로 수리거절 되었다.

그렇다면 SWIFT로 발행된 화환신용장 MT-700 45A(물품 및/또는 서비스

40) ISBP Para.65.
41) ICC DOCDEX Decision No.208.

의 명세)에 "EX-WORKS"라고만 표기되어 있는 경우, "EX-WARE HOUSE MERSIN FREE ZONE"을 "EX-WORKS MERSIN FREE ZONE-TURKEY"로 정정 표기된 송장의 명세는 동 신용장의 조건과 일치하는 것으로 볼 수 있는가 하는 것이다.

"EX-WORKS U.S.A."라는 거래조건이 최초의 신용장 MT-700 45A에 표기되어 있는 경우에는 "송장상의 물품의 명세는 신용장상의 명세와 일치하여야 한다"는 UCP 500 제37조 제(c)항이 적용되는 물품명세의 일부로 취급되어야 한다.[42] 그리고 "EX-WORKS U.S.A."는 견적된 가격이 미국 내의 조달 가능한 지정장소에서 매수인의 임의처분상태로 약정물품을 제공할 때까지의 것임을 의미한다.

한편 전문가패널은 "EX-WORKS"로 기술되어 있는 조건변경 신용장에서 "EX-WARE HOUSE MERSIN FREE ZONE"으로 표기한 송장은 불일치한 것으로 판단되지만 대체된 송장에 "EX-WORKS MERSIN FREE ZONE-TURKEY"와 같이 표기한 것은 불일치로 판단되지 않는다고 피신청인에게 만기에 지급할 것을 만장일치로 결정하였다.

이같은 사실은 ICC 은행위원회의 유권해석과도 일치된다. SWIFT 신용장 MT-700 45A 후미에 "CFR Vancouver, WA, USA Port"라는 거래조건이 기재되어 있고 제시된 송장에는 거래조건이 "CFR Vancouver, WA"로 기재되어 있었으나, 발행은행은 송장에 기재된 거래조건이 신용장의 것과 일치하지 않다는 이유로 지급을 거절하였다. 이 경우 45A에 기재된 "CFR Vancouver, WA, USA Port"라는 거래조건은 물품명세의 일부인가? 그렇다면 신용장의 기재와 엄밀일치해야 하는가? 이점에 대해 UCP는 "송장에 기술되는 물품의 명세는 신용장의 명세와 일치하여야 한다"고 규정하고 있을 뿐 거래조건이 물품명세의 일부인지의 여부에 대해서는 언급하지 않고 있다.

그러나 신용장에서 INCOTERMS에 규정된 정형무역거래조건을 선택하는 것만으로 당사자는 이미 거래조건을 물품명세의 일부로 간주하겠다는 취지의 합의를 한 것으로 보아야 한다. 따라서 거래조건은 송장에 기재되어야 되는 요건으로 취급되고 있다. 그런데 엄밀일치성의 요건에 대한 명백한 기

42) ICC Publication No.469, Case R.166.

준은 없다. 다만 본건에서는 신용장 "CFR Vancouver, WA"에 이어 "USA Port"를 추기한 것은 어떤 다른 곳의 밴쿠버와 구별하기 위한 의도로 보인다. 그러나 "WA"를 포함시키는 것만으로도 미국의 Vancouver를 의미하는 것으로 차별화되므로 정형무역거래조건에 "USA Port"라는 문언까지 포함시키는 것은 불필요한 기재인 것으로 판단된다. 따라서 이는 하자가 아니다.

신용장에는 물품명세의 일부로 "FOB SHIMONOSEKI"로 기재되어 있으나 제시된 송장에는 "FOB JAPAN"으로 기재되어 있는 경우 신용장이 요구한 특정항구가 아니므로 하자라는 주장도 있으나, "Shimonoseki"는 일본에 있는 항구이며 세트로 함께 제시된 B/L에는 "Shimonoseki, Japan"으로 표기되어 있는 것으로 볼 때 실제 "Shimonoseki"에서 선적된 사실이 확인되므로 송장에 기재된 거래조건인 "FOB JAPAN"은 하자로 간주되지 않는다는 것이 ICC 은행위원회 전문가그룹의 다수의견이다. 선적항이 "Singapore"로 기재되어 있는 신용장에서 "Singapore CY"는 "Singapore"와 동일장소로 간주되고 있다.

거래조건이 물품명세의 일부로 신용장에 기술되어 있거나 또는 금액과 관련하여 표기되어 있는 경우, 동 조건은 송장에도 기술되어야 된다.[43] 일반적으로 "FOB Shanghai"와 같은 거래조건은 물품명세의 난에 기재되며 물품명세의 일부로 간주된다. 그런데 본건에서 위치상 물품명세에 이어 총액이 기재된 "Covering"난의 다음 줄에 "FOB Shanghai"가 기재되어 있어서 물품명세의 일부가 아닌 선적 등 다른 조건으로 고려될 여지도 없지는 않다. 그러나 무역당사자는 거래조건을 신용장에 명기하는 그 자체로 이를 합의한 것이 되므로 당사자는 주요 계약조건의 일부인 이들 조건에 구속된다. 이점은 거래조건이 신용장에서 물품명세의 일부로 규정되어 있느냐 아니냐의 문제와는 관계없이 인정되는 사실이므로 "FOB Shanghai"란 문언은 송장에 기재되어야 되는 요건으로 간주된다. 따라서 제시당시 문제의 송장에는 거래조건인 "FOB Shanghai"란 기재가 누락되어 있었으므로 불일치로 간주될 수 있다.

43) ISBP Para.65.

② 송장상 수량 및 금액기재의 해석기준

송장에 기재된 물품의 수량, 중량 및 용적은 다른 서류에 기재된 것과 모순되지 않아야 되지만[44], 신용장에서 허용된 수량과부족이 반영되지 아니한 송장기재는 하자로 보지 않는다.

DOCDEX 사례[45]에서 SWIFT 신용장 MT-700의 32B에는 신용장금액이 "USD 4,997,300 ONLY"로, 45A에는 물품의 명세가 "24,200 METRIC TONS BRAZILIAN ORIGIN LOW PROTEIN SOYBEAN MEAL"로, 47A에는 특별지시사항이 "5 PER CENT MORE OR LESS BOTH IN QUANTITY AND CREDIT AMOUNT ALLOWED"로, 46A에는 여러 요구서류 중 "SIX SETS OF MANUALLY SIGNED ORIGINAL COMMERCIAL INVOICES FOR EACH SET OF BILLS OF LADING INDICATING THIS DC NUMBER AND CONTRACT NO"로 각각 약정되어 있었다. 수익자 C사는 "12345A, 678910B, 111213C, 141516D, 및 171819E"로 각각 그 번호가 표기된 송장 5부를 제시하였다. 각 송장의 상단부에는 "DC quantity 24,000 Metric Tons(5 per cent more or less)"라는 기재가, 그리고 하단부에는 각 선하증권별 실제 선적수량이 기재되어 있었다.

이를 심사한 피신청인(발행은행)은 "INVOICES SHOWING DC QUANTITY DIFFER(24,000 METRIC TONS SHOWN INSTEAD OF 24,200 METRIC TONS AS INDICATED IN L/C)"라는 이유를 들어 매입은행의 상환청구를 거절함과 동시에 서류의 인수를 거절하였다. 이에 대해 신청인(수익자인 C사)은 실제로 선적된 수량이 신용장의 것과 일치하기 때문에 수량이 "24,200 M/T"이 아니라 "24,000 M/T"로 송장에 표기된 것은 하자사유에 해당되지 않는 오타에 해당되며, 그리고 총 송장수량(총 선적수량)은 25,410 M/T이며 이는 신용장에 규정된 +5%에 해당되는 수량이라고 주장하였다.

전문가패널전원은 다음의 이유로 본건 기재는 하자사유가 되지 않는다고 결정하였다. 각 송장에표기된 "DC quantity: 24,000 Metric Tons (5 per cent more or less)" 문언은 신용장에 규정된 수량의 참조문언으로 표기된 것일 뿐

44) ISBP Para.67.

45) ICC DOCDEX Decision No.206.

실제 선적수량은 아니다. 실제 선적수량은 각 송장에 분명하게 기재되어 있으며, 5부의 송장에 각각 기재된 실제 선적수량의 합계(25,410 M/T)는 신용장에 기재된 수량(24,200 M/T)의 +5%에 해당하는 수량과 일치되는 수량이다. 따라서 수량 24,200 M/T이 24,000 M/T로 잘못 기재된 것임을 쉽게 알 수 있다. 이 같은 타이핑상의 오류는 실제선적수량에 영향을 미치지 않음은 물론 UCP 500 제13조 제(a)항의 규정에도 반하지 않는다.

다른 DOCDEX 사례[46]에 의하면 송장에 표기된 단가(표기된 경우) 및 통화의 종류는 신용장의 것과 일치해야 되나[47], 별도의 단서조항이 없는 한 신용장에 허용된 과부족문언에 수익자는 구속되지 않는다는 것이다. 신용장에는 신용장금액이 "ABOUT USD 2,020,000 ONLY"로 약정되어 있었고, 동 신용장에 의거해 제시된 송장에는 "Total Credit Amount: USD 2,020,000 only"와 같이 금액이 표기되어 있었다. 매입은행으로부터 동 서류를 제시받은 발행은행은 송장상의 청구금액에는 신용장이 허용한 10%의 과부족이 전혀 반영되지 않았다면서 지급을 거절하였고, 매입은행은 송장에 기재된 청구금액은 신용장의 금액과 동일하므로 하자가 아니라고 반박하였다.

본건에서 송장금액이 신용장금액과 같은 것은 하자가 아니다. 과부족이 허용된 경우에도 과부족이 반드시 반영되지 않으면 안된다는 취지의 단서조항이 신용장에 명기되어 있지 않는 한 수익자는 과부족 허용조건에 반드시 구속되는 것은 아니기 때문이다. 이 신용장에는 그러한 별도의 단서조항이 없다. 따라서 송장에 과부족 허용금액이 전혀 반영되지 않은 것이 하자라는 주장은 옳지 못하다.

2) 선하증권 관련 사례

(1) 신용장의 기재와 다른 물품명세의 해석기준

신용장거래에서 가장 빈번하게 이용되는 운송증권은 선하증권(이하 B/L이라 칭함)이다. 상법에서는 "B/L은 물품의 표창"이라고 규정하고 있다. B/L

46) ICC DOCDEX Decision No.223.
47) ISBP Para.64.

은 권리증권이고 이의 소지인은 거기에 표창된 물품을 점유하게 되므로 B/L에 기술된 물품의 명세는 신용장의 것과 일치하여야 된다. B/L에 기술된 물품의 명세가 신용장에서 요구하는 명세와 다르면 하자라는 것이 전문가패널의 일치된 결정[48]이다.

피신청인(Bank F, Country Z)이 발행한 신용장에는 물품명세가 "GOODS ACCORDING TO PROFORMA INVOICE A AND B"로 기술되어 있었으나, 선하증권에는 "MEDICAL PRODUCTS ONLY"로 물품의 명세를 표시하도록 신용장은 요구하고 있었다. 그런데 실제로 제시된 B/L에는 물품의 명세가 "Medical Products only"가 아니라 신용장의 기재와 동일한 "goods according to pro-forma invoice A and B"로 기술되어 있었다. 이는 신용장조건에 반하므로 B/L은 거절될 수 있다는 것이다.

그런데 상업송장의 경우와는 달리 B/L에 기술되는 물품의 명세는 신용장의 것과 모순되지 않는 일반용어로 기술할 수 있다.

이러한 사실은 DOCDEX 사례에 의해서도 지지되고 있는 사실이다. B/L에 기재된 물품의 명세가 신용장의 명세와 다르다(Description of goods in the Bill of Lading should be: "Outer Assy Primary Clutch" i/o"Outer Asst Primary Clutoh")는 이유로 본건 피신청인이 지급을 거절한 DOCDEX 사례[49]에서 신청인은 피신청인이 주장한 하자는 유효하지 않다고 주장하였다. 왜냐하면 상업송장을 제외한 기타 모든 서류에서 물품은 신용장상의 물품명세와 모순되지 않는 일반용어로 기술될 수 있는데, 본건 B/L의 물품명세에 기재된 "clutoh"는 신용장의 물품명세와 모순되는 일반용어가 아니기 때문이다.

B/L에 기술된 물품명세 중 다른 내용은 정확하게 기재되어 있으며, 제시된 다른 서류의 기재내용과도 관련성이 있고, 기타의 다른 서류에는 이 같은 기재가 없다. 따라서 "clutch"가 "clutoh"로 기재된 것은 "c"가 "o"로 오타된 타이핑상의 오류이며, 이로 인해 동 B/L이 어떠한 불신이나 혼란에 처하게 될 위험성은 전혀 없기 때문이다.

한편 피신청인은 답변서에서 다음과 같이 주장하였다. 즉 신용장거래에서

48) ICC DOCDEX Decision No.222.
49) ICC DOCDEX Decision No.221.

제시되는 서류는 신용장의 제조건과 완전일치해야 되고, 서류의 일치성여부를 결정할 때에는 엄밀일치의 기준이 적용되어야 하며, 특히 서류상에 기재되는 물품의 명세는 엄밀일치하여야 한다. 신청인은 서류를 심사할 때 UCP에 따른 상당한 주의의무를 다하지 못했다.

본건에서 결정되어야 할 쟁점은 피신청인이 거절통지서에 적시된 하자(Outer Assy Primary Clutch i/o Outer Assy Primary Clutoh)를 이유로 신청인이 제시한 서류를 거절할 수 있는지 여부의 문제이다. 이에 대해 전문가패널이 내린 만장일치의 결정에 따르면 본건에서 신청인은 피신청인에게 상환을 청구할 권한이 있다는 것이다.

피신청인이 거듭 강조해서 주장하고 있는 점은 제시된 서류는 신용장의 제 조건과 완전일치 해야 되므로 서류의 일치성여부는 엄밀일치의 기준에 의하여 결정되어야 하며, 특히 물품명세에 관한 기술은 엄밀일치하여야 한다는 것이다. 그런데 UCP에 규정되어 있는 서류심사기준에 따르면 은행은 신용장에 규정되어 있는 모든 서류가 신용장의 제 조건과 문면상 일치하는지의 여부를 확인하기 위하여 상당한 주의를 기울여 심사하여야 하고, 서류상호간 문면상 일치하지 않는 서류는 신용장의 제 조건과 문면상 일치하지 않는 것으로 간주되며, 문면상 일치여부는 국제표준은행관행에 따라 결정되어야 한다. 그러므로 피신청인의 주장처럼 은행의 서류심사기준으로써 엄밀일치의 기준을 요하는 관련조항은 UCP 500에는 없다. 그리고 상업송장에 기술되는 물품의 명세는 신용장의 명세와 일치하여야 되지만, 본건에서와 같이 B/L에 기술되는 물품의 명세는 신용장의 것과 모순되지 않는 일반용어로 기술될 수 있다.

법원의 판례도 B/L에 기술되는 물품의 명세는 신용장에서 요구하는 물품명세와 상호 모순이 없는 한 일반적인 용어로 표기 될 수 있다고 인정하고 있다. 그러나 B/L에 기술되는 물품의 명세의 표현이 신용장에서 기술되는 물품의 명세의 표현과 상호 모순되지 않는다고 하더라도 표현자체가 문제가 될 수도 있다고 판시하였다.

경우에 따라서는 제시된 서류에 나타난 오·탈자와 같은 단순한 타이핑상의 오류도 하자로 간주될 수도 있다.[50] 오·탈자가 발생한 문언이나 문장의 의미에 영향을 미치거나[51], 그자체로 인해 정상적인 거래를 왜곡시킬 수 있는 타이핑상의 오류는 그것이 아무리 단순한 것이라 하더라도 중대한 하자에 해당된다. 그런데 본 건에서 B/L에 "clutch"가 "clutoh"로 표기된 것은 거래의 본질을 왜곡시킬 정도의 중대하자로 볼 수 없다. 따라서 본건 B/L에 표기된 물품의 명세는 UCP 500 제13조 제(a)항에 따른 불일치가 아니라 타이핑상의 오류임이 명백하다. 또한 이러한 타이핑상의 오류가 있음에도 불구하고 동 B/L의 기재내용은 제시된 다른 서류들과 관련성이 인정되고 상호 모순도 없다. 이에 신청인은 서류심사시 UCP에서 요구하는 상당한 주의의무를 다한 것으로 판단된다.

(2) 선적항의 포괄적 기재의 해석기준

본건 피신청인은 UCP 500 조건부로 신용장을 발행하였고, 신청인은 신용장을 확인한 은행으로써 분쟁의 대상이 된 서류를 수리하였다. 서류를 심사한 피신청인은 소정의 기한내에 소정의 절차에 따라 다음과 같은 이유로 거절통지를 하였고, 그에 대해 신청인이 DOCDEX 결정을 의뢰하였다. 당초 "Field 44A: Loading on board : Any Country U sea port"로 발행된 원신용장의 조건은 그 후 "From Black Sea port or Azov port"와 같이 조건이 변경되었다. 제시된 B/L에는 선적항이 "City T"로 기재되어 있었다. 그런데 피신청인이 거절통지에서 주장한 하자사유는 "Shipment port not mentioned clause Black Sea as per L/C terms"이였다.

전문가패널은 이 사건에서 피신청인이 제기한 하자사유는 정당하지 못하다고 결정하였다.[52] B/L에는 선적항이 "City T"로 표기되어 있다. "City T"는 "Black Sea"의북방에 위치해 있는 흑해의 한 항구도시이며 또한 "Azov Sea"로 명명되기도 한다. "Black Sea"라는 문언이 실제 선적항 옆에 표기되어야 된다는 요구도 신용장에는 명시되어 있지 않았다. 이는 신용장에 명기된 선적항 "Mediterranean port"를 B/L상에 "Marseille"이라고 표기한 경우와 같다.

---

50) ICC Publication No.565, ICC Opinion No.R209.
51) ISBP Para.28.
52) ICC DOCDEX Decision No.233.

한편, “Black Sea port or Azov port”라는 신용장의 조건은 “Black Sea and Azov Sea”와 같이 양 항구를 함께 지칭하는 것으로 간주될 수도 있다. 따라서 어떠한 경우이든, 선적항으로 표시된 “City T”는 신용장조건을 충족시킨다는 것이다.

본 결정사례는 기존의 법원의 판례와는 매우 다르다. 기존의 법원의 판례는 계약에서 선적항이 중요하지 않다면 특정항을 명시하지 않았을 것이며, 항구명이 명시된 이상 그 항구에서 계약기간 내에 이행하여야 된다고 판시하고 있다. 또한 서류를 심사하는 은행실무자가 선적항을 다른 명칭으로 부르는 것을 확인할 의무가 없다는 것이 기존 법원의 견해이었다. 전문가패널이 기존 법원의 판례와 상반된 결정을 내리는 이유는 신용장제도의 활성화를 위하여 새로운 해석기준을 구하기 때문이라고 생각된다. 또한 DOCDEX 결정사례 분석을 통하여 얻어진 내용들이 UCP 600의 개정을 위한 자료로 활용됨에 따라 향후 서류해석기준이 조금 변화해 나갈 것이라 생각된다.

(3) 약정된 할부선적 스케줄의 해석기준

본건은 피신청인이 발행한 신용장에는 최종선적일(September 19)과 함께 다음과 같은 선적스케줄이 추가조건으로 약정되어 있었다:

– at least; 40 pct of the goods quantity to be shipped before July 31
  40 pct of the goods quantity to be shipped before August 31
  Shipment of 100 pct before September 19 is also acceptable

신청인에 의하여 실제로 선적된 내용은 다음과 같았다:

– July 17; 4,393 pcs corresponding to 40.38 pct of goods quantity
– August 26; 4,319 pcs corresponding to 39.70 pct of goods quantity
– September 19; 2,176 pcs corresponding to 20 pct of the goods quantity

발행은행은 제1차선적분 서류를 수리하였으나, 제2차와 제3차선적분 서류의 수리를 거절하였다. 거절이유는 각각 “Shipping schedule not respected; 40 pct of goods quantity not shipped before August 31”와 “Shipping schedule not respected”라는 것이다.

전문가패널의 결정[53)]은 다음과 같다. 우선 피신청인은 8월 31일 전에 물품수량의 40%가 선적되지 않았으므로 제2차선적스케줄이 준수되지 않았다고 주장하나, 신용장에 기재된 선적스케줄은 7월 31일 후부터 8월 31일 전까지의 기간 중에 물품수량의 40%가 반드시 선적될 것을 요구하고 있지 않다. 8월 31일 전까지 최소한 80%의 선적을 요구한 것이다. 제1차와 제2차선적분을 합치면 80.08%의 물품이 선적되었으므로 동 선적스케줄은 준수된 것이다. 그리고 신용장상의 선적스케줄에는 8월 31일 후부터 9월 19일 전까지의 기간 중에 선적되어야 할 최저수량에 관한 아무런 명시가 없다.

9월 19일 전(before September 19)으로 표시된 선적스케줄에도 불구하고 신용장에 약정된 최종선적일자는 9월 19일까지이므로 수익자는 그때까지 약정물품을 마지막으로 선적하면 된다. 실제로 약정물품의 80.08%가 8월 31일 전에 선적되었으므로 제1차와 제2차선적분에 대한 선적스케줄은 준수된 것이며, 신용장에 별도로 명시된 최종선적일인 9월 19일에 물품의 나머지 20%가 선적되었으므로 제3차선적분 또한 신용장조건과 일치한다. 이는 UCP 의 요건과도 부합한다. 따라서 선적스케줄은 모두 준수되었다.

법원의 판례에서도 계약서 상 약정된 선적일자는 계약의 필수요소라 할 수 있는 바, 상업계약에 있어서 계약 당사자들은 중요하지 않는 내용을 계약서에 명시하지 않으며 약정된 기간 위반은 명백한 계약위반이라고 판시하고 있다.

(4) 본선적재일 기재의 해석기준

본선적재일이 기재된 본선적재 원양선하증권 3통 전통(Full set(3/3) clean on board ocean bill of lading indicating on board date…)을 요구한 신용장하에서 발행은행은 “Bill of Lading not indicating on board date”라는 이유로 지급을 거절하였다.

전문가패널은 본건 선하증권은 해당 신용장과 UCP의 요건에 부합되므로 발행은행의 불일치주장은 타당하지 않다고 결정[54)]하였다. UCP 500 제23조

---

53) ICC DOCDEX Decision No.204.

제(a)항 제(ii)호에 의하면 "지정선박 본선 상에 적재 또는 선적되었다는 사실은 화물이 지정선박 본선 상에 적재되었음 또는 지정선박에 선적되었음이라는 선하증권 상에 미리 인쇄되어 있는 문언으로 대체될 수 있으며, 이러한 경우 선하증권의 발행일은 본선적재일 및 선적일로 간주된다". 그리고 실제로 제시된 선하증권에는 "Shipped on board the vessel named above…"라는 사전인쇄문언과 "ocean vessel J"라고 표시되어 있었으며, 발행의 장소 및 일자 란에는 "City T, 20 January XXXX"라고 표기되어 있었다. 따라서 선하증권의 발행일자인 "January 20, XXXX"은 곧 문제의 본선적재일에 해당되기 때문이다.

(5) 서류의 표제와 관련된 일치성 판단기준

제시된 특정 서류의 표제가 신용장의 기재와 동일해도 함께 제시된 여타 서류와의 관련성이 인정되지 않으면 서류의 수리가 거절될 수 있다. 신용장이 요구한 것과 동일한 표제의 선적확인서가 제시되었음에도 발행은행은 "Shipping company's agent's certificates without showing any reference related for this shipment(선박회사대리인에 의해 발행·제시된 확인서에는 해당 선적과 관련성을 인정할만한 어떠한 문언도 없음)"라는 이유로 지급을 거절하였다. 본 DOCDEX 사례에서 전문가패널은 제시된 서류의 표제가 신용장의 것과 일치하더라도 다른 서류와의 관련성이 인정되지 않으면 하자라고 결정[55]하였다.

본건에서 문제의 선적확인서에는 신용장이 요구한 내용의 정보가 기재되어 있었으나, 그 정보의 내용만으로는 해당 선적이 본건 신용장에 의한 것임을 확신할 수 없고, 또한 함께 제시된 다른 서류와도 관련성이 있다는 사실을 확인할 수가 없다. 본 사례에서도 "서류상호간 문면상 일치하지 않는 서류는 신용장의 제 조건과 문면상 일치하지 않는 것으로 간주된다"는 UCP 500 제13조 제(a)항에 의하여 발행은행이 주장한 불일치사유는 정당한 것으로 볼 수 있다.

---

54) ICC DOCDEX Decision No.218.

55) ICC DOCDEX Decision No.218.

(6) B/L의 위조주장에 대한 해석기준

B/L이 위조된 것이라고 주장된 한 DOCDEX 사례[56]에서 전문가패널은 다음과 같이 결정하였다. 신용장거래에서 은행은 서류를 심사할 때 신용장의 제 조건과 UCP 및 제시된 서류만을 근거로 서류의 조건일치여부를 심사한다. 발행은행, 확인은행 또는 지정은행은 제시된 서류와 무관한 어떤 이면사실과는 상관없이 서류가 신용장의 제 조건과 문면상 일치하면 인수·지급하여야 한다. 그런데 사기가 주장되는 경우에는 지급, 인수 또는 매입이 행해지기 전에 발행은행, 확인은행 또는 지정은행에 명백한 증거가 제시되어야 된다.

법원의 판례는 매도인이 서류를 위조한 경우 은행과 선의의 어음소지인 간의 분쟁이 아니고, 은행과 유가증권을 위조하여 대금을 청구하는자 간의 분쟁이므로 은행은 제시된 서류들이 위조되었다는 사실을 알고 있으면 대금을 지급하지 않아도 된다고 판시하였다. 그리고 발행은행이 제출된 서류가 명백히 위조된 것이라는 사실을 알게 된 경우에는 비록 제시된 서류가 신용장의 내용과 일치한다 하더라도 대금지급을 거절할 수 있다고 판시하였다.

하지만 은행은 UCP의 규정대로 서류심사결과에만 근거해서 지급여부를 결정해야 되기 때문에 위조 사실을 발견하기는 어렵고 위조사실을 모르고 대금을 지급한 은행은 면책되며 매수인에게 손해배상을 청구할 수 있다.따라서 은행에게 제시된 서면 또는 구두에 의한 일체의 사기주장은 그것이 법원의 지급정지명령이나 그와 유사한 취지의 명령이 있는 경우에만 인정된다는 것이다.

이같은 사실은 문제된 "B/L이 위조된 가짜이며 서류심사시 신청인의 직무태만이 있었다"는 피신청인의 추가주장과 관련된 또 다른 DOCDEX 사례[57]에 의하여 지지되었다. 피신청인이 답변시 추가로 주장한 "B/L이 위조된 된 가짜"라는 주장에 대해서는 서류매입시나 서류를 피신청인에게 제시할 당시에 신청인이 그러한 사기사실을 알고 있지 못했다면 분쟁의 대상이

56) ICC DOCDEX Decision No.218.
57) ICC DOCDEX Decision No.221.

될 수 없다. 또한 신청인이 "직무를 게을리 했다"는 주장에 대해서는 신용장 거래에 임하는 은행은 직무를 수행함에 있어 마땅히 주의의무를 다해야 한다. 그런데 신청인이 본건에서 자신의 통상적인 직무를 수행함에 있어 정직하지 않았다거나 성실하지 않았다거나 또는 상당한 주의의무를 다하지 않았다는 어떠한 증거도 발견할 수 없고, 피신청인이 달리 이를 입증한 바도 없다.

추가로 제기된 서류상의 하자사항에 대해서는 피신청인은 신청인의 상환청구를 거절할 수 없다. 왜냐하면 이들 하자 중 어떠한 것도 피신청인의 첫 번째 하자통지서에 적시된 것들이 아니기 때문이다. 불일치를 이유로 서류의 수리를 거절할 경우, 은행은 소정의 기한이내에 지체없이 그러한 사실을 서류송부자에게 통지하되 동 거절통지서에는 문제된 서류의 처분상태가 명기되어야 함은 물론 은행이 서류를 거절하는 모든 불일치사항이 반드시 포함되어야 한다. 이를 위반한 경우 조건불일치서류에 대한 은행의 클레임제기권은 박탈되고, 추가로 타전된 하자통지도 효력이 없다.

결론적으로 신용장거래에서 동일한 하나의 문건에 대한 하자통지는 1회만 유효하다는 점과 신용장거래는 서류거래라는 점에서 매입당시 신청인이 사기행위를 알지 못한 이상 서류거래원칙에 대한 예외는 인정될 수 없으므로 서류 이외의 외적요인은 고려의 대상이 될 수 없다.

3) 항공운송장 관련 사례

(1) 신용장의 기재와 다른 물품명세의 해석기준

항공운송장(이하 AWB라 칭함) 상의 물품의 명세도 신용장에 기재된 것과 모순되지 않는 일반용어로 기술될 수 있으며[58], 오·탈자는 그것이 발생한 단어나 문장의 의미에 영향을 주지 않는 한 해당서류를 불일치로 간주하지 않는다. 또한 아무리 사소한 타이핑상의 실수라 하더라도 불일치로 인정되는 경우가 있다. 이에 대한 일반원칙을 만들 수는 없고 그 사안의 중요도에 따라 Case by Case로 판단해야 한다.

---

58) ISBP Para.163.

신용장에는 "AB2 CDE 123 PIN FCPGA BOX 606 PCS"으로 물품의 명세가 기술되어 있었다. 그런데 수익자가 매입은행에 제시한 송장과 포장명세서에 기술된 물품의 명세는 신용장의 명세와 일치하나 AWB에 기술된 물품의 명세에는 신용장의 기재와 달리 철자 "G"가 누락된 채"AB2 CDE 123 PIN FCPA BOX 606 PCS"와 같이 기술되어 있었다. 그러나 서류를 심사한 본건 피신청인은 "NATURE AND QUANTITY OF GOODS ON AIR WAYBILL DIFFER FROM L/C (FCPA BOX I/O FCPGA BOX"는 이유를 들어 지급을 거절하면서 DOCDEX 결정을 의뢰한 사건이다.

본 사건에서 문제의 물품이 신용장 발행의뢰인인 수입업자에게 인도되었는지 여부의 문제는 다음과 같은 이유에서 DOCDEX 패널이 결정할 수 있는 사안이 아니다. 신용장거래의 모든 당사자는 서류를 거래하는 것이지, 그 서류와 관련되는 물품, 서비스 및/또는 기타 이행여부를 거래하는 것이 아니기 때문이며, 또한 서류의 일치성 여부는 서류만을 근거로 결정되어야 되기 때문이다. 신용장 발행의뢰인이 문제의 물품을 수령했는지 여부는 신용장거래의 본질이 아니므로 은행의 지급결정여부에 영향을 미치지 않으며, 이 문제는 수익자 및 신청인이 매수인 및 기타 관련자와 직접 접촉하여 해결하되 대금을 지급받지 못한 수익자측은 스스로 그 구제방안을 강구하여야 할 문제라고 판단하고, 본건에서 DOCDEX 패널이 결정하여야 할 쟁점은 AWB에 기술된 물품의 명세에서 철자 "G"가 누락된 것이 정당한 지급거절사유에 해당되는지의 문제이다.

"타이핑상의 실수는 결코 불일치로 간주될 수 없다"는 근거에서 피신청인의 지급거절은 유효하지 않다는 자신의 주장을 뒷받침하기 위해 신청인은 국제표준은행관행을 인용하였다. ISBP 제28문에는 "오자 또는 오타는, 그것이 발생한 단어나 문장의 의미에 영향을 미치지 않는 한, 서류를 불일치한 것으로 만들지 못한다. 예컨대, "machine"이 "mashine"으로, "fountain pen"이 "fountan pen"으로, "model"이 "modle"로 표기된 물품의 명세는 서류불일치의 사유에 해당되지 않는다. 그러나 "model 321"이 "model 123"로 기재된 명세는 오타로 간주되지 않고 하자사유가 된다"고 규정[59]되어 있다. 그런데

59) Misspellings or typing errors that do not affect the meaning of a word orsentence in

ISBP 제28문의 내용은 "오타는 하자가 아니다"는 의미도 아니고 그러한 의미를 암시하고 있는 것도 아니다. 그러므로 본 규정을 "모든 오타는 하자로 간주되지 않는다"는 사실을 의미하거나 암시하는 것처럼 해석하고 주장하는 것은 옳지 못하다.

문제는 본건에서 누락된 철자 "G"는 신용장이 요구한 박스의 형태와 송장이나 포장명세서에 기재되어 있는 박스의 형태를 구체적인 것으로 제한하거나 차별화하는 하나의 의미가 될 수 있다는 사실이다. 그리고 본건에서 철자 "G"가 누락된 것은 ISBP 제28문에서 말하는 "mashine" 대 "machine" 또는 "fountan pen" 대 "fountain pen"과 유사한 오타의 문제가 아니라 오히려 "model 321"이 "model 123"으로 기술된 것과 같은 유형에 해당된다. 철자 "G"가 누락된 것으로 말미암아 실제로 선적된 물품이 신용장에서 요구하는 물품과 동일한 것인지 또는 송장에 기재된 물품과 동일한 것인지를 의심받을 수 있는 원인이 되기에 충분하므로 본 철자누락은 그 성질로 보아 단순한 오·탈자 이상의 문제로 보아야 한다.

또한 화환신용장거래에서 요구되는 두 가지 중요한 기본서류가 있는데, 그중 하나가 송장이고 다른 하나가 운송서류이다. 운송서류에 기재되어 있는 물품은 실제로 선적된 물품이며 바로 수출업자가 보낸 물품이다. 그것은 바로 수입업자가 받게 될 물품이고 지급의 대상이 되는 물품이다. 물품이 같은 것임을 증명하는 것은 송장의 경우 못지않게 운송서류의 경우에도 똑같이 중요한 일이다.

"FCPA BOX"로 기술된 항공운송장상의 물품의 명세는 신용장상의 명세인 "FCPGA BOX"와 같지 않다. 실제로 "FCPA BOX"라는 물품이 존재하지 않거나 아니면 "FCPA BOX"와 "FCPGA BOX"가 같은 물품이라 하더라도 이들 두 서류상의 물품은 문면상으로 판단할 때 같은 것이라고 확신할 수 없다.

---

which it occurs, do not make a document discrepant. For example, adescription of merchandise as 'mashine' instead of 'machine', 'fountan pen' instead of 'fountain pen' or 'modle' instead of 'model' would not make the document discrepant. However, a description as 'model 123' instead of 'model 321' would constitute a discrepancy.

이상과 같이 본건 AWB에 기술된 물품의 명세가 신용장의 것과 일치하지 아니하다. 따라서 피신청인(발행은행)은 신용장에 따른 대금을 지급해야 할 의무가 없다.[60]

(2) 송장에는 없는 송장번호의 해석기준

DOCDEX 사례[61]에서 매입은행(신청인)은 UCP 500의 적용조건부 자유매입신용장에 의거 서류를 매입하였는데, 동 서류를 심사한 피신청인은 "AWB SHOWING INVOICE NUMBER WHICH IS NOT FOUND ON COMMERCIAL INVOICE"라는 이유를 들어 서류의 수리를 거절하였다. 본 거절통지는 UCP 500의 규정에 따라 SWIFT로 소정의 기한내에 행해졌으며 서류의 수리를 거절하는 하자사유와 문제의 서류처분상태가 기재되어 있었다. 본건에서 전문가패널은 "송장번호가 송장에 기재되어야 된다는 요건은 어디에서도 발견할 수 없었다. 다만 이 경우 신용장에 상에 제시된 서류는 서로 모순이 없으면 된다.[62] AWB에만 유일하게 송장번호가 기재되어 있으므로 다른 서류의 기재내용과 모순될 것이 없으므로 하자가 아니다."고 결정했다.

이 같은 사실은 또 다른 DOCDEX 사례에서 지지된다. 즉 신청인이 제시한 서류 중 송장에는 송장번호가 기재되어 있지 않았다. 그런데 AWB에는 송장에는 표기되어 있지 아니한 송장번호가 기재되어 있었다. 피신청인은 "AWB SHOWING INVOICE NO. NOT FOUND ON INVOICE"라는 이유를 들어 이의 수리를 거절하자 문제된 사건이다.본건에서 전문가패널은 AWB와 더불어 동일한 세트서류의 일부를 구성하는 송장에는 송장번호가 기재되어 있지 않더라도 AWB상에 송장번호가 기재되어 있다는 사실이 하자가 되지는 않는다[63]고 결정하였다. 첫째 신용장은 송장번호를 기재하도록 요구한 사실이 없고, 둘째 송장번호는 오직 AWB에만 기재되어 있기 때문에 "서류상호간에 문면상 일치하지 않는 서류는 신용장의 제 조건과 문면상 일치하지 않는 것으로 간주된다"는 UCP 500 제13조 제(a)항의 일부규정은 본건

60) ICC DOCDEX Decision No.234.
61) ICC DOCDEX Decision No.231.
62) ISBP para.24.
63) ICC DOCDEX Decision No.228.

에 적용되지 않기 때문이다.

(3) 관련당사자 기재의 해석기준

① 발행자 기재의 해석기준

AWB의 발행자에 관한 신용장상의 약정은 준수되어야 된지만 그 약정내용의 해석에 관한 당사자의 견해가 항상 일치하는 것은 아니다. DOCDEX 결정이 의뢰된 본 사례의 신용장에는 "Airway bill/air consignment note issued by Company E or its successor"와 같이 약정되어 있었다. 수익자에 의하여 제시된AWB는 "Company U"의 명의로 발행된 것이었다. 피신청인은 AWB의 발행자가 신용장의 약정과 다르다는 이유를 들어 서류의 수리를 거절하였다. 이에 대해 신청인은 문제의 "Airway bill"의 발행자인 "Company U"는 A항공사의 대리인이며 운송인임과 동시에 E사의 승계회사이므로 신용장조건에 부합한다고 주장하였다.

본건에서 전문가패널은 신용장이 관련 항공운송장을 E사 또는 그 승계인이 발행하도록 허용하고 있고, 실제로 제시된 동 운송장은 E사의 승계회사인 U사가 발행한 것이기 때문에 하자가 아니라고 결정[64]하였다.

② 운송인 기재의 해석기준

AWB에는 문면상 운송인의 명의가 표시되고 그가 운송인이라는 사실이 표시되어야 한다. 만약 대리인이 운송인 대신에 AWB에 서명한다면 대리인이라는 사실이 표시되어야 되어야 하고 AWB상의 정정 및 수정은 인증되어야 한다. 그러한 인증은 운송인에 의하여 이루어진 것으로 나타나거나, 운송인의 대리인이라고 표시되어 있는 경우에는 그 대리인에 의하여 인증된 것으로 나타나야 된다.[65]

그런데 AWB에 상이한 두 운송인이 동시에 표시되어 있다면 하자가 된다. AWB의 상단에는 운송인이 "Company P as the carrier"로 기재되어 있고, 동 하단부에는 "Company P as agents for the carrier, Company B"란 표시가 있는 AWB를 피신청인은 "Carrier's name on AWB not identified"라는 이유로 수리

64) ICC DOCDEX Decision No.225.

65) ISBP Para.164.

거절된 DOCDEX 사례에서 피신청인의 서류의 수리거절행위는 정당하다[66] 고 결정하였다.신용장거래에서 서류상호 간에 문면 상 일치하지 않는 서류는 신용장의 제조건과 문면 상 일치하지 않는 것으로 간주된다. 동일한 서류에 기재된 내용상호간의 불일치 역시 불일치에 해당되는 것으로 인정되고 있다. 그리고 전문가패널은 서류에 행해진 어떤 기재내용이 서류상의 다른 인쇄문언에 우선되는가의 여부를 검토한 결과 발행인이 AWB상의 어딘가에 정정인증을 하는 것은 어려운 일이 아니며, 실제로 그렇게 함으로써 인쇄문언이 발행인의 자격요건과 모순되는 점을 쉽게 일치시킬 수 있다는 사실을 인정하였다. 문제의 AWB에는 분명 두 다른 운송인이 동시에 기재되어 있음에도 서류발행자의 자격을 분명하게 표시하지 않았고, AWB의 발행자는 이에 대해 아무런 정정도 하지 아니하였으므로 본건 AWB는 그 자체에 내부적 모순이 있다할 것이며, 이를 이유로 피신청인이 서류의 수리를 거절하는 것은 정당하다는 것이다. 이같은 원칙은 신청인이 제시한 CMR에는 “Company C”와 “Company B”가 수하인으로 기재되어 있다면서 피신청인이 수리를 거절한 사례[67]에서도 지지되고 있다. 본건에서도 전문가패널은 신용장 발행의뢰인인 “Company C”가 수하인으로 기재되어 있음에도 불구하고 “Company B”가 또 다른 수하인으로 추기되어 있는바, 이같이 수하인이 복수로 기재된 것은 물품인도에 혼선을 초래할 수 있기 때문에 하자라는 것이다.

또 다른 DOCDEX 결정이 의뢰된 신용장(47A)에는 “SHIPMENT TO BE MADE ON MR A: 5-678 ATTN: MR X ONLY”라는 특별지시문언이 명기되어 있으나 이와 관련하여 제시되어야 할 서류에 관한 언급은 없었다. 그래서 이의 정확한 의미를 조회해온 통지은행의 질의에 대하여 발행은행은 부언설명 없이 “PLS NOTE ADDITIONAL CONDITIONS 47A CLAUSE YOU MENTIONED MEANS THE GOODS SHOULD BE SHIPPED BY MR A ONLY”라고만 답변해왔다. 수익자가 제시한 AWB에는 운송인의 명세가 “Mr A as agents for Airline Z”로 기재되었다. 발행은행이 “CARRIER DETAILS

66) ICC DOCDEX Decision No.230.
67) ICC DOCDEX Decision No.204.

ON AWB ARE DIFFERENT FROM L/C TERMS"라는 이유로 이의 수리를 거절하였다. 본 DOCDEX 사례에서 AWB는 신용장의 요건과 부합되지 않는다는 증거는 없다고 전문가패널은 결정하였다.[68)]

이를테면 본 특별지시문언에서 발행은행의 주요 관심사는 지정운송인일 뿐 전화번호나 참조인은 운송인과의 접촉을 용이하게 하기위한 정보용이다. 그리고 신용장의 요건을 충족시키기 위해서 관련서류상에 일어일구(一語一句)를 반드시 동일하게 기재해야 되는 것은 아니다. 만약 신용장에서 물품의 원산지가 독일일 것을 요구한 경우, 원산지증명서에 의하여 물품이 독일에서 제조되었다는 사실이 증명되면 되듯이 서류상에 "The goods are of German origin"이라는 문언이 반드시 표기될 필요는 없다. 본 건의 경우에도 지정운송인인 "Mr A"에 의하여 선적되었다는 사실이 표기된 이상 그것으로 신용장의 요건은 충족된 것이다. 따라서 AWB에 전화번호와 참조인의 이름이 반드시 표기되어야 될 필요까지는 없다.본건 AWB에는 "Mr A as agents for Airline Z"에 의하여 물품이 선적되었다는 사실이 분명하게 표시되어 있고 다른 서류들도 이 정보와 일치된다. 실제로 송장기재에는 동 전화번호와 참조인명이 포함되어 있고 포장명세서에도 전화번호가 기재되어 있다. AWB에 전화번호와 참조인명을 기재하지 않은 것 또한 하자가 될 수 없다. 이는 전적으로 수익자가 선적을 수배하는데 필요한 정보에 불과하기 때문이다.

③ 착화통지처 기재의 해석기준

AWB의 착화통지처에 수하인의 명의가 추기된 것은 정보의 질을 높여주므로 하자로 볼 수 없다는 것이다.[69)]DOCDEX 사건에서 신용장은 "Notify Accountee"로 표기된 AWB를 요구하였으나 제시된 AWB에는 "Notify Accountee: Company S"로 표시되어 있었다. 착화통지처의 명의인 "Company S"가 추기된 것이다. 이 경우 착화통지처의 명의가 정확한 이상 이 같은 추가기재는 정보의 질을 떨어뜨리는 것이 아니라 오히려 정보의 질을 제고시

---

68) ICC DOCDEX Decision No.205.

69) ICC DOCDEX Decision No.205.

켜준다고 볼 수 있기 때문이다.

④ 불분명한 거절이유와 하자통지 기한의 해석기준

신용장거래에서 은행이 하자서류에 대하여 서류의 수리 및 지급을 거절할 수 있는데, 이 경우에는 소정의 서류심사기준과 소정의 하자서류처리기준에 따라야 한다. 이를 해태한 경우 은행은 하자서류에 대한 클레임 제기권을 상실하게 된다.[70]

이러한 사실은 DOCDEX 사례에서도 지지되고 있다. DOCDEX 피신청인은 UCP 500 적용문언이 삽입된 신용장에 의거 2002년 9월 11일에 신청인으로부터 제시받은 AWB에 대하여 2002년 9월 25일자로 "AA. COLLECTION INDICATED BY THE PERSON WHO NOT AUTHORITY ON THE AIRWAY BILL"이라는 거절사유가 기재된 문제의 하자통보를 한다. 그런데 문제의 하자통보를 받은 신청인은 동 9월 26일 SWIFT 메시지를 통해 피신청인에게 거절이유에 대한 해명을 요구하였고, 같은 날 피신청인은 거절사유에 대하여 "THE AWB IS CORRECTED BY THE PERSON WHO DOESN'T HAVE ANY AUTHORITY TO CORRECT"와 같이 해명하면서 동 거절통지는 7은행영업일 이내에 행해졌음을 주장하는 내용의 메시지를 타전하였다. 그 후 당사자의 주장이 대립되자 신청인이 피신청인을 상대로 DOCDEX 결정을 의뢰한 사건이다.

본건에서 신청인은 피신청인이 동 9월 25일자로 통보한 하자통지서상의 서류거절이유는 그 의미가 분명하지 않으므로 유효하지 못하다. 그리고 증빙자료로 동 9월 11일자 매입통지서의 사본을 제시하면서 매입관련서류일체를 9월 11일(two days after shipment)에 피신청인에게 제시하였으므로 서류의 수리거절통지 또한 UCP 500 제14조에 따른 7은행영업일 이내에 행해지지 않았음을 주장하였다. 그런데 SWIFT 메시지를 통한 신청인의 해명요구에 따라 본건 피신청인은 자신의 첫 하자통지서에 기재된 거절이유를 "권

70) 발행은행 및 확인은행의 클레임 제기권이 상실되는 경우는 ① 서류의 수리거절통지의무를 해태한 경우, ② 서류의 수리거절 이유를 제시하지 않았거나 또는 제시된 거절이유가 합당하지 못한 경우, ③ 서류제시자의 임의처분상태로 문제의 서류를 반송 또는 보관하고 있지 아니한 경우인데, 이 중 어느 한 경우에만 해당되어도 하자서류의 수리를 거절하고자 하는 은행의 클레임 제기권은 상실된다.

한이 없는 자에 의하여 AWB가 정정되었음"이라고 해명하면서 문제의 서류는 동 9월 13일에 수령하였기 때문에 본 하자통지는 소정의 기한이내에 행해진 것임을 주장하였으나 수령사실을 입증할만한 증거는 제시하지 않았다.

당사자에 의하여 제기된 쟁점은 AWB가 정정권한이 있는 자에 의하여 정정된 것인지의 여부와 하자통지가 소정의 기한이내에 행해졌는지 여부의 문제이다.

우선 본건 피신청인이 서류의 수리를 거절한 유일한 하자사유는 정정권한이 없는 자에 의하여 AWB가 정정되었다는 것이다. 이에 따른 최초의 지급거절통지는 동 9월 25일에 이루어졌고 거절이유에 대한 해명은 9월 26일에 있었다. 따라서 UCP 500 제14조의 규정에 의거 첫 하자통지시에 제기한 하자사유는 신용장의 조건과 부합하지 않는다. 신용장에는 그 같은 요구조건(collection by a person who has an authority on the air waybill)이 약정되어 있지 않기 때문이며 하자사유의 의미 또한 불분명하기 때문이다.

그리고 AWB에 행해진 모든 정정은 "ASE Company A (S) Ltd"로 판독되는 스탬프로 인증되어 있는데, "ASE Company A (S) Ltd"는 문면 상 AWB에 서명한 당사자이고 운송인 "Company S"의 대리인임이 확인된다. 이러한 사실은 "신용장에 별도의 수권이 없는 한, 운송서류의 문면에 운송인이나 복합운송인의 명의가 표시되고 그리고 운송주선인이 운송인 또는 복합운송인을 대리하거나 대표하는 지정대리인의 자격으로 서명하거나 또는 달리 인증되어 있다면 은행은 운송주선인이 발행한 운송서류를 수리한다"는 UCP 500 제30조의 규정에도 반하지 않는다. 또한 AWB상의 정정 및 수정은 인증되어야 하고, 그러한 인증은 운송인이 행한 것으로 나타나거나 아니면 운송인의 대리인이라고 특정되어 있는 경우에는 그 대리인 중의 누군가(AWB를 발행 또는 서명한 대리인과 다를 수도 있는)에 의하여 인증된 것으로 나타나야 하는 바[71] 본건에서 이점도 충족되고 있다.

한편 신청인의 주장과는 달리 피신청인은 동 9월 13일 동 서류를 수령하였다고 주장하나 가령 동 주장이 사실이라 하더라도 하자통지는 소정의 기한이내에 행해지지 않았다. 화환신용장거래에서 서류의 수리를 거절할 경

71) ISBP Para.164.

우, 발행은행은 서류수령일후 7은행영업일의 마감 이내에 서류를 거절하는 모든 불일치사유가 명시된 하자통지를 서류송부자 앞으로 보내야 된다. 그런데 본건에서 동 9월 13일은 금요일이었고 9월 14, 15, 21, 22일은 주말이었는데, 특히 9월 20일에서 22일까지는 공휴일이었다. 그리고 K국의 경우 주말인 토·일요일은 은행의 휴업일이다. 그러므로 동 9월 25일이 7은행영업일에 해당된다. 피신청인이 하자통지를 한 것은 동 9월 25일이고, 거기에는 유효한 하자사유가 명기되어 있지 않았다. 사실 신청인의 요구로 의미를 알 수 없는 메시지내용을 피신청인이 해명한 9월 26일까지 피신청인이 보낸 9월 25일자의 하자통지는 무의미한 것이며 효력이 인정되지 않는다. 7은행영업일 후에 이루어진 해명으로 그 의미는 이해할 수 있게 되었지만, 그러나 하자사유는 소정의 기한이내에 제시되지 않은 셈이다. 결국 7은행영업일의 마감까지 유효한 하자통지는 없었다.

결론적으로 전문가패널의 결정[72]에 의하면 신청인은 UCP 500 제13조와 제15조에 따른 의무를 다한 것이며 AWB 또한 UCP 500 제27조와 제30조를 충족시킨다. 따라서 피신청인이 지급을 거절했어야 될 이유는 없다. 뿐만 아니라 문제의 하자통지에는 유효한 하자사유가 제시되지 않았으며 그 통지 또한 UCP 500 제14조에 규정된 7은행영업일 이내에 행해지지도 않았으므로 본건 피신청인의 주장은 부당하다는 것이다.

⑤ AWB의 위조주장에 대한 해석기준

UCP는 물론 ISBP 역시 AWB의 사기 및 위조에 관하여 규정하고 있지 않다. 그러므로 이 문제는 전문가패널의 관할권 밖의 문제로써 법원의 관할에 속하는 문제이며 서류의 위조 또는 사기의 입증에 의거 지급을 정지시키는 일은 법원의 몫이다. 신용장은 일종의 지급증서에 해당하는 법률문서이므로 위조서류라는 주장을 제기하는 것만으로는 발행은행이 지급을 거절할 수 있는 정당한 하자사유에 해당되지 못한다. 이 같은 사실은 DOCDEX 사례[73]로도 지지되고 있다.

---

[72] ICC DOCDEX Decision No.232.

[73] ICC DOCDEX Decision Nos.230 and 232.

AWB가 위조된 것이라는 주장은 그것이 입증되지 않은 한 신용장에서 요구하는 서류만을 심사하여야 하는 UCP 상의 의무가 충족된 이상 서류를 거절할 수 있는 정당한 사유가 되지 못한다. 은행은 신용장의 제조건과 문면상 일치하는지의 여부를 확인하기 위하여 상당한 주의를 기울여 서류를 심사하면 된다. 은행은 서류를 진정한 것으로 수리하기 전에 상당한 심사가 아니라 보다 철저한 사실조사를 하도록 강요당하지 않는다. AWB가 위조인 경우 은행이 사기의 주체가 아니고 제시된 서류를 매입하기 전에 그러한 사기를 알지 못했으며 또한 상당한 주의의무를 다한 경우 매입은행은 선의의 소지인으로 보호되며 대금을 상환받을 수 있다.[74)]

특히 은행은 어떤 서류이든 그 형식, 충분성, 정확성, 진정성, 위조 또는 법률적 효력에 대하여, 또는 서류에 약정되어 있거나 부가되어 있는 일반 또는 특수조건에 대하여 책임을 지지 않는다. 서류가 위조인 경우에도 수익자가 이를 직접 위조한 것이 아닌 한, 발행은행은 지급을 거절할 수 없다. 심지어 수익자가 사기의 주체인 경우에도 동 사기사실이 입증되지 않거나 은행이 이를 알고 있지 못하다면 발행은행의 지급거절은 정당화될 수 없다는 사실은 분명한 원칙이다. 만일 사기에 대한 증거가 있다면 당사자는 법원에 지급정지명령을 신청하여야 할 문제이다. 이는 DOCDEX 패널의 관할권 밖의 문제이기 때문이다.

한편 추가로 제기된 서류의 위조 및 사기의 주장은 최초의 하자통지서에 명기되지 아니한 새로운 하자는 지급거절을 정당화 시키지 못한다. 첫 하자통지서에는 은행이 서류를 거절하는 모든 불일치사항이 반드시 명기되지 않으면 안 되기 때문이다.

4) 철도운송장 관련 사례

UCP 500 적용조건부 화환신용장에 의거 수익자가 제시한 “USD 2,216,243.00”의 환어음과 관련서류를 매입한 매입은행(Bank B, Country R)은 동 서류를 발행은행(Bank F, Country H)에게 제시하였으나, 발행은행은 ① Original and

74) ICC Banking Commission Opinion 470/371, 470/373.

manually signed railway bill presented, ② Railway bill showing unauthenticated collection/insertion, ③ Railway bill showing banker's name which is not allowed in D/C, ④ Railway bill showing destination differs from D/C stipulated.라는 4가지 이유를 들어 해당서류의 수리를 거절하였고, 이에 매입은행이 DOCDEX 결정을 의뢰한 사건[75]이다.

(1) 신용장이 요구한 복사본 대신 원본제시의 해석기준

본건 DOCDEX 사례에서 신청인인 매입은행은 "원본도 수하인이 물품을 수령하는데 불리한 영향을 전혀 미치지 않기 때문에 사진 복사본 대신에 RWB의 원본이 제시된 것은 하자가 아니며, 제시된 RWB상에 나타난 서명은 발행자(철도당국)의 것이 아니라 C국 세관관리의 서명"이라고 반박하였다. 신청인의 반박에 대해 피신청인인 발행은행은 "신용장이 요구한 철도운송자(이하 RWB 이라 칭한다.)는 수기서명 된 원본이 아니라 수기서명이 없는 복사본이고, 이는 발행의뢰인의 어떤 필요성 때문에 수익자와 발행의뢰인의 사전합의에 따라 원본이 아닌 복사본을 신용장에서 명시적으로 요구하였을 수도 있으므로 RWB의 원본이 제시된 것은 신용장의 요구에 반한다"는 사실을 재확인하였다.

신청인은 피신청인의 이러한 주장에 대하여 동의할 수 없다면서 사진 복사본 대신에 RWB의 원본이 제시된 것은 신용장의 요건에 반하지 않음은 물론 심지어 RWB의 원본이 발행의뢰인 앞으로 직접 송부되었다 하더라도 RWB는 권리증권이 아니므로 물품을 수취할 수하인의 권리에는 아무런 영향을 끼치지 못한다고 재반박하였다.

RWB를 요구한 신용장의 문언은 다음과 같다. 즉 "photocopy of international railway bills with consignee(a company part of the applicant group of companies)". 그런데 실제로 제시된 철도화물운송장은 사진 복사본이 아닌 원본 2부였다. 만약 신용장이 철도화물운송장의 원본을 요구하였다면 복사본이 제시되어서는 안되나 복사본서류를 요구한 경우에는 원본서류로 대체될 수 있다. 그런데 원본이 사진 복사본 대용으로 수리되지 않도록 하기 위해서는, "철도

75) ICC DOCDEX Decision No.223.

화물운송장의 사진 복사본 대용으로 원본서류는 수리되지 아니함 또는 제시되면 아니 됨(original document not acceptable in lieu of a photocopy of railway bill; original document not presented instead of a photocopy of railway bill)" 등과 같이 신용장에서 원본수리를 금지하여야 하며, 그러한 금지문언이 신용장에 특약되어 있는 경우에는 사진복사본 대용으로 원본이 제시되면 안 된다.[76)]

그리고 신용장에는 다음과 같은 추가조건이 명기되어 있었다: "All documents must be dated, issued in Country E or Country R language acceptable, manually signed and bearing the stamp of the issuer."동 신용장의 조건변경서에는 다음의 문언이 명기되어 있었다: "Photocopy of international railway bills should not be manually signed by issuer." 그런데 실제로 제시된 국제철도화물운송장상에는 수기서명이 있으나, 그것은 동 RWB의 우측상단코너에 위치해 있으며 발행자의 서명도 아니다. 따라서 국제화물운송장에는 발행자가 수기로 서명해서는 안 된다는 신용장의 조건변경요건은 충족된다 하겠다.

본건에서 사진복사본 대신에 원본의 RWB가 제시된 것은 하자가 아니며, 또한 발행자의 수기서명이 금지된 RWB상에 나타나 있는 발행자 이외의 수기서명은 금지된 자의 수기서명이 아니므로 금지요건에 반하는 하자로 볼 수 없다는 것이다.

(2) 인증되지 아니한 정정/가필의 해석기준

본건 신청인은 RWB는 타이프로 작성되었을 뿐 수기로 작성되거나 가필된 곳이 없으므로 별도의 인증이 필요하지 않다고 반박하였다. 이에 대해 피신청인은 각기 다른 활자체로 타이핑된 곳(23, 28, 29, 30, 45번 난)에 아무런 정정확인 인이 없다고 주장하면서 구체적인 하자내용을 적시하였다. 신청인은 피신청인이 적시한 RWB의 23, 28, 29, 30, 45번 난에 기재된 활자체가 서로 다른 것은 하주가 독자적으로 이 난을 기재하였기 때문이며 그 같은 기재행위는 RWB의 경우 흔히 있는 일이며, 이들 난에 기재된 내용 역시 RWB의 다른 내용들과 전적으로 일치하다고 재반박하였다.

---

76) ISBP Para.34.

발행은행은 첫 하자통지에서 “RWB 상에 인증되지 아니한 정정/가필 내용이 있음”이라고 통지하였을 뿐 구체적으로 인증되지 아니한 정정/가필 내용이 무엇인지를 적시하지 않았다. 그러한 사실만으로도 본 하자의 주장은 효력이 없다. 발행은행은 추후 이점에 관하여 부언설명을 하였지만, 그러한 사실이 최초로 통지된 애매한 하자통지를 유효한 것으로 만들지 못하기 때문이다. 또한 RWB가 서로 다른 활자체나 수기로 작성되는 일은 흔히 있는 일이다. 따라서 동일한 서류에서 사용된 여러 종류의 서로 다른 활자체나 서로 다른 글자크기 및/또는 인쇄된 서류상의 수기는 그 자체만으로 당연히 정정 및 수정을 의미하는 것으로 볼 수없다.

(3) 신용장에서 금지한 은행명 기재의 해석기준

신용장에서는 신용장의 취급과 관련된 은행 즉 발행은행명의 기재를 금지하고 있을 뿐 제3은행명의 기재를 금지하고 있는 것은 아니며, RWB의 후면 91번 난에 기재된 은행명은 송하인이 철도운임을 결제한 R국의 송하인의 거래은행명(a name of consignor's bank)이므로 하자가 아니라고 신청인은 반박하였다. 동 신청인의 반박에 대해 피신청인은 신용장은 관련성이 표시되지 않은 은행명의 기재를 금지하고 있는 것(L/C does not allow to show bank's name without indicating for what connection)이라고 주장하였다. 이에 대해 신청인은 다음과 같이 재반박하였다. 신용장에서 은행명의 기재를 금지하고 있는 것은 사실이나 본건 신용장 47A에 명기되어 있는 내용으로 미루어 판단해볼 때 기재가 금지된 은행명은 신용장 관계당사자에 해당하는 은행명이지 제3의 은행에 해당되는 R국 철도운임결제은행명의 기재까지도 금지하고 있는 것은 분명 아니다.

본건 신용장에는 다음과 같은 단서조건이 명기되어 있었다: “All documents except invoices, drafts must not mention invoice no., this L/C no., bank's name, trade term, unit price and value of goods unless otherwise stipulated.” 그런데 문제의 RWB에는 “Bank S, Branch Z of Country R”라는 은행명이 기재되어 있었다.

위의 신용장단서조건에서 기재를 금지한 은행명은 발행은행명을 의미하는 것으로 보아야 한다. 그런데 RWB의 이면에 기재된 것은 발행은행명(Bank F, Country H)이 아니라 "Bank S, Branch Z of Country R"이다. "Bank S, Branch Z of Country R"는 R국에 소재한 철도운임결제은행명이다. 그러므로 RWB에 R국의 철도운임결제은행명이 기재된 것은 "별도의 다른 명시가 없는 한 송장 및 환어음을 제외한 모든 서류에는 은행명 등의 기재가 없어야 된다"는 신용장의 단서조건인 금지조항을 위반한 것이 아니므로 하자로 볼 수 없다.

(4) 신용장과 다른 도착지 기재의 해석기준

본건 신용장에는 목적물품의 도착지가 "City M and/or City T, Country C"로 약정되어 있었다. 그런데 제시된 국제철도화물운송장에는 목적지가"City T, Country C Railways"라고 기재되어 있었으나 피신청인이 이를 하자라고 주장하였다. 동 주장에 대해 신청인은 RWB에는 "City T, Country C Railways"가 도착지로 기재되어 있는 바, 이는 "City M, and/or City T, Country C"로 규정되어 있는 본건 신용장의 선택조항과 일치하는 기재라고 반박하였다.

전문가패널은 국제철도화물운송장에는 목적지가 "City T, Country C"로 분명하게 기재되어 있으며, 동 RWB상에 기재되어 있는 목적지는 신용장상의 목적지와 다르지 않으므로 본 하자의 주장은 정당하지 않다고 결정하였다.

이상의 4가지 거절이유 모두에 대한 매입은행의 주장이 정당하고 옳다. 그러므로 발행은행은 신용장에 의거 제시된 선적서류를 수리하고 매입은행에게 지급하여야 한다.

부록

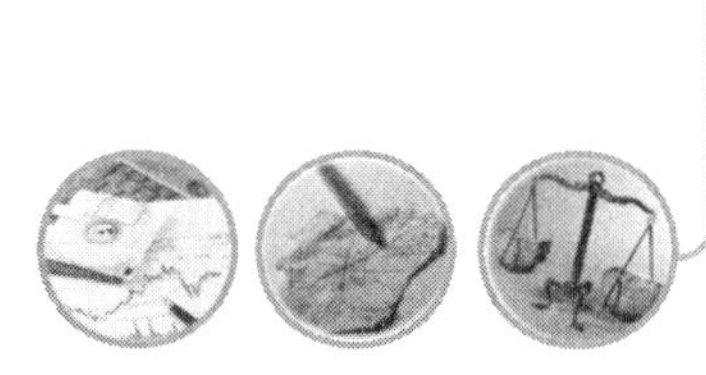

- 1. 중재법
- 2. 대한상사중재원 중재규칙
- 3. AAA Commercial Arbitration Rules
- 4. ICRD International Arbitration Rules
- 5. ICLOCA Rules of Arbitration for Letter of Credit Disputes
- 6. ICC Rules for Documentary Instruments Dispute Resolution Expertise

부록 1. 중재법

[시행 2010. 3. 31]
[법률 제10207호, 2010. 3.31, 일부개정]

제1장 총칙

제1조(목적) 이 법은 중재(仲裁)에 의하여 사법(私法)상의 분쟁을 적정·공평·신속하게 해결함을 목적으로 한다.

제2조(적용 범위) ① 이 법은 제21조에 따른 중재지(仲裁地)가 대한민국인 경우에 적용한다. 다만, 제9조와 제10조는 중재지가 아직 정해지지 아니하였거나 대한민국이 아닌 경우에도 적용하며, 제37조와 제39조는 중재지가 대한민국이 아닌 경우에도 적용한다.

② 이 법은 중재절차를 인정하지 아니하거나 이 법의 중재절차와는 다른 절차에 따라 중재에 부칠 수 있도록 정한 법률과 대한민국에서 발효(發效) 중인 조약에 대하여는 영향을 미치지 아니한다.

제3조(정의) 이 법에서 사용하는 용어의 뜻은 다음과 같다.

1. "중재"란 당사자 간의 합의로 사법상의 분쟁을 법원의 재판에 의하지 아니하고 중재인(仲裁人)의 판정에 의하여 해결하는 절차를 말한다.
2. "중재합의"란 계약상의 분쟁인지 여부에 관계없이 일정한 법률관계에 관하여 당사자 간에 이미 발생하였거나 앞으로 발생할 수 있는 분쟁의 전부 또는 일부를 중재에 의하여 해결하도록 하는 당사자 간의 합의를 말한다.
3. "중재판정부"(중재판정부)란 중재절차를 진행하고 중재판정을 내리는 단독중재인 또는 여러 명의 중재인으로 구성되는 중재인단을 말한다.

제4조(서면의 통지) ① 당사자 간에 다른 합의가 없는 경우에 서면(書面)의 통지는 수신인 본인에게 서면을 직접 교부하는 방법으로 한다.

② 제1항에 따른 직접 교부의 방법으로 통지할 수 없는 경우에는 서면이 수신인의 주소, 영업소 또는 우편연락장소에 정당하게 전달된 때에 수신인에게 통지된 것으로 본다.

③ 제2항을 적용할 때에 적절한 조회를 하였음에도 수신인의 주소, 영업소 또는 우편연락장소를 알 수 없는 경우에는 최후로 알려진 수신인의 주소, 영업소 또는 우편연락장소로 등기우편이나 그 밖에 발송을 증명할 수 있는 우편방법에 의하여 서면이 발송된 때에 수신인에게 통지된 것으로 본다.

④ 제1항부터 제3항까지의 규정은 법원이 하는 송달에는 적용하지 아니한다.

제5조(이의신청권의 상실) 당사자가 이 법의 임의규정 또는 중재절차에 관한 당사자 간의 합의를 위반한 사실을 알고도 지체 없이 이의를 제기하지 아니하거나, 정하여진 이의제기 기간 내에 이의를 제기하지 아니하고 중재절차가 진행된 경우에는 그 이의신청권을 상실한다.

제6조(법원의 관여) 법원은 이 법에서 정한 경우를 제외하고는 이 법에 관한 사항에 관여할 수 없다.

제7조(관할법원) ① 다음 각 호의 사항에 대하여는 중재합의에서 지정한 지방법원 또는 지원(이하 이 조에서 "법원"이라 한다)이, 그 지정이 없는 경우에는 중재지를 관할하는 법원이 관할하며, 중재지가 아직 정하여지지 아니한 경우에는 피신청인의 주소 또는 영업소를 관할하는 법원이, 주소 또는 영업소를 알 수 없는 경우에는 거소(居所)를 관할하는 법원이, 거소도 알 수 없는 경우에는 최후로 알려진 주소 또는 영업소를 관할하는 법원이 관할한다.

1. 제12조제3항 및 같은 조 제4항에 따른 중재인의 선정
2. 제14조제3항에 따른 중재인의 기피신청에 대한 법원의 기피결정
3. 제15조제2항에 따른 중재인의 권한종료신청에 대한 법원의 권한종료결정
4. 제17조제6항에 따른 중재판정부의 권한심사신청에 대한 법원의 권한심사

5. 제27조제3항에 따른 감정인(鑑定人)에 대한 기피신청에 대한 법원의 기피결정

② 제28조에 따른 증거조사는 증거조사가 실시되는 지역을 관할하는 법원이 관할한다.

③ 다음 각 호의 사항에 대하여는 중재합의에서 지정한 법원이 관할하고, 그 지정이 없는 경우에는 중재지를 관할하는 법원이 관할한다.

1. 제32조제4항에 따른 중재판정 원본(原本)의 보관
2. 제36조제1항에 따른 중재판정 취소의 소(訴)

④ 제37조부터 제39조까지의 규정에 따른 중재판정의 승인과 집행 청구의 소는 다음 각 호의 어느 하나에 해당하는 법원이 관할한다.

1. 중재합의에서 지정한 법원
2. 중재지를 관할하는 법원
3. 피고 소유의 재산이 있는 곳을 관할하는 법원
4. 피고의 주소 또는 영업소, 주소 또는 영업소를 알 수 없는 경우에는 거소, 거소도 알 수 없는 경우에는 최후로 알려진 주소 또는 영업소를 관할하는 법원

제2장 중재합의

제8조(중재합의의 방식) ① 중재합의는 독립된 합의 또는 계약에 중재조항을 포함하는 형식으로 할 수 있다.

② 중재합의는 서면으로 하여야 한다.

③ 다음 각 호의 어느 하나에 해당하는 경우는 서면에 의한 중재합의로 본다.

1. 당사자들이 서명한 문서에 중재합의가 포함된 경우
2. 편지, 전보(電報), 전신(電信), 팩스 또는 그 밖의 통신수단에 의하여 교환된 문서에 중재합의가 포함된 경우
3. 어느 한쪽 당사자가 당사자 간에 교환된 문서의 내용에 중재합의가 있는 것을 주장하고 상대방 당사자가 이에 대하여 다투지 아니하는 경우

④ 계약이 중재조항을 포함한 문서를 인용하고 있는 경우에는 중재합의가 있는 것으로 본다. 다만, 그 계약이 서면으로 작성되고 중재조항을 그 계약의 일부로 하고 있는 경우로 한정한다.

제9조(중재합의와 법원에의 제소) ① 중재합의의 대상인 분쟁에 관하여 소가 제기된 경우에 피고가 중재합의가 있다는 항변(抗辯)을 하였을 때에는 법원은 그 소를 각하(却下)하여야 한다. 다만, 중재합의가 없거나 무효이거나 효력을 상실하였거나 그 이행이 불가능한 경우에는 그러하지 아니하다.

② 피고는 제1항의 항변을 본안(本案)에 관한 최초의 변론을 할 때까지 하여야 한다.

③ 제1항의 소가 법원에 계속(繫屬) 중인 경우에도 중재판정부는 중재절차를 개시 또는 진행하거나 중재판정을 내릴 수 있다.

제10조(중재합의와 법원의 보전처분) 중재합의의 당사자는 중재절차의 개시 전 또는 진행 중에 법원에 보전처분(保全處分)을 신청할 수 있다.

제3장 중재판정부

제11조(중재인의 수) ① 중재인의 수는 당사자 간의 합의로 정한다.

② 제1항의 합의가 없으면 중재인의 수는 3명으로 한다.

제12조(중재인의 선정) ① 당사자 간에 다른 합의가 없으면 중재인은 국적에 관계없이 선정될 수 있다.

② 중재인의 선정절차는 당사자 간의 합의로 정한다.

③ 제2항의 합의가 없으면 다음 각 호의 구분에 따라 중재인을 선정한다.

1. 단독중재인에 의한 중재의 경우: 어느 한쪽 당사자가 상대방 당사자로부터 중재인의 선정을 요구받은 후 30일 이내에 당사자들이 중재인의 선정에 관하여 합의하지 못한 경우에는 어느 한쪽 당사자의 신청을 받아 법원이 중재인을 선정한다.
2. 3명의 중재인에 의한 중재의 경우: 각 당사자가 1명씩 중재인을 선정하고, 이에 따라 선정된 2명의 중재인들이 합의하여 나머지 1명의 중재인

을 선정한다. 이 경우 어느 한쪽 당사자가 상대방 당사자로부터 중재인의 선정을 요구받은 후 30일 이내에 중재인을 선정하지 아니하거나 선정된 2명의 중재인들이 선정된 후 30일 이내에 나머지 1명의 중재인을 선정하지 못한 경우에는 어느 한쪽 당사자의 신청을 받아 법원이 그 중재인을 선정한다.

④ 제2항의 합의가 있더라도 다음 각 호의 어느 하나에 해당할 때에는 당사자의 신청을 받아 법원이 중재인을 선정한다.

1. 어느 한쪽 당사자가 합의된 절차에 따라 중재인을 선정하지 아니하였을 때
2. 양쪽 당사자 또는 중재인들이 합의된 절차에 따라 중재인을 선정하지 못하였을 때
3. 중재인의 선정을 위임받은 기관 또는 그 밖의 제3자가 중재인을 선정할 수 없을 때

⑤ 제3항 및 제4항에 따른 법원의 결정에 대하여는 항고(抗告)할 수 없다.

제13조(중재인에 대한 기피 사유) ① 중재인이 되어 달라고 요청받은 사람 또는 중재인으로 선정된 사람은 자신의 공정성이나 독립성에 관하여 의심을 살 만한 사유가 있을 때에는 지체 없이 이를 당사자들에게 고지(告知)하여야 한다.

② 중재인은 제1항의 사유가 있거나 당사자들이 합의한 중재인의 자격을 갖추지 못한 사유가 있는 경우에만 기피될 수 있다. 다만, 당사자는 자신이 선정하였거나 선정절차에 참여하여 선정한 중재인에 대하여는 선정 후에 알게 된 사유가 있는 경우에만 기피신청을 할 수 있다.

제14조(중재인에 대한 기피절차) ① 중재인에 대한 기피절차는 당사자 간의 합의로 정한다.

② 제1항의 합의가 없는 경우에 중재인을 기피하려는 당사자는 중재판정부가 구성된 날 또는 제13조제2항의 사유를 안 날부터 15일 이내에 중재판정부에 서면으로 기피신청을 하여야 한다. 이 경우 기피신청을 받은 중재인이 사임(辭任)하지 아니하거나 상대방 당사자가 기피신청에 동의하지 아니하면 중재판정부는 그 기피신청에 대한 결정을 하여야 한다.

③ 제1항 및 제2항에 따른 기피신청이 받아들여지지 아니한 경우 기피신청을 한 당사자는 그 결과를 통지받은 날부터 30일 이내에 법원에 해당 중재인에 대한 기피신청을 할 수 있다. 이 경우 기피신청이 법원에 계속 중일 때에도 중재판정부는 중재절차를 진행하거나 중재판정을 내릴 수 있다.

④ 제3항에 따른 기피신청에 대한 법원의 기피결정에 대하여는 항고할 수 없다.

제15조(중재인의 직무 불이행으로 인한 권한종료) ① 중재인이 법률상 또는 사실상의 사유로 직무를 수행할 수 없거나 정당한 사유 없이 직무 수행을 지체하는 경우에는 그 중재인의 사임 또는 당사자 간의 합의에 의하여 중재인의 권한은 종료된다.

② 제1항에 따른 중재인의 권한종료 여부에 관하여 다툼이 있는 경우 당사자는 법원에 이에 대한 결정을 신청할 수 있다.

③ 제2항에 따른 권한종료신청에 대한 법원의 권한종료결정에 대하여는 항고할 수 없다.

제16조(보궐중재인의 선정) 중재인의 권한이 종료되어 중재인을 다시 선정하는 경우 그 선정절차는 대체되는 중재인의 선정에 적용된 절차에 따른다.

제17조(중재판정부의 판정 권한에 관한 결정) ① 중재판정부는 자신의 권한 및 이와 관련된 중재합의의 존재 여부 또는 유효성에 대한 이의에 대하여 결정할 수 있다. 이 경우 중재합의가 중재조항의 형식으로 되어 있을 때에는 계약 중 다른 조항의 효력은 중재조항의 효력에 영향을 미치지 아니한다.

② 중재판정부의 권한에 관한 이의는 본안에 관한 답변서를 제출할 때까지 제기하여야 한다. 이 경우 당사자는 자신이 중재인을 선정하였거나 선정절차에 참여하였더라도 이의를 제기할 수 있다.

③ 중재판정부가 중재절차의 진행 중에 그 권한의 범위를 벗어난 경우 이에 대한 이의는 그 사유가 중재절차에서 다루어지는 즉시 제기하여야 한다.

④ 중재판정부는 제2항 및 제3항에 따른 이의가 같은 항에 규정된 시기보다 늦게 제기되었더라도 그 지연에 정당한 이유가 있다고 인정하는 경우에는 이를 받아들일 수 있다.

⑤ 중재판정부는 제2항 및 제3항에 따른 이의에 대하여 선결문제(先決問題)로서 결정하거나 본안에 관한 중재판정에서 함께 판단할 수 있다.

⑥ 중재판정부가 제5항에 따라 선결문제로서 그 권한이 있다고 결정한 경우에 이의 제기 당사자는 그 결정을 통지받은 날부터 30일 이내에 법원에 중재판정부의 권한에 대한 심사를 신청할 수 있다.

⑦ 중재판정부는 제6항에 따른 신청으로 재판이 계속 중인 경우에도 중재절차를 진행하거나 중재판정을 내릴 수 있다.

⑧ 제6항에 따른 권한심사신청에 대한 법원의 권한심사에 대하여는 항고할 수 없다.

제18조(임시적 처분) ① 당사자 간에 다른 합의가 없는 경우에 중재판정부는 어느 한쪽 당사자의 신청에 따라 결정으로 분쟁의 대상에 관하여 필요하다고 인정하는 임시적 처분을 내릴 수 있다. 이 경우 중재판정부는 피신청인이 임시적 처분을 갈음하여 제공할 담보의 금액을 정할 수 있다.

② 중재판정부는 임시적 처분의 신청인에게 적절한 담보를 제공할 것을 명할 수 있다.

제4장 중재절차

제19조(당사자에 대한 동등한 대우) 양쪽 당사자는 중재절차에서 동등한 대우를 받아야 하고, 자신의 사안(事案)에 대하여 변론할 수 있는 충분한 기회를 가져야 한다.

제20조(중재절차) ① 이 법의 강행규정(强行規定)에 반하는 경우를 제외하고는 당사자들은 중재절차에 관하여 합의할 수 있다.

② 제1항의 합의가 없는 경우에는 중재판정부가 이 법에 따라 적절한 방식으로 중재절차를 진행할 수 있다. 이 경우 중재판정부는 증거능력, 증거

의 관련성 및 증명력에 관하여 판단할 권한을 가진다.

제21조(중재지) ① 중재지는 당사자 간의 합의로 정한다.

② 제1항의 합의가 없는 경우 중재판정부는 당사자의 편의와 해당 사건에 관한 모든 사정을 고려하여 중재지를 정한다.

③ 당사자 간에 다른 합의가 없는 경우 중재판정부는 제1항 및 제2항에 따른 중재지 외의 적절한 장소에서 중재인들 간의 협의, 증인·감정인 및 당사자 본인에 대한 신문(訊問), 물건·장소의 검증 또는 문서의 열람을 할 수 있다.

제22조(중재절차의 개시) ① 당사자 간에 다른 합의가 없는 경우 중재절차는 피신청인이 중재요청서를 받은 날부터 시작된다.

② 제1항의 중재요청서에는 당사자, 분쟁의 대상 및 중재합의의 내용을 적어야 한다.

제23조(언어) ① 중재절차에서 사용될 언어는 당사자 간의 합의로 정하고, 합의가 없는 경우에는 중재판정부가 지정하며, 중재판정부의 지정이 없는 경우에는 한국어로 한다.

② 제1항의 언어는 달리 정한 것이 없으면 당사자의 준비서면, 구술심리(口述審理), 중재판정부의 중재판정 및 결정, 그 밖의 의사표현에 사용된다.

③ 중재판정부는 필요하다고 인정하면 서증(書證)과 함께 제1항의 언어로 작성된 번역문을 제출할 것을 당사자에게 명할 수 있다.

제24조(신청서와 답변서) ① 신청인은 당사자들이 합의하였거나 중재판정부가 정한 기간 내에 신청 취지와 신청 원인이 된 사실을 적은 신청서를 중재판정부에 제출하고, 피신청인은 이에 대하여 답변하여야 한다.

② 당사자는 신청서 또는 답변서에 중요하다고 인정하는 서류를 첨부하거나 앞으로 사용할 증거방법을 표시할 수 있다.

③ 당사자 간에 다른 합의가 없는 경우 당사자는 중재절차의 진행 중에 자신의 신청이나 공격·방어방법을 변경하거나 보완할 수 있다. 다만, 중재판정부가 변경 또는 보완에 의하여 절차가 현저히 지연될 우려가 있다고 인정하는 경우에는 그러하지 아니하다.

제25조(심리) ① 당사자 간에 다른 합의가 없는 경우 중재판정부는 구술심리를 할 것인지 또는 서면으로만 심리를 할 것인지를 결정한다. 다만, 당사자들이 구술심리를 하지 아니하기로 합의한 경우를 제외하고는 중재판정부는 어느 한쪽 당사자의 신청에 따라 적절한 단계에서 구술심리를 하여야 한다.

② 중재판정부는 구술심리나 그 밖의 증거조사를 하기 전에 충분한 시간을 두고 구술심리기일 또는 증거조사기일을 당사자에게 통지하여야 한다.

③ 어느 한쪽 당사자가 중재판정부에 제출하는 준비서면, 서류, 그 밖의 자료는 상대방 당사자에게 고지되어야 한다.

④ 중재판정부가 판정에서 기초로 삼으려는 감정서(鑑定書) 또는 서증은 양쪽 당사자에게 고지되어야 한다.

제26조(어느 한쪽 당사자의 해태) ① 신청인이 제24조제1항에 따라 신청서를 제출하지 아니하는 경우 중재판정부는 중재절차를 종료하여야 한다.

② 피신청인이 제24조제1항의 답변서를 제출하지 아니하는 경우 중재판정부는 신청인의 주장에 대한 자백으로 간주하지 아니하고 중재절차를 계속 진행하여야 한다.

③ 어느 한쪽 당사자가 구술심리에 출석하지 아니하거나 정하여진 기간 내에 서증을 제출하지 아니하는 경우 중재판정부는 중재절차를 계속 진행하여 제출된 증거를 기초로 중재판정을 내릴 수 있다.

④ 당사자 간에 다른 합의가 있거나 중재판정부가 상당한 이유가 있다고 인정하는 경우에는 제1항부터 제3항까지의 규정을 적용하지 아니한다.

제27조(감정인) ① 당사자 간에 다른 합의가 없는 경우 중재판정부는 특정 쟁점에 대한 감정을 위하여 감정인을 지정할 수 있다. 이 경우 중재판정부는 당사자로 하여금 감정인에게 필요한 정보를 제공하고 감정인의 조사를 위하여 관련 문서와 물건 등을 제출하게 하거나 그에 대한 접근을 허용하도록 할 수 있다.

② 당사자 간에 다른 합의가 없는 경우 중재판정부는 직권으로 또는 당사자의 신청을 받아 감정인을 구술심리기일에 출석시켜 당사자의 질문에 답변하도록 할 수 있다.

③ 중재판정부가 지정한 감정인에 대한 기피에 관하여는 제13조 및 제14조를 준용한다.

第28조(증거조사에 관한 법원의 협조) ① 중재판정부는 직권으로 또는 당사자의 신청을 받아 법원에 증거조사를 촉탁(囑託)할 수 있다.

② 제1항의 경우 중재판정부는 조서(調書)에 적을 사항과 그 밖에 증거조사가 필요한 사항을 서면으로 지정할 수 있다.

③ 수탁법원(受託法院)은 증거조사를 마친 후 증인신문조서 등본, 검증조서 등본 등 증거조사에 관한 기록을 지체 없이 중재판정부에 보내야 한다.

④ 중재판정부는 증거조사에 필요한 비용을 수탁법원에 내야 한다.

제5장 중재판정

第29조(분쟁의 실체에 적용될 법) ① 중재판정부는 당사자들이 지정한 법에 따라 판정을 내려야 한다. 특정 국가의 법 또는 법 체계가 지정된 경우에 달리 명시된 것이 없으면 그 국가의 국제사법이 아닌 분쟁의 실체(實體)에 적용될 법을 지정한 것으로 본다.

② 제1항의 지정이 없는 경우 중재판정부는 분쟁의 대상과 가장 밀접한 관련이 있는 국가의 법을 적용하여야 한다.

③ 중재판정부는 당사자들이 명시적으로 권한을 부여하는 경우에만 형평과 선(善)에 따라 판정을 내릴 수 있다.

④ 중재판정부는 계약에서 정한 바에 따라 판단하고 해당 거래에 적용될 수 있는 상관습(商慣習)을 고려하여야 한다.

第30조(중재판정부의 의사결정) 당사자 간에 다른 합의가 없는 경우 3명 이상의 중재인으로 구성된 중재판정부의 의사결정은 과반수의 결의에 따른다. 다만, 중재절차는 당사자 간의 합의가 있거나 중재인 전원이 권한을 부여하는 경우에는 절차를 주관하는 중재인이 단독으로 결정할 수 있다.

第31조(화해) ① 중재절차의 진행 중에 당사자들이 화해한 경우 중재판정부는 그 절차를 종료한다. 이 경우 중재판정부는 당사자들의 요구에 따라 그 화해 내용을 중재판정의 형식으로 적을 수 있다.

② 제1항에 따라 화해 내용을 중재판정의 형식으로 적을 때에는 제32조에 따라 작성되어야 하며, 중재판정임이 명시되어야 한다.

③ 화해 중재판정은 해당 사건의 본안에 관한 중재판정과 동일한 효력을 가진다.

제32조(중재판정의 형식과 내용) ① 중재판정은 서면으로 작성하여야 하며, 중재인 전원이 서명하여야 한다. 다만, 3명 이상의 중재인으로 구성된 중재판정부의 경우에 과반수에 미달하는 일부 중재인에게 서명할 수 없는 사유가 있을 때에는 다른 중재인이 그 사유를 적고 서명하여야 한다.

② 중재판정에는 그 판정의 근거가 되는 이유를 적어야 한다. 다만, 당사자 간에 합의가 있거나 제31조에 따른 화해 중재판정인 경우에는 그러하지 아니하다.

③ 중재판정에는 작성날짜와 중재지를 적어야 한다. 이 경우 중재판정은 그 중재판정서에 적힌 날짜와 장소에서 내려진 것으로 본다.

④ 제1항부터 제3항까지의 규정에 따라 작성·서명된 중재판정의 정본(正本)은 제4조제1항부터 제3항까지의 규정에 따라 각 당사자에게 보내고, 중재판정의 원본은 그 송부 사실을 증명하는 서면을 첨부하여 관할법원에 송부하여 보관한다.

제33조(중재절차의 종료) ① 중재절차는 종국판정(終局判定) 또는 제2항에 따른 중재판정부의 결정에 따라 종료된다.

② 중재판정부는 다음 각 호의 어느 하나에 해당하는 경우에는 중재절차의 종료결정을 하여야 한다.

1. 신청인이 중재신청을 철회하는 경우. 다만, 피신청인이 이에 동의하지 아니하고 중재판정부가 피신청인에게 분쟁의 최종적 해결을 구할 정당한 이익이 있다고 인정하는 경우는 제외한다.
2. 당사자들이 중재절차를 종료하기로 합의하는 경우
3. 중재판정부가 중재절차를 계속 진행하는 것이 불필요하거나 불가능하다고 인정하는 경우

③ 중재판정부의 권한은 제34조의 경우를 제외하고는 중재절차의 종료와 함께 종결된다.

제34조(중재판정의 정정 · 해석 및 추가 판정) ① 당사자들이 달리 기간을 정한 경우를 제외하고는 각 당사자는 중재판정의 정본을 받은 날부터 30일 이내에 다음 각 호의 어느 하나에 규정된 정정, 해석 또는 추가 판정을 중재판정부에 신청할 수 있다.

1. 중재판정의 오산(誤算) · 오기(誤記), 그 밖에 이와 유사한 오류의 정정
2. 당사자 간의 합의가 있는 경우에 중재판정의 일부 또는 특정 쟁점에 대한 해석
3. 중재절차에서 주장되었으나 중재판정에 포함되지 아니한 청구에 관한 추가 판정. 다만, 당사자 간에 다른 합의가 있는 경우는 제외한다.

② 제1항의 신청을 하는 경우 신청인은 상대방 당사자에게 그 취지를 통지하여야 한다.

③ 중재판정부는 제1항제1호 및 제2호의 신청에 대하여는 신청을 받은 날부터 30일 이내에, 같은 항 제3호의 신청에 대하여는 신청을 받은 날부터 60일 이내에 이를 판단하여야 한다. 이 경우 제1항제2호의 해석은 중재판정의 일부를 구성한다.

④ 중재판정부는 판정일부터 30일 이내에 직권으로 제1항제1호의 정정을 할 수 있다.

⑤ 중재판정부는 필요하다고 인정할 때에는 제3항의 기간을 연장할 수 있다.

⑥ 중재판정의 정정, 해석 또는 추가 판정의 형식에 관하여는 제32조를 준용한다.

제6장 중재판정의 효력 및 불복

제35조(중재판정의 효력) 중재판정은 양쪽 당사자 간에 법원의 확정판결과 동일한 효력을 가진다.

제36조(중재판정 취소의 소) ① 중재판정에 대한 불복은 법원에 중재판정 취소의 소를 제기하는 방법으로만 할 수 있다.

② 법원은 다음 각 호의 어느 하나에 해당하는 경우에만 중재판정을 취소할 수 있다.

1. 중재판정의 취소를 구하는 당사자가 다음 각 목의 어느 하나에 해당하는 사실을 증명하는 경우
   가. 중재합의의 당사자가 해당 준거법(準據法)에 따라 중재합의 당시 무능력자였던 사실 또는 중재합의가 당사자들이 지정한 법에 따라 무효이거나 그러한 지정이 없는 경우에는 대한민국의 법에 따라 무효인 사실
   나. 중재판정의 취소를 구하는 당사자가 중재인의 선정 또는 중재절차에 관하여 적절한 통지를 받지 못하였거나 그 밖의 사유로 본안에 관한 변론을 할 수 없었던 사실
   다. 중재판정이 중재합의의 대상이 아닌 분쟁을 다룬 사실 또는 중재판정이 중재합의의 범위를 벗어난 사항을 다룬 사실. 다만, 중재판정이 중재합의의 대상에 관한 부분과 대상이 아닌 부분으로 분리될 수 있는 경우에는 대상이 아닌 중재판정 부분만을 취소할 수 있다.
   라. 중재판정부의 구성 또는 중재절차가 이 법의 강행규정에 반하지 아니하는 당사자 간의 합의에 따르지 아니하였거나 그러한 합의가 없는 경우에는 이 법에 따르지 아니하였다는 사실
2. 법원이 직권으로 다음 각 목의 어느 하나에 해당하는 사유가 있다고 인정하는 경우
   가. 중재판정의 대상이 된 분쟁이 대한민국의 법에 따라 중재로 해결될 수 없는 경우
   나. 중재판정의 승인 또는 집행이 대한민국의 선량한 풍속이나 그 밖의 사회질서에 위배되는 경우

③ 중재판정 취소의 소는 중재판정의 취소를 구하는 당사자가 중재판정의 정본을 받은 날부터 또는 제34조에 따른 정정·해석 또는 추가 판정의 정본을 받은 날부터 3개월 이내에 제기하여야 한다.

④ 해당 중재판정에 관하여 대한민국의 법원에서 내려진 승인 또는 집행 판결이 확정된 후에는 중재판정 취소의 소를 제기할 수 없다.

제7장 중재판정의 승인과 집행

제37조(중재판정의 승인과 집행) ① 중재판정의 승인 또는 집행은 법원의 승인 또는 집행판결에 따라 한다.

② 중재판정의 승인 또는 집행을 신청하는 당사자는 다음 각 호의 서류를 제출하여야 한다. 다만, 중재판정 또는 중재합의가 외국어로 작성되어 있는 경우에는 정당하게 인증된 한국어 번역문을 첨부하여야 한다.

1. 중재판정의 정본 또는 정당하게 인증된 그 등본
2. 중재합의의 원본 또는 정당하게 인증된 그 등본

제38조(국내 중재판정) 대한민국에서 내려진 중재판정은 제36조제2항의 사유가 없으면 승인되거나 집행되어야 한다.

제39조(외국 중재판정) ① 「외국 중재판정의 승인 및 집행에 관한 협약」을 적용받는 외국 중재판정의 승인 또는 집행은 같은 협약에 따라 한다.

② 「외국 중재판정의 승인 및 집행에 관한 협약」을 적용받지 아니하는 외국 중재판정의 승인 또는 집행에 관하여는 「민사소송법」 제217조, 「민사집행법」 제26조제1항 및 제27조를 준용한다.

제8장 보칙

제40조(상사중재기관에 대한 보조) 정부는 이 법에 따라 국내외 상사분쟁(商事紛爭)을 공정·신속하게 해결하고 국제거래질서를 확립하기 위하여 지식경제부장관이 지정하는 상사중재(商事仲裁)를 하는 사단법인에 대하여 필요한 경비의 전부 또는 일부를 보조할 수 있다.

제41조(중재규칙의 제정 및 승인) 제40조에 따라 상사중재기관으로 지정받은 사단법인이 중재규칙을 제정하거나 변경할 때에는 대법원장의 승인을 받아야 한다.

부록

2. 대한상사중재원 중재규칙

(1989. 11. 16. 대법원승인)
(1993. 12. 14. 대법원승인)
(1996. 8. 5. 대법원승인)
(2000. 4. 27. 대법원승인)
(2004. 12. 13. 대법원승인)
(2008. 11. 13. 대법원승인)

제1장 총 칙

제1조(목적) 이 규칙은 사단법인 대한상사중재원(이하 중재원이라 한다)이 중재법에 의하여 상사중재를 공정·신속하게 하기 위한 절차를 규정함을 목적으로 한다.

제2조(중재의 분류) 제1조의 상사중재(이하 중재라 한다)는 국내중재와 국제중재로 나눈다. 국내중재는 국내에 주된 영업소나 주소를 두고 있는 당사자간의 중재를 말하며 국제중재는 위의 국내중재를 제외한 중재를 말한다.

제3조(사무국) ① 중재원은 중재에 관한 사무를 처리하기 위하여 중재원의 본부 또는 지부에 사무국을 둔다.

② 사무국의 조직 및 그 직능과 운영은 중재원이 별도로 정한다.

제4조(중재인명부) 중재원은 중재인명부를 작성·유지하며, 사무국에서 중재인을 선정하는 경우에는 이 규칙이 정하는 바에 의하여 이 중재인명부 중에서 선정한다.

제5조(중재판정부) ① 당사자 간의 분쟁해결을 위하여 이 규칙에 의해 선정된 1인 또는 수인의 중재인은 중재판정부를 구성한다.

② 중재판정부의 사무소는 중재원의 본부 또는 지부에 둔다.

제6조(중재서기) ① 중재원은 각 중재사건의 사무를 처리하기 위하여 그 사무국의 직원중에서 1인 또는 수인의 중재서기(이하 서기라 한다)를 지명한다.

② 서기는 지정된 중재사건에 관하여 이 규칙이 정하는 직무를 수행한다.

제7조(중재의 대리) 당사자는 이 규칙에 의한 절차의 대리를 변호사 또는 상당하다고 인정되는 자로 하여금 하게 할 수 있다. 그러나 중재판정부가 대리인이 중재절차 대리에 부적당하다고 판단하는 경우 동 대리인을 거부할 수 있다.

제8조(비공개) 중재절차는 공개하지 아니한다.

제2장 당사자의 합의

제9조(당사자의 합의) 당사자가 계약중의 중재조항으로 또는 현존하는 분쟁을 중재에 의하여 해결하기로 하는 합의로 이 규칙에 의한 중재 또는 중재원의 중재에 의하기로 합의한 경우에는 이 규칙 중 중재절차에 관한 규정을 그 중재합의의 일부로 한 것으로 본다.

제3장 중재의 신청

제10조(신청) ① 이 규칙에 의한 중재를 신청하고자 하는 자는 중재원의 사무국에 중재신청서와 함께 제9장 소정의 중재비용 및 다음과 같은 서면을 제출하여야 한다.

1. 중재의 합의를 인증하는 서면
2. 대리인이 있는 경우 위임장

② 중재신청서에는 다음 사항을 기재하여야 한다.

1. 당사자의 성명 및 주소(법인인 경우에는 그 대표자의 성명 및 주소를 함께 기재한다)
2. 대리인이 있는 경우에는 그 성명 및 주소

3. 중재신청의 취지
4. 중재신청의 이유 및 입증방법

제11조(신청의 접수 및 통지) ① 사무국은 중재의 신청서를 제출받음과 동시에 해당 신청이 제10조의 규정에 적합한 것인지의 여부를 확인하고 적합한 경우에는 이를 접수한다.

② 사무국이 중재의 신청을 접수하였을 때에는 쌍방당사자에게 이를 접수하였다는 뜻을 통지한다. 이 경우에 피신청인에게는 중재신청서 1부를 첨부하여야 한다.

제12조(답변) ① 피신청인은 제11조 제2항의 규정에 의한 통지의 수령일(이하 기준일이라 한다)로부터 국내중재의 경우 15일, 국제중재의 경우 30일 이내에 그 통지를 한 사무국에 다음의 서류를 제출하여 답변할 수 있다.

1. 답변서
2. 답변의 이유를 증명하는 서증이 있는 경우에는 그 서증의 원본 또는 사본
3. 대리인이 답변하는 경우에는 그 위임장

② 제1항 제1호의 답변서에는 다음 사항을 기재하여야 한다.

1. 피신청인과 상대방의 성명 및 주소(당사자가 법인인 경우에는 법인의 명칭 및 주소 이외에 그 대표자의 성명 및 주소를 병기한다)
2. 대리인이 있는 경우에는 그 성명 및 주소
3. 답변의 취지
4. 답변의 이유 및 입증방법

③ 사무국은 답변서를 제출받음과 동시에 그 답변이 제2항의 규정에 적합한 것인지의 여부를 확인하고 적합한 경우에는 이를 접수한다.

④ 사무국이 답변을 접수하였을 때는 쌍방 당사자에게 이를 접수하였다는 뜻을 통지한다. 이 경우에는 신청인에게는 답변서 1부를 첨부하여야 한다.

⑤ 제1항의 기간 내에 답변서의 제출이 없는 경우에는 신청인이 주장하는 청구의 기각을 구하는 것으로 본다.

제13조(제출서류의 부수) 제10조 제1항 및 제12조 제1항(이상의 규정을 제14조 제3항 및 제16조 제3항에서 준용하는 경우를 포함한다)의 규정에 의

하여 당사자가 제출하는 서류의 부수는 그 서류가 위임장인 경우를 제외하고는 5부(원본을 제출하였을 경우에는 그 원본을 포함하여 5부)로 한다. 다만, 사무국은 필요에 따라 제출서류의 부수를 가감할 수 있다.

제14조(반대신청) ① 피신청인은 중재절차 중 반대신청을 할 수 있다. 다만, 중재판정부는 반대신청이 시기에 늦어 상대방의 이익을 해하거나, 절차의 완결을 지연하게 하는 것으로 인정하는 경우에는 직권 또는 상대방의 신청에 의하여 이를 허가하지 아니할 수 있다.

② 피신청인의 반대신청은 신청인의 중재신청과 병합심리 한다.

③ 반대신청 그 접수 및 통지와 반대신청에 대한 답변에 관하여는 제10조 내지 제13조의 규정을 준용한다.

제15조(중재판정부에 의한 반대신청의 요구) 중재판정부가 답변의 취지 또는 이유가 반대신청의 내용을 포함하고 있다고 판단할 경우 중재판정부는 피신청인에게 그 부분에 대하여 제14조의 규정에 의한 반대신청을 할 것인지의 여부를 명확히 하도록 요구할 수 있다.

제16조(신청 및 답변의 변경 또는 보완) ① 신청서 또는 답변서의 제출 후에 당사자의 일방 또는 쌍방이 신청을 변경하거나 신청의 보완을 하는 경우에는 이를 서면으로 작성하여 사무국에 제출하여야 한다.

② 중재절차 진행 중에 신청과 답변을 변경하거나 신청의 보완을 하고자 할 때에는 중재판정부의 허가를 받아야 한다. 다만, 중재판정부는 그 변경 또는 보완이 시기에 늦어 상대방의 이익을 해하거나, 절차의 완결을 지연하게 하는 것으로 인정하는 경우에는 직권 또는 상대방의 신청에 의하여 이를 허가하지 아니할 수 있다.

③ 제1항의 변경에 관하여는 제10조 내지 제13조의규정을 준용한다.

제17조(중재장소의 결정) 중재를 실시할 장소는, 당사자 간에 별도의 약정이 없는 한, 해당 사건에 관한 당사자의 편의, 증거조사 방법 등을 고려하여 사무국이 정한다.

제18조(조정에 의한 해결) ① 기준일로부터 국내중재의 경우 15일, 국제중재의 경우 30일 이내에 당사자 쌍방의 조정요청이 있는 경우 사무국은 중재절차를 개시하기 전에 분쟁을 조정에 회부한다.

② 사무국은 중재인명부 중에서 1인 또는 3인을 조정인으로 선정한다. 조정의 절차와 방법은 조정인이 정한다.

③ 조정이 성립하면 그 조정인은 당사자의 합의에 의하여 선정된 중재인으로 보며 조정의 결과는 제53조의 화해에 의거한 판정의 방식으로 처리되는 동시에 판정과 동일한 효력을 가진다.

④ 조정인이 선정된 날로부터 30일 이내에 조정이 성립되지 아니하는 경우에는 그 조정절차는 종료되며, 즉시 이 규칙에 의한 중재인의 선정 및 중재절차가 개시된다. 그러나 당사자는 합의에 의하여 위 기간을 연장할 수 있다.

⑤ 조정절차의 비용은, 당사자간 별도의 합의가 없는 한, 당사자 각자 부담으로 한다

⑥ 제9장 소정의 중재비용에 관한 규정은 각각 조정의 경우에 이를 준용하며, 본조 제4항에 의거 중재로 계속된 때에는 조정비용은 중재비용의 일부로 본다.

제4장 중재인의 선정

제19조(중재인의 자격) 중재의 결과에 관하여 법률적 또는 경제적 이해관계가 있는 자는 중재인이 될 수 없다. 그러나 당사자가 중재인에게 위와 같은 사정이 있음을 알면서도 서면으로 그 중재인을 선정하기로 합의한 경우에는 그러하지 아니하다.

제20조(당사자의 합의에 의한 선정) ① 당사자의 합의에 의하여 중재인(의장으로 행동할 의장중재인을 포함한다. 이하 같다)을 선정하거나 또는 중재인의 선정방법을 정하였을 경우에는 이에 따라서 중재인이 선정된다.

② 법 제12조 제2항의 당사자의 합의로 중재인을 선정하는 경우에는 다음 각 호에서 정하는 방법에 따라 중재인을 선정한다.

1. 당사자가 중재인을 직접 선정하였을 경우에는 기준일로부터 국내중재의 경우 15일, 국제중재의 경우 30일 이내에 그 중재인의 성명, 주소 및 직업을 기재한 서면에 중재인 취임수락서를 첨부하여 사무국에 제출하

여야 한다.

2. 사무국은 중재인을 선정하고자 하는 당사자의 요구가 있으면 중재원의 중재인명부를 제시하여야 한다.
3. 당사자의 합의에서 중재인 선정기간을 정하고서도 당사자가 그 기간 내에 선정을 하지 아니하는 경우에는 사무국이 중재인을 선정한다.
4. 당사자의 합의에서 중재인 선정기간을 정하지 아니하였을 경우에는 사무국은 즉시 당사자에게 중재인을 선정하도록 통지하고 통지의 수령 후 국내중재의 경우 15일, 국제중재의 경우 30일 이내에 선정하지 아니하는 경우에는 사무국이 중재인을 선정한다.
5. 당사자의 합의에 의하여 당사자가 선정한 중재인이 다른 중재인을 선정하도록 되어 있는 경우, 당사자 사이에 그 다른 중재인의 선정기간의 정함이 없거나, 그 정함이 있는 경우에도 그 선정기간내 다른 중재인이 선정되지 아니하는 경우에는, 사무국은 당사자가 선정한 중재인에게 다른 중재인을 선정하도록 통지하고 통지의 수령후 국내중재의 경우 15일, 국제중재의 경우 30일 이내에 당사자가 선정한 중재인이 다른 중재인을 선정하지 아니하는 때에는 사무국이 그 중재인을 선정한다.

③ 제1항에 따라 당사자가 중재인을 선정하지 아니하거나 선정방법을 정하지 아니한 경우 또는 제2항 제3호 및 제4호에서 사무국이 중재인을 선정하는 경우에는 제21조를 준용하여 사무국이 선정한다.

제21조(사무국에 의한 선정) ① 사무국은 중재신청이 접수되면 제18조의 규정에 의한 조정의 가망이 없거나 조정이 성립되지 아니하였을 경우 지체 없이 중재인명부 중에서 중재인후보자수인을 선택하고 그 명단을 당사자 쌍방에게 송부하여야 한다.

② 각 당사자는 제1항의 명단의 수령일로부터 국내중재의 경우 15일, 국제중재의 경우 30일 이내에 후보자명 위에 의장중재인과 중재인을 각각 구별하여 선정의 희망순위를 표시하기 위한 번호를 붙여서 이를 사무국에 반송하여야 한다. 위의 기간 내에 그 명단을 반송하지 아니하는 경우에는 그 명단에 기재된 후보자 전원에 대하여 동일순위로 지명한 것으로 보고, 반송된 명단 중 동일순위로 지명된 2인 이상의 후보자나 희망순위

표시가 없는 후보자나 말소된 후보자에 대하여는 상대방의 희망순위를 참작하여 중재원이 희망순위를 조정한다. 희망순위의 조정은 동일순위로 지명된 2인 이상의 후보자, 희망순위 표시가 없는 후보자, 말소된 후보자 순으로 조정한다.

③ 사무국은 제2항에서 지명된 후보자의 순위에 따라 중재인의 취임수락서를 받아야 한다. 다만, 희망순위가 동일한 후보자가 복수일 때에는 사무국이 그 복수 후보자 중에서 중재인을 선정한다.

④ 당사자 쌍방이 지명한 중재인이 취임수락을 거절하거나 또는 다른 이유로 직무를 행할 수가 없는 경우에는 이미 제출된 명단에서 순위에 따라 지명된 중재인으로부터 취임수락을 받는다. 그러나 이미 제출된 명단에서 선정할 수 없으면 본조에서 정하는 방법에 따라 중재인을 다시 선정하여야 한다.

⑤ 사무국은 중재인에게 취임수락을 요청할 때에는 이 규칙 제25조의 요건에 관하여 중재인의 주의를 환기시켜야 하며, 이 규칙 1부를 첨부하여야 한다.

제22조(중재인선정의 제한) 당사자의 국적이나 거주하는 국가가 다른 경우 사무국이 중재인을 선정함에 있어서는 단독중재인이나 의장중재인은 당사자의 어느 일방의 요구가 있으면 당사자의 어느 편에도 속하지 아니하는 제3국인 중에서 선정하여야 한다. 다만, 제3국인 선정요청은 동규칙 제21조 제2항의 중재인 후보자명단 반송시까지에 한 한다.

제23조(중재인의 수) 중재합의에서 중재인의 수를 정하였을 경우에는 그수에 따르고, 그 수를 정하지 아니하였을 경우에는 중재인의 수는 사무국이 1인 또는 3인으로 정한다.

제24조(중재인선정의 통지) 이 규칙에 의하여 중재인 전원이 선정되었을 경우에는 사무국은 쌍방 당사자 및 중재인 모두에게 지체없이 중재인 전원의 성명, 주소 및 직업을 서면으로 통지하여야 한다.

제25조(중재인의 부적격 고지) ① 선정의 통지를 받은 중재인은 그 자신의 공정성 또는 독립성에 관하여 정당한 의문을 야기시킬 수 있는 사유가 있을 때에는 지체 없이 서면으로 이를 모두사무국에 고지하여야 한다.

② 사무국이 제1항의 고지를 접수하였을 때에는 즉시 이를 중재판정부와 당사자에게 통지하여야 하며 중재인을 기피하고자 하는 당사자는 중재판정부가 구성된 날로부터 또는 중재인에 대한 기피사유를 안 날로부터 15일이내에 서면으로 중재판정부에 대한 기피신청을 해야 한다. 그러나 당사자가 위 기간 내에 이의를제기하지 아니하였을 경우에는 다시 그 사정을 이유로 그 중재인의 자격에 대하여 이의를 제기할 수 없다.

③ 당사자의 일방이 고지 받은 사정을 이유로 그 사정이 있는 중재인을 선정함에 대하여 이의를 제기함으로써 발생되는 중재인의 결원은 제26조에서 정하는 방법으로 보충된다.

제26조(중재인의 보궐) ① 중재인이 사임, 사망 또는 기타의 사유로 인하여 결원이 되었을 경우에는 그 중재인을 당사자가 선정한 경우에는 당사자가 그 중재인 선정의 방식에 따라 이에 대신할 중재인을 새로 선정 통지하여야 하고, 그 중재인을 사무국이 선정한 경우에는 제21조 제3항 및 제4항의 방식에 따라 선정 통지하여야 한다.

② 제1항의 경우에는 당사자 간에 따로 합의가 있는 경우를 제외하고 양 당사자 또는 중재판정부가 신 중재인에게 종전의 심리 결과를 진술 또는 설명하여 신중재인이 이의를 제기하지 아니하면 절차를 속행한다. 다만, 종전 심리한 증인에 대하여 당사자가 다시 심리를 신청한 때에는 중재인은 그 심리를 하여야 한다.

제5장 심리절차

제27조(일시와 장소) ① 중재심리의 일시, 장소와 방식은 중재판정부가 정한다.

② 사무국은 제1항의 결정을 심리개시 국내중재의 경우 10일, 국제중재의 경우 20일 전까지 당사자에게 통지하여야 한다. 그러나 당사자가 위 기간을 변경하는 경우에는 그러하지 아니하다.

③ 중재판정부가 제1항의 심리의 방식을 정함에 있어서는 집중심리 등을 통하여 절차상 지연됨이 없도록 충분한 배려를 하여야 한다.

제28조(속기록의 작성 등) ① 사무국은 당사자의 일방 또는 쌍방의 요구가 있으면 당사자의 진술이나 증언의 녹음 또는 속기록을 작성하는데 필요한 준비를 하여야 한다.

② 중재판정부의 지시에 의하여 사무국이 제1항의 준비를 할 경우의 비용은 이 규칙 제65조에 의하여 당사자가 예납한 금액에서 지급한다.

제29조(번역문 제출) 당사자는 사무국 또는 중재판정부의 요구가 있으면, 사무국 또는 중재판정부에 제출하는 서면, 서증 또는 기타 문서의 번역문을 제출하여야 한다.

제30조(통역 또는 번역) ① 사무국은 당사자의 일방 또는 쌍방의 요구가 있거나 중재판정부가 필요하다고 인정하여 지시하는 경우에는 통역 또는 번역에 필요한 준비를 하여야 한다.

② 중재판정부의 지시에 의하여 사무국이 제1항의 준비를 할 경우의 소요경비는 이 규칙 제65조에 의하여 당사자가 예납한 금액에서 지급한다.

제31조(심리에의 출석) ① 당사자는 심리에 출석할 수 있다.

② 당사자 이외의 자로서 중재판정 결과에 이해관계가 있는 자는 중재판정부에 이해관계가 있음을 소명하고 중재판정부의 허가를 받아 심리에 출석할 수 있다.

③ 중재판정부는 증인의 증언 중 다른 증인의 퇴석을 요구할 수 있다.

제32조(심리의 연기 또는 속행) 중재판정부는 상당한 이유가 있으면 직권 또는 당사자의 요구에 의하여 심리를 연기 또는 속행할 수 있다. 다만, 심리기일 연기신청은 심리기일 3일 전까지 하여야 하며 그 다음 기일은 국내중재의 경우 15일, 국제중재의 경우 30일 이내로 정하도록 하며, 계속하여 2회 이상 연기하지 않도록 하여야 한다.

제33조(중재판정부의 의사결정) 중재인이 수인인 경우에는 중재판정을 포함한 모든 결정은, 당사자간에 별도의 합의가 없는 한 중재인의 과반수 결의에 의한다. 다만, 중재심리절차에 관한 사항에 관하여 다수결이 이루어지지 아니하는 경우에는 의장중재인이 정한다.

제34조(심리) ① 중재판정부는 당사자에게 심리절차를 신속·정확하게 진행할 수 있도록 하기 위하여 사전에 주장과 증거방법 및 상대방 주장에 대

한 의견을 기재한 준비서면과 답변서를 제출하게 할 수 있다.

② 중재판정부는 필요하다고 인정하는 경우 또는 당사자 쌍방의 요청이 있는 때에는, 당사자가 제출한 준비서면과 답변서를 요약하여 제출하게 하거나 중재판정부가 이를 요약한 다음 당사자의 확인을 받을 수 있다. 이 경우에 중재판정부는 요약된 쟁점에 대해서만 심리·판정할 수 있다.

제35조(심리절차) ① 심리는 사건과 당사자의 호명으로 개시된다.

② 중재판정부는 심리를 하기 전에 분쟁의 쟁점을 설명하는 진술을 요구할 수 있다.

③ 중재를 신청한 당사자는 신청취지 및 신청이유의 진술과 동시에 증거서류를 제출하고 증인을 출석시키며 중재의 피신청인인 당사자는 항변과 동시에 증거서류를 제출하고 증인을 출석시킨다.

④ 당사자의 일방이 증거물을 제출하는 경우에는 중재판정부는 이를 증거로서 접수할 수 있다. 접수되면 서기는 번호를 붙여서 기록의 일부로 한다.

⑤ 중재판정부는 필요하다고 인정하는 경우에는 심리절차를 변경할 수 있다. 그러나 당사자 쌍방에게 증거 및 관계자료를 제출할 수 있는 공평하고 충분한 기회를 주어야 한다.

⑥ 당사자가 준비서면을 수차에 걸쳐 중복 제출함으로써, 공격·방어방법의 요지를 파악하기 어렵다고 인정한 때는 중재판정부는 심리의 종결에 앞서 요약된 준비서면의 제출을 명할 수 있다.

제36조(당사자의 해태) 중재를 신청한 당사자가 신청취지를 특정하지 아니하거나, 신청이유 및 입증방법을 명시 또는 제출하지 아니하거나 당사자 쌍방이 주장 및 입증을 태만히 하여 중재절차의 계속적 진행이 부적절하다고 판단하는 경우에는 중재판정부는 중재절차의 종료를 결정할 수 있다.

제37조(당사자의 불출석) ① 당사자의 일방이 정당하게 통지 또는 고지되었는데도 불구하고 출석하지 아니하거나 출석하여도 심리에 응하지 아니하는 경우에도 중재는 그대로 진행시킬 수 있다.

② 제1항의 경우에는 결석하거나 심리에 응하지 아니한 당사자가 제출한 서면 기타의 증거가 있을 때에는 이를 진술 또는 제출한 것으로 보고 출

석한 당사자에게 판정에 필요한 심리를 진행할 수 있다.

③ 당사자 쌍방이 정당하게 통지 또는 고지가 되었는데도 불구하고 2회 이상 출석하지 아니하거나, 출석하여도 심리에 응하지 아니하는 경우에는 중재판정부는 중재절차의 종료를 결정할 수 있다.

제38조(중재신청의 철회) ① 중재신청인은 중재판정에 이르기까지 중재신청의 전부 또는 일부를 서면에 의하여 철회할 수 있다. 다만, 피신청인이 답변서를 제출하거나 심리절차에서 진술한 후에는 피신청인의 동의를 얻어야 한다.

② 제1항의 경우 중재신청 철회의 서면이 발송된 날로부터 국내중재의 경우 15일, 국제중재의 경우 30일 이내에 상대방이 이의를 제기하지 아니한 때는 철회에 동의한 것으로 본다.

제39조(준비서면 및 기타 문서의 제출) ① 심리시에 중재판정부에 제출하지 못하고 심리당시의 합의 또는 그 이후의 합의 및 중재판정부의 요구에 의하여 제출하는 모든 준비서면 및 기타 문서는 사무국이 접수하여 중재판정부에 송달하여야 한다. 이 경우에는 쌍방의 당사자에게 이 서류를 조사할 수 있는 기회를 주어야 한다.

② 제1항에 의한 준비서면 및 기타 문서가 중재판정부에서 정한 기간내에 제출되지 아니한 경우에도, 중재판정부는 심리를 진행시킬 수 있다.

제40조(검증) 중재판정부는 검증을 할 필요가 있을 경우에는 검증하기 전에 검증의 목적, 일시 및 장소를 정하여 사무국으로 하여금 이를 당사자에게 통지하도록 한다. 당사자는 검증에 입회할 수 있다.

제41조(임시적 처분) ① 중재판정부는 당사자의 어느 일방의 신청이 있는 경우에는 당사자의 권리나 분쟁의 최종판정과는 관계없이 분쟁의 대상이 된 재산을 보호하기 위하여 필요한 조치를 당사자의 어느 일방에게 지시할 수 있다.

② 중재판정부는 임시적 처분의 신청인에게 적절한담보를 제공할 것을 명할 수 있다.

제42조(증거) ① 당사자는 자기의 주장을 입증할 수 있는 증거를제출하거나 증인 또는 감정인의 임의출석을 신청할수 있다. 다만, 중재판정부는 제

출된 증거와 당사자의 주장이 서로 관련이 없다고 인정할 때는 이를 조사하지 아니할 수 있다.

② 중재판정부는 필요하다고 인정할 때는 증거의 제출이나 증인 또는 감정인의 임의의 출석을 요구할 수 있다. 그러나 중재판정부가 정한 기간내에 증거가 제출되지 아니하거나, 증인 또는 감정인이 출석하지 않은 경우에도 중재판정부는 심리를 진행시킬수 있다.

③ 중재판정부가 중재판정에 필요하다고 인정하는 증거의 조사를 직접할 수 없는 것은 직권 또는 당사자의 요구에 의하여 관할법원에 이를 신청할 수 있다.

④ 모든 증거는 당사자 전원이 출석하고, 단독중재인 또는 중재인의 과반수가 출석한 자리에서 제출 조사되어야 한다. 그러나 어느 당사자가 정당한 사유 없이 출석하지 아니하거나 출석할 권리를 포기한 경우에는 그러하지 아니하다.

⑤ 중재인은 제출된 증거의 신빙성과 유용성을 자유심증으로 판단한다.

제43조(심리의 종결) ① 중재판정부는 당사자가 주장 및 입증을 다하였다고 인정할 때는 심리의 종결을 선언하여야 한다.

② 이 규칙에서 정하는 요약준비서면 등의 제출이 요구되는 경우에는 중재판정부가 동 서류의 제출을 위하여 정한 최종기일에 심리종결이 있는 것으로 본다.

제44조(심리의 재개) ① 중재판정부는 직권에 의하여 또는 당사자의 일방이 상당한 이유를 제시하여 신청하였을 경우에는 판정전이면 언제든지 심리를 재개할 수 있다.

② 제1항의 경우에 있어서 당사자가 중재합의에서 정한 기간내에 판정을 할 수 없게 되면 당사자가 그 기간을 연장할 것을 합의하여야 심리를 재개할 수 있다.

③ 심리가 재개되었을 경우의 심리종결일은 그 재개된 심리가 종결된 날로 한다.

제45조(서면심리에 의한 절차) ① 당사자는 서면에 의한 합의에 의하여 분쟁을 구술심리에 의하지 아니하고 서면심리에 의한 중재에 붙일 수 있다.

② 당사자가 절차에 관하여 따로 정하지 아니하였을 경우에는 중재는 본조와 저촉하는 규정을 제외하고는 이 규칙에 의하여 행하여진다.
③ 사무국은 아래의 절차에 따라서 필요한 문서와증거를 제출하도록 당사자에게 통지한다.
④ 당사자는 원인사실의 진술을 포함한 쟁점에 관한 진술서에 증거를 첨부하여 사무국에 제출하여야 하며 이에는 요약서를 첨부할 수 있다.
⑤ 모든 서류는 진술서와 증거를 제출하도록 통지된 일로부터 국내중재의 경우 15일, 국제중재의 경우 30일 이내에 사무국이 요구하는 부수의 사본을 구비하여 제출되어야 한다.
⑥ 사무국은 일방의 당사자로부터 제출된 진술서 및 증거의 사본을 상대방에게 송부한다. 각 당사자는 상대방의 진술서 및 증거에 대하여 답변하거나 의견을 진술할 수 있다. 그러나 그 송부후 국내중재의 경우15일, 국제중재의 경우 30일 이내에 당사자가 답변서 내지 의견서를 제출하지 아니한 경우에는 그 당사자는 답변 내지 의견진술의 권리를 포기한 것으로 본다.
⑦ 사무국은 모든 증거 및 서류를 이 규칙 제4장에서 정하는 바에 따라서 구성된 중재판정부에 송달한다. 중재판정부는 그 송달일로부터 10일 이내에 당사자에게 추가증거의 제출을 요구할 수 있다. 사무국은 이 요구를 당사자에게 통지하고 당사자는 통지일로부터 국내중재의 경우 15일, 국제중재의 경우 30일 이내에 추가증거를 제출하여야 한다.
⑧ 사무국은 당사자의 일방으로부터 제출된 추가진술서 및 증거의 사본을 상대방 당사자에게 송부한다. 각 당사자는 그 진술서 및 증거에 대하여 답변 내지 의견을 진술할 수 있다. 그러나 서류의 송부 후 국내중재의 경우 15일, 국제중재의 경우 30일 이내에 답변 내지 의견진술을 하지 아니하는 당사자는 답변 내지 의견을 진술하는 권리를 포기한 것으로 본다.
⑨ 본조 각항 규정에 따라서 제출된 모든 서류를 중재판정부에 송달하였을 경우에는 심리절차는 그 때종결된 것으로 본다.

제6장 특별조항

제46조(이의신청권의 상실) 당사자가 이 규칙의 규정 또는 요건이 지켜지지 아니한 것을 알았거나 알 수 있으면서 이에 대하여 지체없이 이의를 제기하지 아니하고 중재절차를 진행한 경우에는 이에 대한 이의신청권을 상실한다.

제47조(기간의 변경) 당사자는 서면에 의한 합의로 이 규칙에서 정한 기간을 변경할 수 있다. 중재판정부는 상당한 이유가 있으면 판정을 하는 기간을 제외하고는 이 규칙에서 정한 기간을 연장할 수 있다. 기간을 연장하는 경우에 중재판정부는 사무국을 통하여 그 연장기간 및 이유를 당사자에게 통지하여야 한다.

제7장 판 정

제48조(중재판정 등) ① 판정은 신속히 하여야 한다. 중재판정부는 당사자의 합의 또는 법률의 규정 중 다른 정함이 없는 한 심리종결일로부터 30일 이내에 판정하여야 한다.

② 중재인이 수인인 경우, 중재인 일부가 중재판정에의 참여를 거부하거나, 정당한 이유없이 중재판정합의에 불참한 경우에는 과반수에 해당하는 나머지 중재인들만의 합의로 결정한다.

③ 사무국은 중재판정에 영향을 미치지 않는 범위내에서 중재판정의 형식에 관하여 중재판정부에 의견을 제시할 수 있다.

제49조(판정의 형식) ① 중재판정은 다음 사항을 서면으로 작성하고 중재인이 서명하여야 한다. 다만, 당사자 간에 합의가 있거나 제53조 화해중재판정의 경우에는 판정이유의 기재를 생략할 수 있다.

1. 당사자의 성명, 또는 명칭과 주소, 대리인이 있는 경우에는 그 대리인의 성명과 주소
2. 판정주문 및 판정이유

3. 작성년월일
4. 중재지

② 수인의 중재인에 의한 중재판정의 경우, 과반수에 미달하는 일부 중재인이 중재판정에 서명을 거부하거나 서명할 수 없을 때에는 다른 중재인이 그 사유를 기재하고 서명하여야 한다.

제50조(언어) 당사자 간에 다른 합의가 없는 경우에 중재절차에서 사용될 언어는 한국어로써 한다. 다만, 당사자의 일방 또는 쌍방으로부터 요구가 있거나 또는 중재인 중에서 외국의 국적을 가진 자가 있을 때는 한국어와 영어를 공용할 수 있으며 이에 따라 국문과 영문으로 작성되는 중재판정문은 모두 이를 정본으로 한다. 그러나 국문과 영문의 중재판정문에 해석상 차이가 있을 때는 한국어에 의하여 해석한다.

제51조(규칙의 해석 및 적용) ① 개개의 분쟁사건에 대한 이 규칙의 해석 및 적용은 그 분쟁사건을 담당하는 중재판정부가 한다.

② 제1항의 경우 중재판정부를 구성하는 중재인간에 의견일치를 보지 못하는 경우에는 다수결에 의한다.

제52조(판정의 범위) ① 중재판정부는 중재합의의 범위내에서 계약의 현실이행 뿐만 아니라 공정하고 정당한 배상이나 기타의 구제를 명할 수 있다.

② 중재판정부는 책임 있는 일방 또는 쌍방의 당사자에게 제9장 소정의 중재비용의 부담비율을 명하여야 한다.

③ 중재판정부는 상당하다고 인정되는 범위 내에서이자, 지연손해금에 대하여 그 지급을 명할 수 있다.

제53조(화해중재판정) 당사자가 중재절차 중에 화해를 하였을 경우에 당사자가 요구하면 중재판정부는 합의된 화해의 내용을 판정으로써 기재할 수 있다.

제54조(중재판정의 정정, 해석 및 추가판정) ① 중재판정부는 중재판정문에서 숫자계산의 착오나 과실 기타 이와 유사한 사유로 인하여 발생한 명백한 오자 또는 오류를 발견하였을 때는 결정으로 이를 정정할 수 있다. 다만, 해당 중재판정부가 정정할 수 없는 때에는 사무국이 이를 할 수 있다.

② 중재판정부는 당사자 간의 합의가 있는 경우에 중재판정의 일부 또는 특정쟁점의 해석에 대하여 당사자가 중재판정의 정본을 받은 날로부터 30일 이내에 신청하면, 신청을 받은 날로부터 30일 이내에 판단하여야 한다.

③ 중재판정부는 중재절차에서 주장되었으나 중재판정에 포함되지 아니한 청구에 대한 추가판정은 당사자의 신청을 받은 날로부터 60일 이내에 판단하여야 한다.

④ 위 제1항 내지 제3항은 중재판정의 일부를 구성한다.

第55조(중재판정문의 송부) ① 사무국은 중재판정의 정본을 당사자 또는 대리인에게 법 제4조 제1항 내지 제3항의 규정에서 정하는 방법에 따라 송부하고, 중재판정의 원본은 그 송부사실을 증명하는 서면을 첨부하여 관할법원에 송부한다.

② 제1항에 의한 송달은 다른 사정이 없는 한 당사자가 부담하여야 할 제9장 소정의 중재비용의 전액이 사무국에 납입된 후에 행할 수 있다.

제8장 신속절차

第56조(적용범위) 당사자 간에 이 장의 절차에 따르기로 하는 별도의합의가 있는 중재사건 또는 신청금액이 1억원 이하인 국내중재의 경우에는 이 장의 신속절차를 적용한다. 다만, 1억원 이하인 국내중재의 경우 기준일 이후의 신청금액의 증액은 허용하지 아니한다.

第57조(중재인의 선정) 사무국은 당사자 간에 별도의 합의가 없는 경우 이 규칙 제21조의 방법에 의하지 아니하고 중재인명부 중에서 1인의 중재인을 선정한다.

第58조(심리절차) ① 중재판정부는 심리의 일시와 장소를 결정하며, 사무국은 이를 심리개시 3일 전에 구술, 인편, 전화 또는 서면 등 적합한 방법으로 당사자에게 통지하여야 한다.

② 심리는 1회로 종결함을 원칙으로 한다. 다만, 중재판정부는 상당한 이유가 있다고 인정하는 경우에는 심리를 재개할 수 있다.

③ 피신청인은 심리종결 전까지 반대신청을 할 수 있다.

第59条(판정기한) 중재판정부는 심리종결일로부터 10일 이내에 판정하여야 한다.

第60条(준용) 이 장에서 규정하지 않은 사항은 이 규칙의 나머지 조항을 준용한다.

제9장 중재비용

第61条(중재비용) ① 중재비용은 이 규칙 제62조 내지 제64조에 규정하는 요금, 경비, 수당으로 구분한다.

② 제1항의 중재비용은 중재판정에 의하여 결정되는 부담비율에 따라 부담한다. 다만, 중재판정에서 중재비용의 전부 또는 일부를 어느 일방 당사자 또는 쌍방 당사자의 부담으로 정하지 아니하였을 경우에는 당사자 쌍방의 균등부담으로 한다.

③ 제45조의 서면심리에 의한 절차의 중재비용의 경우에도 본조 내지 제65조의 규정을 적용한다.

④ 중재비용 예납에 따라 발생할 수 있는 이자는 반환하지 아니한다.

第62条(요금) ① 요금은 관리요금과 심리기일연기요금으로 구분하며 신청인이 예납하여야 한다. 다만, 심리기일연기 요금은 그 연기가 중재판정부의 직권으로 이루어진 경우에는 부과하지 아니한다.

② 제1항의 관리요금은 이 규칙 제16조의 규정에 의한 신청의 변경으로 인하여 신청요금의 감액이 있는 경우에도 그 차액은 반환되지 아니한다.

③ 요금의 실행요율과 예납방법 또는 반환요율과 반환방법에 관하여는 부표에 의한다. 부표에서 명시되지 아니한 것은 중재원이 정하는 바에 의한다.

第63条(경비) ① 중재인 및 서기의 소요경비, 증거, 증인, 또는 감정인의 소요경비, 검사 또는 조사경비, 녹음 또는 속기록의 작성경비, 통역 또는 번역경비, 기타 중재에 소요되는 일체의 경비는 당사자의 신청에 의한 경우에는 그 당사자가 예납한다.

② 제1항의 경비가 중재판정부 지시에 의한 것일 경우에는 당사자 간에 따로 정함이 없는 한 신청인이 예납한다.

제64조(수당) 신청인은 중재원이 정하는 중재인의 수당을 예납하여야 한다.

제65조(예납방법 등) ① 이 규칙에 달리 정함이 없는 경우에는 중재의 신청인은 제62조 내지 제64조 소정의 중재비용을 중재의 신청과 동시에 사무국이 지정하는 통화로 예납하여야 한다.

② 제1항의 예납액이 부족될 것으로 인정되는 경우에는 사무국은 신청인에게 추가예납을 요구할 수 있다. 신청인이 제1항 및 제2항의 예납을 이행하지 아니하거나 피신청인이 이를 대납하지 아니하는 경우에는 중재판정부의 결정에 따라 중재절차의 진행을 종료할 수 있다.

③ 사무국은 심리가 종결되면 예납액의 수지계산서를 작성하고 중재판정문이 작성되었을 때는 그 정산서를 작성하여 중재판정문과 함께 송부한 후 해당 당사자에게 정산잔액을 반환한다.

3. AAA Commercial Arbitration Rules

COMMERCIAL ARBITRATION RULES

R-1. Agreement of Parties*+

(a) The parties shall be deemed to have made these rules a part of their arbitration agreement whenever they have provided for arbitration by the American Arbitration Association (hereinafter AAA) under its Commercial Arbitration Rules or for arbitration by the AAA of a domestic commercial dispute without specifying particular rules. These rules and any amendment of them shall apply in the form in effect at the time the administrative requirements are met for a demand for arbitration or submission agreement received by the AAA. The parties, by written agreement, may vary the procedures set forth in these rules. After appointment of the arbitrator, such modifications may be made only with the consent of the arbitrator.

(b) Unless the parties or the AAA determines otherwise, the Expedited Procedures shall apply in any case in which no disclosed claim or counterclaim exceeds $75,000, exclusive of interest and arbitration fees and costs. Parties may also agree to use these procedures in larger cases. Unless the parties agree otherwise, these procedures will not apply in cases involving more than two parties. The Expedited Procedures shall be applied as described in Sections E-1 through E-10 of these rules, in addition to any other portion of these rules that is not in conflict with the Expedited Procedures.

(c) Unless the parties agree otherwise, the Procedures for Large, Complex Commercial Disputes shall apply to all cases in which the disclosed claim or counterclaim of any party is at least $500,000, exclusive of claimed interest, arbitration fees and costs. Parties may also agree to use the Procedures in cases involving claims or counterclaims under $500,000, or in nonmonetary cases. The Procedures for Large, Complex Commercial Disputes shall be applied as described in Sections L-1 through L-4 of these rules, in addition to any other portion of these rules that is not in conflict with the Procedures for Large, Complex Commercial Disputes.

(d) All other cases shall be administered in accordance with Sections R-1 through R-54 of these rules.

* The AAA applies the Supplementary Procedures for Consumer-Related Disputes to arbitration clauses in agreements between individual consumers and businesses where the business has a standardized, systematic application of arbitration clauses with customers and where the terms and conditions of the purchase of standardized, consumable goods or services are nonnegotiable or primarily non-negotiable in most or all of its terms, conditions, features, or choices. The product or service must be for personal or household use. The AAA will have the discretion to apply or not to apply the Supplementary Procedures and the parties will be able to bring any disputes concerning the application or non-application to the attention of the arbitrator. Consumers are not prohibited from seeking relief in a small claims court for disputes or claims within the scope of its jurisdiction, even in consumer arbitration cases filed by the business.

+ A dispute arising out of an employer promulgated plan will be administered under the AAA's Employment Arbitration Rules and Mediation Procedures.

R-2. AAA and Delegation of Duties

When parties agree to arbitrate under these rules, or when they provide for arbitration by the AAA and an arbitration is initiated under these rules, they thereby authorize the AAA to administer the arbitration. The authority and duties of the AAA are prescribed in the agreement of the parties and in these rules, and may be carried out through such of the AAA's representatives as it may direct. The AAA may, in its discretion, assign the administration of an arbitration to any of its offices.

R-3. National Roster of Arbitrators

The AAA shall establish and maintain a National Roster of Commercial Arbitrators ("National Roster") and shall appoint arbitrators as provided in these rules. The term "arbitrator" in these rules refers to the arbitration panel, constituted for a particular case, whether composed of one or more arbitrators, or to an individual arbitrator, as the context requires.

R-4. Initiation under an Arbitration Provision in a Contract

(a) Arbitration under an arbitration provision in a contract shall be initiated in the following manner:

(i) The initiating party (the "claimant") shall, within the time period, if any, specified in the contract(s), give to the other party (the "respondent") written notice of its intention to arbitrate (the "demand"), which demand shall contain a statement setting forth the nature of the dispute, the names and addresses of all other parties, the amount involved, if any, the remedy sought, and the hearing locale requested.

(ii) The claimant shall file at any office of the AAA two copies of the demand and two copies of the arbitration provisions of the contract, together with the appropriate filing fee as provided in the schedule included with these rules.

(iii) The AAA shall confirm notice of such filing to the parties.

(b) A respondent may file an answering statement in duplicate with the AAA within 15 days after confirmation of notice of filing of the demand is sent by the AAA. The respondent shall, at the time of any such filing, send a copy of the answering statement to the claimant. If a counterclaim is asserted, it shall contain a statement setting forth the nature of the counterclaim, the amount involved, if any, and the remedy sought. If a counterclaim is made, the party making the counterclaim shall forward to the AAA with the answering statement the appropriate fee provided in the schedule included with these rules.

(c) If no answering statement is filed within the stated time, respondent will be deemed to deny the claim. Failure to file an answering statement shall not operate to delay the arbitration.

(d) When filing any statement pursuant to this section, the parties are encouraged to provide descriptions of their claims in sufficient detail to make the circumstances of the dispute clear to the arbitrator.

R-5. Initiation under a Submission

Parties to any existing dispute may commence an arbitration under these rules by filing at any office of the AAA two copies of a written submission to arbitrate under these rules, signed by the parties. It shall contain a statement of the nature of the dispute, the names and addresses of all parties, any claims and counterclaims, the amount involved, if any, the remedy sought, and the hearing locale requested, together with the appropriate filing fee as provided in the schedule included with these rules. Unless the parties state otherwise in the submission, all claims and counterclaims will be deemed to be denied by the other party.

R-6. Changes of Claim

After filing of a claim, if either party desires to make any new or different claim or counterclaim, it shall be made in writing and filed with the AAA. The party asserting such a claim or counterclaim shall provide a copy to the other party, who shall have 15 days from the date of such transmission within which to file an answering statement with the AAA. After the arbitrator is appointed, however, no new or different claim may be submitted except with the arbitrator's consent.

R-7. Jurisdiction

(a) The arbitrator shall have the power to rule on his or her own jurisdiction, including any objections with respect to the existence, scope or validity of the arbitration agreement.

(b) The arbitrator shall have the power to determine the existence or validity of a contract of which an arbitration clause forms a part. Such an arbitration clause shall be treated as an agreement independent of the other terms of the contract. A decision by the arbitrator that the contract is null and void shall not for that reason alone render invalid the arbitration clause.

(c) A party must object to the jurisdiction of the arbitrator or to the arbitrability of a claim or counterclaim no later than the filing of the answering statement to the claim or counterclaim that gives rise to the objection. The arbitrator may rule on such objections as a preliminary matter or as part of the final award.

R-8. Mediation

At any stage of the proceedings, the parties may agree to conduct a mediation conference under the Commercial Mediation Procedures in order to facilitate settlement. The mediator shall not be an arbitrator appointed to the case. Where the parties to a pending arbitration agree to mediate under the AAA's rules, no additional administrative fee is required to initiate the mediation.

R-9. Administrative Conference

At the request of any party or upon the AAA's own initiative, the AAA may conduct an administrative conference, in person or by telephone, with the parties and/or their representatives. The conference may address such issues as arbitrator selection, potential mediation of the dispute, potential exchange of information, a timetable for hearings and any other administrative matters.

R-10. Fixing of Locale

The parties may mutually agree on the locale where the arbitration is to be held. If any party requests that the hearing be held in a specific locale and the other party files no objection thereto within 15 days after notice of the request has been sent to it by the AAA, the locale shall be the one requested. If a party objects to the locale requested by the other party, the AAA shall have the power to determine the locale, and its decision shall be final and binding.

R-11. Appointment from National Roster

(a) If the parties have not appointed an arbitrator and have not provided any other method of appointment, the arbitrator shall be appointed in the following manner: The AAA shall send simultaneously to each party to the dispute an identical list of 10 (unless the AAA decides that a different number is appropriate) names of persons chosen from the National Roster. The parties are encouraged to agree to an arbitrator from the submitted list and to advise the AAA of their agreement.

(b) If the parties are unable to agree upon an arbitrator, each party to the dispute shall have 15 days from the transmittal date in which to strike names objected to, number the remaining names in order of preference, and return the list to the AAA. If a party does not return the list within the time specified, all persons named therein shall be deemed acceptable. From among the persons who have been approved on both lists, and in accordance with the designated order of mutual preference, the AAA shall invite the acceptance of an arbitrator to serve. If the parties fail to agree on any of the persons named, or if acceptable arbitrators are unable to act, or if for any other reason the appointment cannot be made from the submitted lists, the AAA shall have the power to make the appointment from among other members of the National Roster without the submission of additional lists.

(c) Unless the parties agree otherwise when there are two or more claimants or two or more respondents, the AAA may appoint all the arbitrators.

R-12. Direct Appointment by a Party

(a) If the agreement of the parties names an arbitrator or specifies a method of appointing an arbitrator, that designation or method shall be followed. The notice of appointment, with the name and address of the arbitrator, shall be filed with the AAA by the appointing party. Upon the request of any appointing party, the AAA shall submit a list of members of the National Roster from which the party may, if it so desires, make the appointment.

(b) Where the parties have agreed that each party is to name one arbitrator, the arbitrators so named must meet the standards of Section R-17 with respect to impartiality and independence unless the parties have specifically agreed pursuant to Section R-17(a) that the party-appointed arbitrators are to be non-neutral and need not meet those standards.

(c) If the agreement specifies a period of time within which an arbitrator shall be appointed and any party fails to make the appointment within that period, the

AAA shall make the appointment.

(d) If no period of time is specified in the agreement, the AAA shall notify the party to make the appointment. If within 15 days after such notice has been sent, an arbitrator has not been appointed by a party, the AAA shall make the appointment.

R-13. Appointment of Chairperson by Party-Appointed Arbitrators or Parties

(a) If, pursuant to Section R-12, either the parties have directly appointed arbitrators, or the arbitrators have been appointed by the AAA, and the parties have authorized them to appoint a chairperson within a specified time and no appointment is made within that time or any agreed extension, the AAA may appoint the chairperson.

(b) If no period of time is specified for appointment of the chairperson and the party-appointed arbitrators or the parties do not make the appointment within 15 days from the date of the appointment of the last party-appointed arbitrator, the AAA may appoint the chairperson.

(c) If the parties have agreed that their party-appointed arbitrators shall appoint the chairperson from the National Roster, the AAA shall furnish to the party-appointed arbitrators, in the manner provided in Section R-11, a list selected from the National Roster, and the appointment of the chairperson shall be made as provided in that Section.

R-14. Nationality of Arbitrator

Where the parties are nationals of different countries, the AAA, at the request of any party or on its own initiative, may appoint as arbitrator a national of a country other than that of any of the parties. The request must be made before the time set for the appointment of the arbitrator as agreed by the parties or set by these rules.

R-15. Number of Arbitrators

If the arbitration agreement does not specify the number of arbitrators, the dispute shall be heard and determined by one arbitrator, unless the AAA, in its discretion, directs that three arbitrators be appointed. A party may request three arbitrators in the demand or answer, which request the AAA will consider in exercising its discretion regarding the number of arbitrators appointed to the dispute.

R-16. Disclosure

(a) Any person appointed or to be appointed as an arbitrator shall disclose to the AAA any circumstance likely to give rise to justifiable doubt as to the arbitrator's impartiality or independence, including any bias or any financial or personal interest in the result of the arbitration or any past or present relationship with the parties or their representatives. Such obligation shall remain in effect throughout the arbitration.

(b) Upon receipt of such information from the arbitrator or another source, the AAA shall communicate the information to the parties and, if it deems it appropriate to do so, to the arbitrator and others.

(c) In order to encourage disclosure by arbitrators, disclosure of information pursuant to this Section R-16 is not to be construed as an indication that the arbitrator considers that the disclosed circumstance is likely to affect impartiality or independence.

R-17. Disqualification of Arbitrator

(a) Any arbitrator shall be impartial and independent and shall perform his or her duties with diligence and in good faith, and shall be subject to disqualification for

(i) partiality or lack of independence,

(ii) inability or refusal to perform his or her duties with diligence and in good faith, and

(iii) any grounds for disqualification provided by applicable law. The parties may agree in writing, however, that arbitrators directly appointed by a party pursuant to Section R-12 shall be nonneutral, in which case such arbitrators need not be impartial or independent and shall not be subject to disqualification for partiality or lack of independence.

(b) Upon objection of a party to the continued service of an arbitrator, or on its own initiative, the AAA shall determine whether the arbitrator should be disqualified under the grounds set out above, and shall inform the parties of its decision, which decision shall be conclusive.

R-18. Communication with Arbitrator

(a) No party and no one acting on behalf of any party shall communicate ex parte with an arbitrator or a candidate for arbitrator concerning the arbitration, except that a party, or someone acting on behalf of a party, may communicate ex parte with a candidate for direct appointment pursuant to Section R-12 in order to advise the candidate of the general nature of the controversy and of the anticipated proceedings and to discuss the candidate's qualifications, availability, or independence in relation to the parties or to discuss the suitability of candidates for selection as a third arbitrator where the parties or party-designated arbitrators are to participate in that selection.

(b) Section R-18(a) does not apply to arbitrators directly appointed by the parties who, pursuant to Section R-17(a), the parties have agreed in writing are non-neutral. Where the parties have so agreed under Section R-17(a), the AAA shall as an administrative practice suggest to the parties that they agree further that Section R-18(a) should nonetheless apply prospectively.

R-19. Vacancies

(a) If for any reason an arbitrator is unable to perform the duties of the office, the AAA may, on proof satisfactory to it, declare the office vacant. Vacancies shall be filled in accordance with the applicable provisions of these rules.

(b) In the event of a vacancy in a panel of neutral arbitrators after the hearings have commenced, the remaining arbitrator or arbitrators may continue with the hearing and determination of the controversy, unless the parties agree otherwise.

(c) In the event of the appointment of a substitute arbitrator, the panel of arbitrators shall determine in its sole discretion whether it is necessary to repeat all or part of any prior hearings.

R-20. Preliminary Hearing

(a) At the request of any party or at the discretion of the arbitrator or the AAA, the arbitrator may schedule as soon as practicable a preliminary hearing with the parties and/or their representatives. The preliminary hearing may be conducted by telephone at the arbitrator's discretion.

(b) During the preliminary hearing, the parties and the arbitrator should discuss the future conduct of the case, including clarification of the issues and claims, a schedule for the hearings and any other preliminary matters.

R-21. Exchange of Information

(a) At the request of any party or at the discretion of the arbitrator, consistent with the expedited nature of arbitration, the arbitrator may direct

(i) the production of documents and other information, and

(ii) the identification of any witnesses to be called.

(b) At least five business days prior to the hearing, the parties shall exchange copies of all exhibits they intend to submit at the hearing.

(c) The arbitrator is authorized to resolve any disputes concerning the exchange of information.

R-22. Date, Time, and Place of Hearing

The arbitrator shall set the date, time, and place for each hearing. The parties shall respond to requests for hearing dates in a timely manner, be cooperative in scheduling the earliest practicable date, and adhere to the established hearing schedule. The AAA shall send a notice of hearing to the parties at least 10 days in advance of the hearing date, unless otherwise agreed by the parties.

R-23. Attendance at Hearings

The arbitrator and the AAA shall maintain the privacy of the hearings unless the law provides to the contrary. Any person having a direct interest in the arbitration is entitled to attend hearings. The arbitrator shall otherwise have the power to require the exclusion of any witness, other than a party or other essential person, during the testimony of any other witness. It shall be discretionary with the arbitrator to determine the propriety of the attendance of any other person other than a party and its representatives.

R-24. Representation

Any party may be represented by counsel or other authorized representative. A party intending to be so represented shall notify the other party and the AAA of the name and address of the representative at least three days prior to the date set for the hearing at which that person is first to appear. When such a representative initiates an arbitration or responds for a party, notice is deemed to have been given.

R-25. Oaths

Before proceeding with the first hearing, each arbitrator may take an oath of office and, if required by law, shall do so. The arbitrator may require witnesses to testify under oath administered by any duly qualified person and, if it is required by law or requested by any party, shall do so.

R-26. Stenographic Record

Any party desiring a stenographic record shall make arrangements directly with a stenographer and shall notify the other parties of these arrangements at least three days in advance of the hearing. The requesting party or parties shall pay the cost of the record. If the transcript is agreed by the parties, or determined by the arbitrator to be the official record of the proceeding, it must be provided to the arbitrator and made available to the other parties for inspection, at a date, time, and place determined by the arbitrator.

R-27. Interpreters

Any party wishing an interpreter shall make all arrangements directly with the interpreter and shall assume the costs of the service.

R-28. Postponements

The arbitrator may postpone any hearing upon agreement of the parties, upon request of a party for good cause shown, or upon the arbitrator's own initiative.

R-29. Arbitration in the Absence of a Party or Representative

Unless the law provides to the contrary, the arbitration may proceed in the absence of any party or representative who, after due notice, fails to be present or fails to obtain a postponement. An award shall not be made solely on the default of a party. The arbitrator shall require the party who is present to submit such evidence as the arbitrator may require for the making of an award.

R-30. Conduct of Proceedings

(a) The claimant shall present evidence to support its claim. The respondent shall then present evidence to support its defense. Witnesses for each party shall also submit to questions from the arbitrator and the adverse party. The arbitrator has the discretion to vary this procedure, provided that the parties are treated with equality and that each party has the right to be heard and is given a fair opportunity to present its case.

(b) The arbitrator, exercising his or her discretion, shall conduct the proceedings with a view to expediting the resolution of the dispute and may direct the order of proof, bifurcate proceedings and direct the parties to focus their presentations on issues the decision of which could dispose of all or part of the case.

(c) The parties may agree to waive oral hearings in any case.

R-31. Evidence

(a) The parties may offer such evidence as is relevant and material to the dispute and shall produce such evidence as the arbitrator may deem necessary to an understanding and determination of the dispute. Conformity to legal rules of evidence shall not be necessary. All evidence shall be taken in the presence of all of the arbitrators and all of the parties, except where any of the parties is absent, in default or has waived the right to be present.

(b) The arbitrator shall determine the admissibility, relevance, and materiality of the evidence offered and may exclude evidence deemed by the arbitrator to be cumulative or irrelevant.

(c) The arbitrator shall take into account applicable principles of legal privilege, such as those involving the confidentiality of communications between a lawyer and client.

(d) An arbitrator or other person authorized by law to subpoena witnesses or documents may do so upon the request of any party or independently.

R-32. Evidence by Affidavit and Post-hearing Filing of Documents or Other Evidence

(a) The arbitrator may receive and consider the evidence of witnesses by declaration or affidavit, but shall give it only such weight as the arbitrator deems it entitled to after consideration of any objection made to its admission.

(b) If the parties agree or the arbitrator directs that documents or other evidence be submitted to the arbitrator after the hearing, the documents or other evidence shall be filed with the AAA for transmission to the arbitrator. All parties shall be afforded an opportunity to examine and respond to such documents or other evidence.

R-33. Inspection or Investigation

An arbitrator finding it necessary to make an inspection or investigation in connection with the arbitration shall direct the AAA to so advise the parties. The arbitrator shall set the date and time and the AAA shall notify the parties. Any party who so desires may be present at such an inspection or investigation. In the event that one or all parties are not present at the inspection or investigation, the arbitrator shall make an oral or written report to the parties and afford them an opportunity to comment.

R-34. Interim Measures**

(a) The arbitrator may take whatever interim measures he or she deems necessary, including injunctive relief and measures for the protection or conservation of property and disposition of perishable goods.

(b) Such interim measures may take the form of an interim award, and the arbitrator may require security for the costs of such measures.

(c) A request for interim measures addressed by a party to a judicial authority shall not be deemed incompatible with the agreement to arbitrate or a waiver of the right to arbitrate.

** The Optional Rules may be found below.

R-35. Closing of Hearing

The arbitrator shall specifically inquire of all parties whether they have any further proofs to offer or witnesses to be heard. Upon receiving negative replies or if satisfied that the record is complete, the arbitrator shall declare the hearing closed. If briefs are to be filed, the hearing shall b e declared closed as of the final date set by the arbitrator for the receipt of briefs. If documents are to be filed as provided in Section R-32 and the date set for their receipt is later than that set for the receipt of briefs, the later date shall be the closing date of the hearing. The time limit within which the arbitrator is required to make the award shall commence, in the absence of other agreements by the parties, upon the closing of the hearing.

R-36. Reopening of Hearing

The hearing may be reopened on the arbitrator's initiative, or upon application of a party, at any time before the award is made. If reopening the hearing would prevent the making of the award within the specific time agreed on by the parties in the contract(s) out of which the controversy has arisen, the matter may not be reopened unless the parties agree on an extension of time. When no specific date is fixed in the contract, the arbitrator may reopen the hearing and shall have 30 days from the closing of the reopened hearing within which to make an award.

R-37. Waiver of Rules

Any party who proceeds with the arbitration after knowledge that any provision or requirement of these rules has not been complied with and who fails to state an objection in writing shall be deemed to have waived the right to object.

R-38. Extensions of Time

The parties may modify any period of time by mutual agreement. The AAA or the arbitrator may for good cause extend any period of time established by these rules, except the time for making the award. The AAA shall notify the parties of any extension.

R-39. Serving of Notice

(a) Any papers, notices, or process necessary or proper for the initiation or continuation of an arbitration under these rules, for any court action in connection therewith, or for the entry of judgment on any award made under these rules may be served on a party by mail addressed to the party, or its representative at the last known address or by personal service, in or outside the state where the arbitration is to be held, provided that reasonable opportunity to be heard with regard to the dispute is or has been granted to the party.

(b) The AAA, the arbitrator and the parties may also use overnight delivery or electronic facsimile transmission (fax), to give the notices required by these rules. Where all parties and the arbitrator agree, notices may be transmitted by electronic mail (E-mail), or other methods of communication.

(c) Unless otherwise instructed by the AAA or by the arbitrator, any documents submitted by any party to the AAA or to the arbitrator shall simultaneously be provided to the other party or parties to the arbitration.

R-40. Majority Decision

When the panel consists of more than one arbitrator, unless required by law or by the arbitration agreement, a majority of the arbitrators must make all decisions.

R-41. Time of Award

The award shall be made promptly by the arbitrator and, unless otherwise agreed by the parties or specified by law, no later than 30 days from the date of closing the hearing, or, if oral hearings have been waived, from the date of the AAA's transmittal of the final statements and proofs to the arbitrator.

R-42. Form of Award

(a) Any award shall be in writing and signed by a majority of the arbitrators. It shall be executed in the manner required by law.

(b) The arbitrator need not render a reasoned award unless the parties request such an award in writing prior to appointment of the arbitrator or unless the arbitrator determines that a reasoned award is appropriate.

R-43. Scope of Award

(a) The arbitrator may grant any remedy or relief that the arbitrator deems just and equitable and within the scope of the agreement of the parties, including, but not limited to, specific performance of a contract.

(b) In addition to a final award, the arbitrator may make other decisions, including interim, interlocutory, or partial rulings, orders, and awards. In any interim, interlocutory, or partial award, the arbitrator may assess and apportion the fees, expenses, and compensation related to such award as the arbitrator determines is appropriate.

(c) In the final award, the arbitrator shall assess the fees, expenses, and compensation provided in Sections R-49, R-50, and R-51. The arbitrator may apportion such fees, expenses, and compensation among the parties in such amounts as the arbitrator determines is appropriate.

(d) The award of the arbitrator(s) may include:

(i) interest at such rate and from such date as the arbitrator(s) may deem appropriate; and

(ii) an award of attorneys' fees if all parties have requested such an award or it is authorized by law or their arbitration agreement.

R-44. Award upon Settlement

If the parties settle their dispute during the course of the arbitration and if the parties so request, the arbitrator may set forth the terms of the settlement in a "consent award." A consent award must include an allocation of arbitration costs, including administrative fees and expenses as well as arbitrator fees and expenses.

R-45. Delivery of Award to Parties

Parties shall accept as notice and delivery of the award the placing of the award or a true copy thereof in the mail addressed to the parties or their representatives at the last known addresses, personal or electronic service of the award, or the filing of the award in any other manner that is permitted by law.

R-46. Modification of Award

Within 20 days after the transmittal of an award, any party, upon notice to the other parties, may request the arbitrator, through the AAA, to correct any clerical, typographical, or computational errors in the award. The arbitrator is not empowered to redetermine the merits of any claim already decided. The other parties shall be given 10 days to respond to the request. The arbitrator shall dispose of the request within 20 days after transmittal by the AAA to the arbitrator of the request and any response thereto.

R-47. Release of Documents for Judicial Proceedings

The AAA shall, upon the written request of a party, furnish to the party, at the party's expense, certified copies of any papers in the AAA's possession that may be required in judicial proceedings relating to the arbitration.

R-48. Applications to Court and Exclusion of Liability

(a) No judicial proceeding by a party relating to the subject matter of the arbitration shall be deemed a waiver of the party's right to arbitrate.

(b) Neither the AAA nor any arbitrator in a proceeding under these rules is a necessary or proper party in judicial proceedings relating to the arbitration.

(c) Parties to an arbitration under these rules shall be deemed to have consented that judgment upon the arbitration award may be entered in any federal or state court having jurisdiction thereof.

(d) Parties to an arbitration under these rules shall be deemed to have consented that neither the AAA nor any arbitrator shall be liable to any party in any action for damages or injunctive relief for any act or omission in connection with any arbitration under these rules.

R-49. Administrative Fees

As a not-for-profit organization, the AAA shall prescribe an initial filing fee and a case service fee to compensate it for the cost of providing administrative services. The fees in effect when the fee or charge is incurred shall be applicable. The filing fee shall be advanced by the party or parties making a claim or counterclaim, subject to final apportionment by the arbitrator in the award. The AAA may, in the event of extreme hardship on the part of any party, defer or reduce the administrative fees.

R-50. Expenses

The expenses of witnesses for either side shall be paid by the party producing such witnesses. All other expenses of the arbitration, including required travel and other expenses of the arbitrator, AAA representatives, and any witness and the cost of any proof produced at the direct request of the arbitrator, shall be borne equally by the parties, unless they agree otherwise or unless the arbitrator in the award assesses such expenses or any part thereof against any specified party or parties.

R-51. Neutral Arbitrator's Compensation

(a) Arbitrators shall be compensated at a rate consistent with the arbitrator's stated rate of compensation.

(b) If there is disagreement concerning the terms of compensation, an appropriate rate shall be established with the arbitrator by the AAA and confirmed to the parties.

(c) Any arrangement for the compensation of a neutral arbitrator shall be made through the AAA and not directly between the parties and the arbitrator.

R-52. Deposits

The AAA may require the parties to deposit in advance of any hearings such sums of money as it deems necessary to cover the expense of the arbitration, including the arbitrator's fee, if any, and shall render an accounting to the parties and return any unexpended balance at the conclusion of the case.

R-53. Interpretation and Application of Rules

The arbitrator shall interpret and apply these rules insofar as they relate to the arbitrator's powers and duties. When there is more than one arbitrator and a difference arises among them concerning the meaning or application of these rules, it shall be decided by a majority vote. If that is not possible, either an arbitrator or a party may refer the question to the AAA for final decision. All other rules shall be interpreted and applied by the AAA.

R-54. Suspension for Nonpayment

If arbitrator compensation or administrative charges have not been paid in full, the AAA may so inform the parties in order that one of them may advance the required payment. If such payments are not made, the arbitrator may order the suspension or termination of the proceedings. If no arbitrator has yet been appointed, the AAA may suspend the proceedings.

4. ICRD International Arbitration Rules

International Arbitration Rules

Article 1

a. Where parties have agreed in writing to arbitrate disputes under these International Arbitration Rules or have provided for arbitration of an international dispute by the International Centre for Dispute Resolution or the American Arbitration Association without designating particular Rules, the arbitration shall take place in accordance with these Rules, as in effect at the date of commencement of the arbitration, subject to whatever modifications the parties may adopt in writing.

b. These Rules govern the arbitration, except that, where any such rule is in conflict with any provision of the law applicable to the arbitration from which the parties cannot derogate, that provision shall prevail.

c. These Rules specify the duties and responsibilities of the administrator, the International Centre for Dispute Resolution, a division of the American Arbitration Association. The administrator may provide services through its Centre, located in New York, or through the facilities of arbitral institutions with which it has agreements of cooperation.

Commencing the Arbitration

Notice of Arbitration and Statement of Claim

Article 2

1. The party initiating arbitration ("claimant") shall give written notice of arbitration to the administrator and at the same time to the party against whom a claim is being made ("respondent").

2. Arbitral proceedings shall be deemed to commence on the date on which the administrator receives the notice of arbitration.

3. The notice of arbitration shall contain a statement of claim including the following:

(a) a demand that the dispute be referred to arbitration;

(b) the names, addresses and telephone numbers of the parties;

(c) a reference to the arbitration clause or agreement that is invoked;

(d) a reference to any contract out of or in relation to which the dispute arises;

(e) a description of the claim and an indication of the facts supporting it;

(f) the relief or remedy sought and the amount claimed; and

(g) may include proposals as to the means of designating and the number of arbitrators, the place of arbitration and the language(s) of the arbitration.

4. Upon receipt of the notice of arbitration, the administrator shall communicate with all parties with respect to the arbitration and shall acknowledge the commencement of the arbitration.

Statement of Defense and Counterclaim

Article 3

1. Within 30 days after the commencement of the arbitration, a respondent shall submit a written statement of defense, responding to the issues raised in the

notice of arbitration, to the claimant and any other parties, and to the administrator.

2. At the time a respondent submits its statement of defense, a respondent may make counterclaims or assert setoffs as to any claim covered by the agreement to arbitrate, as to which the claimant shall within 30 days submit a written statement of defense to the respondent and any other parties and to the administrator.

3. A respondent shall respond to the administrator, the claimant and other parties within 30 days after the commencement of the arbitration as to any proposals the claimant may have made as to the number of arbitrators, the place of the arbitration or the language(s) of the arbitration, except to the extent that the parties have previously agreed as to these matters.

4. The arbitral tribunal, or the administrator if the arbitral tribunal has not yet been formed, may extend any of the time limits established in this article if it considers such an extension justified.

Amendments to Claims

Article 4

During the arbitral proceedings, any party may amend or supplement its claim, counterclaim or defense, unless the tribunal considers it inappropriate to allow such amendment or supplement because of the party's delay in making it, prejudice to the other parties or any other circumstances. A party may not amend or supplement a claim or counterclaim if the amendment or supplement would fall outside the scope of the agreement to arbitrate.

THE TRIBUNAL

Number of Arbitrators

Article 5

If the parties have not agreed on the number of arbitrators, one arbitrator shall be appointed unless the administrator determines in its discretion that three arbitrators are appropriate because of the large size, complexity or other circumstances of the case.

Appointment of Arbitrators

Article 6

1. The parties may mutually agree upon any procedure for appointing arbitrators and shall inform the administrator as to such procedure.
2. The parties may mutually designate arbitrators, with or without the assistance of the administrator. When such designations are made, the parties shall notify the administrator so that notice of the appointment can be communicated to the arbitrators, together with a copy of these Rules.
3. If within 45 days after the commencement of the arbitration, all of the parties have not mutually agreed on a procedure for appointing the arbitrator(s) or have not mutually agreed on the designation of the arbitrator(s), the administrator shall, at the written request of any party, appoint the arbitrator(s) and designate the presiding arbitrator. If all of the parties have mutually agreed upon a procedure for appointing the arbitrator(s), but all appointments have not been made within the time limits provided in that procedure, the administrator shall, at the written request of any party, perform all functions provided for in that procedure that remain to be performed.
4. In making such appointments, the administrator, after inviting consultation with the parties, shall endeavor to select suitable arbitrators. At the request of

any party or on its own initiative, the administrator may appoint nationals of a country other than that of any of the parties.

5. Unless the parties have agreed otherwise no later than 45 days after the commencement of the arbitration, if the notice of arbitration names two or more claimants or two or more respondents, the administrator shall appoint all the arbitrators.

Impartiality and Independence of Arbitrators

Article 7

1. Arbitrators acting under these Rules shall be impartial and independent. Prior to accepting appointment, a prospective arbitrator shall disclose to the administrator any circumstance likely to give rise to justifiable doubts as to the arbitrator's impartiality or independence. If, at any stage during the arbitration, new circumstances arise that may give rise to such doubts, an arbitrator shall promptly disclose such circumstances to the parties and to the administrator. Upon receipt of such information from an arbitrator or a party, the administrator shall communicate it to the other parties and to the tribunal.

2. No party or anyone acting on its behalf shall have any ex parte communication relating to the case with any arbitrator, or with any candidate for appointment as party-appointed arbitrator except to advise the candidate of the general nature of the controversy and of the anticipated proceedings and to discuss the candidate's qualifications, availability or independence in relation to the parties, or to discuss the suitability of candidates for selection as a third arbitrator where the parties or party designated arbitrators are to participate in that selection. No party or anyone acting on its behalf shall have any ex parte communication relating to the case with any candidate for presiding arbitrator.

Challenge of Arbitrators

Article 8

1. A party may challenge any arbitrator whenever circumstances exist that give rise to justifiable doubts as to the arbitrator's impartiality or independence. A party wishing to challenge an arbitrator shall send notice of the challenge to the administrator within 15 days after being notified of the appointment of the arbitrator or within 15 days after the circumstances giving rise to the challenge become known to that party.
2. The challenge shall state in writing the reasons for the challenge.
3. Upon receipt of such a challenge, the administrator shall notify the other parties of the challenge. When an arbitrator has been challenged by one party, the other party or parties may agree to the acceptance of the challenge and, if there is agreement, the arbitrator shall withdraw. The challenged arbitrator may also withdraw from office in the absence of such agreement. In neither case does withdrawal imply acceptance of the validity of the grounds for the challenge.

Article 9

If the other party or parties do not agree to the challenge or the challenged arbitrator does not withdraw, the administrator in its sole discretion shall make the decision on the challenge.

Replacement of an Arbitrator

Article 10

If an arbitrator withdraws after a challenge, or the administrator sustains the challenge, or the administrator determines that there are sufficient reasons to accept the resignation of an arbitrator, or an arbitrator dies, a substitute arbitrator shall be appointed pursuant to the provisions of Article 6, unless the parties otherwise agree.

Article 11

1. If an arbitrator on a three-person tribunal fails to participate in the arbitration for reasons other than those identified in Article 10, the two other arbitrators shall have the power in their sole discretion to continue the arbitration and to make any decision, ruling or award, notwithstanding the failure of the third arbitrator to participate. In determining whether to continue the arbitration or to render any decision, ruling or award without the participation of an arbitrator, the two other arbitrators shall take into account the stage of the arbitration, the reason, if any, expressed by the third arbitrator for such nonparticipation and such other matters as they consider appropriate in the circumstances of the case. In the event that the two other arbitrators determine not to continue the arbitration without the participation of the third arbitrator, the administrator on proof satisfactory to it shall declare the office vacant, and a substitute arbitrator shall be appointed pursuant to the provisions of Article 6, unless the parties otherwise agree.

2. If a substitute arbitrator is appointed under either Article 10 or Article 11, the tribunal shall determine at its sole discretion whether all or part of any prior hearings shall be repeated.

GENERAL CONDITIONS

Representation

Article 12

Any party may be represented in the arbitration. The names, addresses and telephone numbers of representatives shall be communicated in writing to the other parties and to the administrator. Once the tribunal has been established, the parties or their representatives may communicate in writing directly with the tribunal.

Place of Arbitration

Article 13

1. If the parties disagree as to the place of arbitration, the administrator may initially determine the place of arbitration, subject to the power of the tribunal to determine finally the place of arbitration within 60 days after its constitution. All such determinations shall be made having regard for the contentions of the parties and the circumstances of the arbitration.

2. The tribunal may hold conferences or hear witnesses or inspect property or documents at any place it deems appropriate. The parties shall be given sufficient written notice to enable them to be present at any such proceedings.

Language

Article 14

If the parties have not agreed otherwise, the language(s) of the arbitration shall be that of the documents containing the arbitration agreement, subject to the power of the tribunal to determine otherwise based upon the contentions of the parties and the circumstances of the arbitration. The tribunal may order that any documents delivered in another language shall be accompanied by a translation into the language(s) of the arbitration.

Pleas as to Jurisdiction

Article 15

1. The tribunal shall have the power to rule on its own jurisdiction, including any objections with respect to the existence, scope or validity of the arbitration agreement.

2. The tribunal shall have the power to determine the existence or validity of a contract of which an arbitration clause forms a part. Such an arbitration clause

shall be treated as an agreement independent of the other terms of the contract. A decision by the tribunal that the contract is null and void shall not for that reason alone render invalid the arbitration clause.

3. A party must object to the jurisdiction of the tribunal or to the arbitrability of a claim or counterclaim no later than the filing of the statement of defense, as provided in Article 3, to the claim or counterclaim that gives rise to the objection. The tribunal may rule on such objections as a preliminary matter or as part of the final award.

Conduct of the Arbitration

Article 16

1. Subject to these Rules, the tribunal may conduct the arbitration in whatever manner it considers appropriate, provided that the parties are treated with equality and that each party has the right to be heard and is given a fair opportunity to present its case.

2. The tribunal, exercising its discretion, shall conduct the proceedings with a view to expediting the resolution of the dispute. It may conduct a preparatory conference with the parties for the purpose of organizing, scheduling and agreeing to procedures to expedite the subsequent proceedings.

3. The tribunal may in its discretion direct the order of proof, bifurcate proceedings, exclude cumulative or irrelevant testimony or other evidence and direct the parties to focus their presentations on issues the decision of which could dispose of all or part of the case.

4. Documents or information supplied to the tribunal by one party shall at the same time be communicated by that party to the other party or parties.

Further Written Statements

Article 17

1. The tribunal may decide whether the parties shall present any written statements in addition to statements of claims and counterclaims and statements of defense, and it shall fix the periods of time for submitting any such statements.

2. The periods of time fixed by the tribunal for the communication of such written statements should not exceed 45 days. However, the tribunal may extend such time limits if it considers such an extension justified.

Notices

Article 18

1. Unless otherwise agreed by the parties or ordered by the tribunal, all notices, statements and written communications may be served on a party by air mail, air courier, facsimile transmission, telex, telegram or other written forms of electronic communication addressed to the party or its representative at its last known address or by personal service.

2. For the purpose of calculating a period of time under these Rules, such period shall begin to run on the day following the day when a notice, statement or written communication is received. If the last day of such period is an official holiday at the place received, the period is extended until the first business day which follows. Official holidays occurring during the running of the period of time are included in calculating the period.

Evidence

Article 19

1. Each party shall have the burden of proving the facts relied on to support its claim or defense.

2. The tribunal may order a party to deliver to the tribunal and to the other parties a summary of the documents and other evidence which that party intends to present in support of its claim, counterclaim or defense.

3. At any time during the proceedings, the tribunal may order parties to produce other documents, exhibits or other evidence it deems necessary or appropriate.

Hearings

Article 20

1. The tribunal shall give the parties at least 30 days advance notice of the date, time and place of the initial oral hearing. The tribunal shall give reasonable notice of subsequent hearings.

2. At least 15 days before the hearings, each party shall give the tribunal and the other parties the names and addresses of any witnesses it intends to present, the subject of their testimony and the languages in which such witnesses will give their testimony.

3. At the request of the tribunal or pursuant to mutual agreement of the parties, the administrator shall make arrangements for the interpretation of oral testimony or for a record of the hearing.

4. Hearings are private unless the parties agree otherwise or the law provides to the contrary. The tribunal may require any witness or witnesses to retire during the testimony of other witnesses. The tribunal may determine the manner in which witnesses are examined.

5. Evidence of witnesses may also be presented in the form of written statements signed by them.

6. The tribunal shall determine the admissibility, relevance, materiality and weight of the evidence offered by any party. The tribunal shall take into account applicable principles of legal privilege, such as those involving the confidentiality of communications between a lawyer and client.

Interim Measures of Protection

Article 21

1. At the request of any party, the tribunal may take whatever interim measures it deems necessary, including injunctive relief and measures for the protection or conservation of property.

2. Such interim measures may take the form of an interim award, and the tribunal may require security for the costs of such measures.

3. A request for interim measures addressed by a party to a judicial authority shall not be deemed incompatible with the agreement to arbitrate or a waiver of the right to arbitrate.

4. The tribunal may in its discretion apportion costs associated with applications for interim relief in any interim award or in the final award.

Experts

Article 22

1. The tribunal may appoint one or more independent experts to report to it, in writing, on specific issues designated by the tribunal and communicated to the parties.

2. The parties shall provide such an expert with any relevant information or produce for inspection any relevant documents or goods that the expert may require. Any dispute between a party and the expert as to the relevance of the requested information or goods shall be referred to the tribunal for decision.

3. Upon receipt of an expert's report, the tribunal shall send a copy of the report to all parties and shall give the parties an opportunity to express, in writing, their opinion on the report. A party may examine any document on which the expert has relied in such a report.

4. At the request of any party, the tribunal shall give the parties an opportunity to question the expert at a hearing. At this hearing, parties may

present expert witnesses to testify on the points at issue.

Default

Article 23

1. If a party fails to file a statement of defense within the time established by the tribunal without showing sufficient cause for such failure, as determined by the tribunal, the tribunal may proceed with the arbitration.

2. If a party, duly notified under these Rules, fails to appear at a hearing without showing sufficient cause for such failure, as determined by the tribunal, the tribunal may proceed with the arbitration.

3. If a party, duly invited to produce evidence or take any other steps in the proceedings, fails to do so within the time established by the tribunal without showing sufficient cause for such failure, as determined by the tribunal, the tribunal may make the award on the evidence before it.

Closure of Hearing

Article 24

1. After asking the parties if they have any further testimony or evidentiary submissions and upon receiving negative replies or if satisfied that the record is complete, the tribunal may declare the hearings closed.

2. The tribunal in its discretion, on its own motion or upon application of a party, may reopen the hearings at any time before the award is made.

Waiver of Rules

Article 25

A party who knows that any provision of the Rules or requirement under the Rules has not been complied with, but proceeds with the arbitration without promptly stating an objection in writing thereto, shall be deemed to have waived the right to object.

Awards, Decisions and Rulings

Article 26

1. When there is more than one arbitrator, any award, decision or ruling of the arbitral tribunal shall be made by a majority of the arbitrators. If any arbitrator fails to sign the award, it shall be accompanied by a statement of the reason for the absence of such signature.

2. When the parties or the tribunal so authorize, the presiding arbitrator may make decisions or rulings on questions of procedure, subject to revision by the tribunal.

Form and Effect of the Award

Article 27

1. Awards shall be made in writing, promptly by the tribunal, and shall be final and binding on the parties. The parties undertake to carry out any such award without delay.

2. The tribunal shall state the reasons upon which the award is based, unless the parties have agreed that no reasons need be given.

3. The award shall contain the date and the place where the award was made, which shall be the place designated pursuant to Article 13.

4. An award may be made public only with the consent of all parties or as required by law.

5. Copies of the award shall be communicated to the parties by the administrator.

6. If the arbitration law of the country where the award is made requires the award to be filed or registered, the tribunal shall comply with such requirement.

7. In addition to making a final award, the tribunal may make interim,

interlocutory or partial orders and awards.

8. Unless otherwise agreed by the parties, the administrator may publish or otherwise make publicly available selected awards, decisions and rulings that have been edited to conceal the names of the parties and other identifying details or that have been made publicly available in the course of enforcement or otherwise.

Applicable Laws and Remedies

Article 28

1. The tribunal shall apply the substantive law(s) or rules of law designated by the parties as applicable to the dispute. Failing such a designation by the parties, the tribunal shall apply such law(s) or rules of law as it determines to be appropriate.

2. In arbitrations involving the application of contracts, the tribunal shall decide in accordance with the terms of the contract and shall take into account usages of the trade applicable to the contract.

3. The tribunal shall not decide as amiable compositeur or ex aequo et bono unless the parties have expressly authorized it to do so.

4. A monetary award shall be in the currency or currencies of the contract unless the tribunal considers another currency more appropriate, and the tribunal may award such pre-award and post-award interest, simple or compound, as it considers appropriate, taking into consideration the contract and applicable law.

5. Unless the parties agree otherwise, the parties expressly waive and forego any right to punitive, exemplary or similar damages unless a statute requires that compensatory damages be increased in a specified manner. This provision shall not apply to any award of arbitration costs to a party to compensate for dilatory or bad faith conduct in the arbitration.

Settlement or Other Reasons for Termination

Article 29

1. If the parties settle the dispute before an award is made, the tribunal shall terminate the arbitration and, if requested by all parties, may record the settlement in the form of an award on agreed terms. The tribunal is not obliged to give reasons for such an award.

2. If the continuation of the proceedings becomes unnecessary or impossible for any other reason, the tribunal shall inform the parties of its intention to terminate the proceedings. The tribunal shall thereafter issue an order terminating the arbitration, unless a party raises justifiable grounds for objection.

Interpretation or Correction of the Award

Article 30

1. Within 30 days after the receipt of an award, any party, with notice to the other parties, may request the tribunal to interpret the award or correct any clerical, typographical or computation errors or make an additional award as to claims presented but omitted from the award.

2. If the tribunal considers such a request justified, after considering the contentions of the parties, it shall comply with such a request within 30 days after the request.

Costs

Article 31

The tribunal shall fix the costs of arbitration in its award. The tribunal may apportion such costs among the parties if it determines that such apportionment is reasonable, taking into account the circumstances of the case.

Such costs may include:

(a) the fees and expenses of the arbitrators;

(b) the costs of assistance required by the tribunal, including its experts;

(c) the fees and expenses of the administrator;

(d) the reasonable costs for legal representation of a successful party; and

(e) any such costs incurred in connection with an application for interim or emergency relief pursuant to Article 21.

Compensation of Arbitrators

Article 32

Arbitrators shall be compensated based upon their amount of service, taking into account their stated rate of compensation and the size and complexity of the case. The administrator shall arrange an appropriate daily or hourly rate, based on such considerations, with the parties and with each of the arbitrators as soon as practicable after the commencement of the arbitration. If the parties fail to agree on the terms of compensation, the administrator shall establish an appropriate rate and communicate it in writing to the parties.

Deposit of Costs

Article 33

1. When a party files claims, the administrator may request the filing party to deposit appropriate amounts as an advance for the costs referred to in Article 31, paragraphs (a.), (b.) and (c.).

2. During the course of the arbitral proceedings, the tribunal may request supplementary deposits from the parties.

3. If the deposits requested are not paid in full within 30 days after the receipt of the request, the administrator shall so inform the parties, in order that one or the other of them may make the required payment. If such payments are not

made, the tribunal may order the suspension or termination of the proceedings.

4. After the award has been made, the administrator shall render an accounting to the parties of the deposits received and return any unexpended balance to the parties.

Confidentiality

Article 34

Confidential information disclosed during the proceedings by the parties or by witnesses shall not be divulged by an arbitrator or by the administrator. Except as provided in Article 27, unless otherwise agreed by the parties, or required by applicable law, the members of the tribunal and the administrator shall keep confidential all matters relating to the arbitration or the award.

Exclusion of Liability

Article 35

The members of the tribunal and the administrator shall not be liable to any party for any act or omission in connection with any arbitration conducted under these Rules, except that they may be liable for the consequences of conscious and deliberate wrongdoing.

Interpretation of Rules

Article 36

The tribunal shall interpret and apply these Rules insofar as they relate to its powers and duties. The administrator shall interpret and apply all other Rules.

5. ICLOCA Rules of Arbitration for Letter of Credit Disputes

부록

These Rules are based on the UNCITRAL Arbitration Rules and are primarily designed for arbitration of disputes involving letters of credit and similar mechanisms for the assurance of payment such as independent guarantees, documentary collections and funds transfers, under the auspices of the International Center for Letter of Credit Arbitration, Inc.

ARTICLE 1

SCOPE OF APPLICATION

1. Where a letter of credit, independent guarantee, collection instruction, reimbursement undertaking, or other agreement or undertaking (whether independent or not)(hereinafter called the "undertaking") provides that it is subject to arbitration under these Rules or that disputes shall be submitted to arbitration by the International Center for Letter of Credit Arbitration, Inc.(hereinafter called the "Center"), disputes, controversies or claims relating to the undertaking, whether domestic or international, between any two or more persons causing it to be issued, issuing it or acting upon it shall be settled in accordance with these Rules subject to any modification.

2. These Rules shall govern the arbitration except that where any of these Rules is in conflict with a provision of the law applicable to the arbitration from

which the parties cannot derogate, that provision shall prevail.

3. The Center shall act as appointing authority and administer arbitrations conducted under these Rules.

ARTICLE 2

NOTICE, CALCULATION OF PERIODS OF TIME

1. For the purposes of these Rules, any notice, including a notification, communication or proposal, is deemed to have been received if it is physically delivered to the addressee or if it is delivered at its place of business, mailing address or habitual residence, or, if none of these can be found after making reasonable inquiry, then at the addressee's last-known place of business or residence. Notice shall be deemed to have been received on the day it is so delivered.

2. For the purposes of calculating a period of time under these Rules, such period shall begin to run on the day following the day when a notice, notification, communication or proposal is received. If the last day of such period is an official holiday or a non-business day at the place of business or residence of the addressee, the period is extended until the first business day which follows. Official holidays or non-business days occurring during the running of the period of time are included in calculating the period.

3. The Center or the arbitral tribunal may, at the request of the parties or on its own motion, extend the periods of time referred to in these Rules or set by it in accordance with these Rules.

ARTICLE 3

NOTICE OF ARBITRATION

1. The party initiating recourse to arbitration (hereinafter called the "claimant") shall give a notice of arbitration in writing to the Center and to the other party

(hereinafter called the "respondent"). In these Rules the terms "claimant", "respondent", "person" and "party" used in the singular include the plural as the context may require.

2. Arbitral proceedings shall be deemed to commence on the date on which the notice of arbitration is received by the Center.

3. The notice of arbitration shall include the follow:

(a) A demand that the dispute be referred to arbitration ;

(b) A reference to the arbitration clause or the separate arbitration agreement that is invoked;

(c) A proposal as to the number of arbitrators (i.e. one or three) if the parties have not previously agreed thereon;

(d) The notice of arbitration shall be accompanied by payment of the registration fee set by the Center.

ARTICLE 4

REPRESENTATION

The parties may be represented by persons of their choice. The names and addresses of such persons must be communicated in writing to the other party, the Center and, after itsestablishment, the arbitral tribunal.

ARTICLE 5

NUMBER OF ARBITRATORS

If the parties have not agreed on whether the arbitral tribunal shall be composed of one or three arbitrators within fifteen days after the commencement of the arbitrations, there shall be a sole arbitrator.

ARTICLE 6

APPOINTMENT OF SOLE ARBITRATOR

1. Where a sole arbitrator is to be appointed, the arbitrator shall be appointed jointly by the parties.

2. If, within thirty days after the commencement of the arbitration, the parties have not agreed upon the arbitrator, the appointment shall be made by the Center as promptly as possible.

3. In making the appointment, the Center shall have due regard to the expertise and competence required and, for that reason, to the advisability of selecting an arbitrator from the List of Accredited Arbitrators established by it.

ARTICLE 7

APPOINTMENT OF THREE ARBITRATORS

1. If three arbitrators are to be appointed, each party shall appoint one arbitrator. The two arbitrators thus appointed shall choose the third arbitrator who will act as the presiding arbitrator of the tribunal.

2. If a party within thirty days after the commencement of the arbitration has not appointed an arbitrator, the arbitrator shall be promptly appointed by the Center in accordance with article 6, paragraph 3.

3. If within thirty days after the appointment of the second arbitrator the two arbitrators have not agreed on the choice of the presiding arbitrator, the presiding arbitrator shall be promptly appointed by the Center in accordance with article6, paragraph 3.

4. If there is more than one claimant or respondent and three arbitrators are to be appointed, the claimants or respondents, as the case may be, shall jointly appoint an arbitrator. If within thirty days after the commencement of the arbitration, they have not made a joint appointment for whatever reason, any appointment previously made by the other party shall be deemed to be void, and

the Center shall promptly appoint all three arbitrators in accordance with article6,paragraph3 and designate the presiding arbitrator.

ARTICLE 8

CONFIRMATION OF APPOINTMENT

1. The Center shall maintain a List of Accredited Arbitrators(hereinafter called the list).

2. Where a person not listed in the Center's List is appointed under article 6 1or article 7, paragraph 1, the appointment is subject to confirmation by the Center which shall be provided by an appointing person with the full name, address and qualifications of the appointee and with the appointee's acceptance of appointment/

3. If the Center does not confirm the appointment of an arbitrator, it shall notify the appointing person or persons who shall have ten days to appoint another arbitrator from the Center list. In the case of a failure to do so, the Center shall appoint an arbitrator in the same way as a sole arbitrator would be appointed under article 6, paragraph 3.

4. The Center shall notify the parties of the establishment of the arbitral tribunal.

ARTICLE 9

DISCLOSURE

Prospective arbitrators shall disclose to those who approach them in connection with their possible appointment any circumstance likely to give rise to justifiable doubts as to their impartiality or independence. Arbitrators, once appointed or chosen, shall disclose such circumstances to the parties and to the Center unless they have already been informed of these circumstances.

ARTICLE 10

CHALLENGE OF ARBITRATORS

1. Any arbitrator may ben challenged if circumstances exist that give rise to justifiable doubts as to the arbitrator's impartiality or independence.

2. A party may challenge an arbitrator whom it has appointed or to whose appointment it has agreed only for reasons of which it becomes aware after the appointment has been made.

3.M Decisions of the Center as to the appointment, confirmation, challenge or replacement of an arbitrator shall be final.

ARTICLE 11

PROCEDURE FOR CHALLENGE

1. A party who intends to challenge an arbitrator shall send notice of its challenge within fifteen days after the appointment of the challenged arbitrator has been notified to the challenging party or within fifteen days after the circumstances mentioned in articles 9 and 10 became known to that party.

2. The challenge shall be notified to the other party, to the arbitrator who is challenged, to the other members of the arbitral tribunal and to the Center. The notification shall be in writing and shall state the reasons for the challenge.

3. When an arbitrator has been challenged by one party, the other party may agree to the challenge. The arbitrator may also, after the challenge, withdraw from office. In neither case does this imply acceptance of the validity of the grounds for the challenge. In both cases the procedure provided in article 6 or 7 shall be used in full for the appointment of the arbitrator being replaced, even if during the process of appointing the challenged arbitrator a party had failed to exercise its right to appoint or to participate in the appointment.

ARTICLE 12

RELEASE FROM APPOINTMENT

1. If the other party does not agree to the challenge and the challenged arbitrator does not withdraw, the decision on the challenge will be made by the Center.

2. If the Center sustains the challenge, a substitute arbitrator shall be appointed or chosen pursuant to the procedure applicable to the appointment or choice of an arbitrator as provided in article 6 or 7.

ARTICLE 13

REPLACEMENT OF AN ARBITRATOR

1. In the event of the death or resignation of an arbitrator during the course of the arbitral proceedings, a substitute arbitrator shall be appointed or chosen pursuant to the procedure provided for in articles 6 to 9 that was applicable to appointment or choice of the arbitrator being replaced.

2. In the event that an arbitrator fails to act or in the event of the de jure or de facto impossibility of him or her performing their functions, the procedure in respect of the challenge and replacement of an arbitrators as provided in the preceding articles shall apply

ARTICLE 14

REPETITION OF HEARINGS IN THE EVENT OF THE REPLACEMENT OF AN ARBITRATOR

If under articles 11 to 13 the sole or presiding arbitrator is replaced, any hearings held previously shall be repeated ; if any other arbitrator is replaced, such prior hearings may be repeated at the discretion of the arbitral tribunal.

ARTICLE 15

GENERAL PROVISIONS

1. Subject to these Rules, the arbitral tribunal may conduct the arbitration in such manner as it considers appropriate, provided that the parties are treated with equality and that at any stage of the proceedings each party is given a full opportunity of presenting its case.

2. The arbitral tribunal shall decide whether to hold hearings for the presentation of evidence by witnesses, including expert witnesses, or oral argument, or whether the proceedings shall be conducted on the basis of documents and other materials.

3. All documents or information supplied to the arbitral by one party shall at the same time be communicated by that party to the other party and the Center. The arbitral tribunal shall send a copy of any communication with the parties to the Center.

4. Except as otherwise provided in these Rules or permitted by the arbitral tribunal, no party or anyone acting on its behalf may have any ex parte communication with any arbitrator with respect to any matter of substance relating to the arbitration, it being understood that nothing in this paragraph shall prohibit ex parte communications which concern matters of a purely organizational nature, such as the physical facilities, place, date or time of the hearings.

ARTICLE 16

PLACE OF ARBITRATION

1. Unless the parties have agreed upon the place where the arbitration is to be held, such place shall be determined by the Center having due regard to the circumstances of the arbitration. However, the arbitral tribunal may meet at any place it considers appropriate for consultation among its members, for hearing

witnesses, experts or the parties, or for the inspection of goods, other property or documents. The parties shall be given sufficient notice to enable them to be present an such place.

2. The award shall be deemed to be made at the place of arbitration.

ARTICLE 17

LANGUAGE

1. The language to be used in the proceedings is the one chosen by the parties. Failing such choice, the language to be used is that of the undertaking at issue unless and until the arbitral tribunal determines shall apply to the otherwise. This determination shall apply to the notice of arbitration, the statement of claim, the statement of defence, and any further written statements and, if oral hearings take place, to the language to be used in such hearings.

2. The arbitral tribunal may order that any documents annexed to the statement of claim or statement of defence, and any supplementary documents or exhibits submitted in the course of the proceedings, delivered in their original language, shall be accompanied by a translation of the entire document, or any part thereof, into the language agreed upon by the parties or determined by the arbitral tribunal.

ARTICLE 18

STATEMENT OF CLAIM

The statement of claim shall include the following particulars:

(a) The names and addresses of the parties;

(b) A statement of the facts supporting the claim;

(c) The points at issue;

(d) The relief or remedy sought;

(e) A copy, if applicable, of the undertaking upon which the claims is based.

The claimant may annex other relevant documents relied upon in its claim, or may add reference to the documents or other evidence to be submitted.

ARTICLE 19

STATEMENT OF DEFENCE

1. Within thirty days after the commencement of the arbitration, the respondent shall communicate its statement of defence in writing to the claimant and the Center.

2. The statement of defence shall reply to the particulars(b), (c) and (d) of the statement of claim(article 18). The respondent may annex to the statement of defence the documents relied upon for its defence.

3. In the statement of defence, or at a later stage in arbitral proceedings if the arbitral tribunal decides that delay was justified under the circumstances, the respondent may make a counter-claim arising out of or relating to the same or related undertaking or rely on a claim arising out of or relating to the same or related undertaking for the purpose of a set-off.

4. The provisions of article 18 shall apply to a counter-claim and a claim relied on for purpose of a set-off.

ARTICLE 20

AMENDMENTS TO THE CLAIM OR DEFENCE

During the course of the arbitral proceedings any party may amend or supplement its claim or defence unless the arbitral tribunal considers it inappropriate to allow such amendment having regard to the delay in making it or prejudice to the other party or any other circumstances. However, a claim may not be amended in such a manner that the amended claim falls outside the scope of the arbitration clause or separate arbitration agreement.

ARTICLE 21

PLEAS AS TO JURISDICTION AND POWERS OF THE ARBITRAL TRIBUNAL

1. The arbitral tribunal shall have the power to rule on objections that it has no jurisdiction, including any objections that it has no jurisdiction, including any objections with respect to the existence or validity of the arbitration clause or of the separate arbitration agreement.

2. The arbitral tribunal shall have the power to determine the existence or validity of the undertaking of which an arbitration clause forms a part. For the purposes of this article, an arbitration clause which forms part of an undertaking and which provides for arbitration under these Rules shall be treated as independent of the other terms of the undertaking. A decision by the arbitral tribunal that the undertaking is null and void shall not entail ipso jure the invalidity of the arbitration clause.

3. A plea that the arbitral tribunal does not have jurisdiction shall be raised not later than in the statement of defence or, with respect to a counter-claim, in the reply to the counter-claim. A plea that the arbitral tribunal is exceeding the scope of its authority shall be raised as soon as the matter alleged to be beyond the scope of its authority is raised during the arbitral proceedings. The arbitral tribunal may, in either case, admit a later plea if it considers the delay justified.

4. In general, the arbitral tribunal should rule on a plea concerning its jurisdiction as a preliminary question. However, the arbitral tribunal may proceed with the arbitration and rule on such a plea in its final award.

ARTICLE 22

FURTHER WRITTEN STATEMENTS

The arbitral tribunal shall decide which further written statements, in addition to the statement of claim and the statement of defence, shall be required from the parties or may be presented by them and shall fix the period of time for communicating such statements.

ARTICLE 23

PERIODS OF TIME

The periods of time fixed by the arbitral tribunal for the communication of written statements should not exceed twenty-one days. However, the arbitral tribunal may extend the time limits if it concludes that an extension is justified.

ARTICLE 24

EVIDENCE

1. Each party shall have the burden of proving the facts relied upon to support its claim or defence.

2. The arbitral tribunal may, if it considers it appropriate, require a party to deliver to the tribunal and to the other party, within such a period of time as the arbitral tribunal shall decide, a summary of the documents and other evidence which that party intends to present in support of the facts in issue set out in its statement of claim or statement of defence.

3. At any time during the arbitral proceedings the arbitral tribunal may require the parties to produce documents, exhibits, or other evidence within such a period of time as the tribunal shall determine.

ARTICLE 25

ORAL HEARINGS

1. In the event of a preparatory conference or an oral hearing, the arbitral tribunal shall give the parties adequate advance notice of the date, time and place thereof. The arbitral tribunal may conduct a preparatory conference or a hearing in any manner it deems appropriate including by teleconference, video

conference or similar means of communication.

2. If witnesses are to be heard, at least fifteen days before the hearing each party shall communicate to the arbitral tribunal and to the other party the names and addresses of the witnesses it intends to present, the subject upon and the languages in which such witnesses will give their testimony.

3. The Center shall make arrangements for the translation of oral statements made at a hearing and for a record of the hearing if either is deemed necessary by the arbitral tribunal under the circumstances of the case, or if the parties have agreed thereto and, in either case, such request is communicated to the Center at least fifteen days before the hearing.

4. Hearing shall be held in camera unless the parties agree otherwise. The arbitral tribunal may require the retirement of any witness or witnesses during the testimony of other witnesses. The arbitral tribunal may determine the manner in which witnesses are examined.

5. Evidence of witnesses may also be presented in the form of written statements signed by them.

6. The arbitral tribunal shall determine the admissibility, relevance, materiality and weight of the evidence offered.

ARTICLE 26

INTERIM MEASURES OF PROTECTION

1. At the request of any party, the arbitral tribunal, in its sole discretion may take any interim measures it deems necessary in respect of the subject matter of the funds, disposition of documents or goods forming the subject matter in dispute, such as ordering their deposit with a third person or the delivery and \or sale of time sensitive goods or documents or ordering that presentation of documents or payment be made or withheld.

2. Such interim measures may be established in the form of an interimaward.

The arbitral tribunal shall be entitled to require security for such measures.

3. A request for interim measures addressed by any party to a judicial authority shall not be deemed incompatible with the agreement to arbitrate, or as a waiver of that agreement.

ARTICLE 27

EXPERTS

1. The arbitral tribunal may appoint one or more experts to report to it, in writing, on specific issues to be determined by the arbitral tribunal. A copy of the expert's terms of reference, established by the arbitral tribunal, shall be communicated to the parties.

2. The parties shall give the expert any relevant information or produce for his or her inspection any relevant documcnts or goods required of them. Any dispute between a party and such expert as to the relevance of the required information or production shall be referred to the arbitral tribunal for decision.

3. Upon receipt of the expert's report, the arbitral tribunal shall communicate a copy of the report to the parties who shall be given the opportunity to express, in writing, their opinion on the report. A party shall be entitled to examine any document on which the expert has relied in his or her report.

4. At the request of either party the expert, after delivery of the report, may be heard at a hearing Where the parties shall have the opportunity to be present and to interrogate the expert. At the hearing either party may present expert witnesses in order to testify on the points at issue. The provisions of article 25 shall be applicable to such proceedings.

ARTICLE 28

DEFAULT

1. If, within the period of time provided foe in article 19 paragraph 1, the

respondent has failed to communicate the statement of defence without showing sufficient cause for such failure, the arbitral tribunal shall order that the proceedings continue.

2. If one of the parties, duly notified under these Rules, fails to appear at a hearing without showing sufficient cause for such failure, the arbitral tribunal may proceed with the arbitration.

3. If one of the parties, duly invited to produce documentary evidence, fails to do so within the established period of time, without showing sufficient cause for such failure, the arbitral may make the award on the evidence before it.

ARTICLE 29

CLOSURE OF HEARINGS

1. The arbitral tribunal may inquire of the parties if they have further proof to offer or witnesses to be heard or submissions to make and, if there are none, it may declare the hearings closed.

2. The arbitral tribunal may, if it considers it necessary owing to exceptional circumstances, decide, on its own motion or upon application of a party, to reopen the hearings at any time before the award is made.

ARTICLE 30

WAIVER OF RULES

A party who knows that any provision of, or requirement under, these Rules has not been complied with and yet proceeds with the arbitration without promptly stating its objection to such non-compliance, shall be deemed to have waived its right to object.

ARTICLE 31

DECISIONS

1. When there are three arbitrators, any award or other decision of the arbitral tribunal shall be made by a majority of the arbitrators.

2. In the case of questions of procedure, when there is no majority or when the arbitral tribunal so authorizes, the presiding arbitrator may decide on hie or her own, subject to revision, if any, by the arbitral tribunal.

ARTICLE32

FORM AND EFFECT OF THE AWARD

1. In addition to making a final award, the arbitral tribunal shall be entitled to make interim, interlocutory or partial awards.

2. The award shall be made in writing and shall be final and binding on the parties. By submitting the dispute to arbitration by the Center, the parties shall be deemed to have undertaken to carry out the resulting award without delay and to have waived their right to any form of appeal insofar as such waiver can validly be made.

3. The arbitral shall state the reasons upon which the award is based, unless the parties have agreed that no reasons are to be given.

4. The arbitral tribunal may consult the Center with regard to matters of form particularly to ensure the enforce ability of the award.

5. An award shall be signed by the arbitrator and it shall contain the date on which it was made and the place of arbitration in accordance with article 16 paragraph 1. Where there are three arbitrators and one of them fails to sign, the award shall state the reason for the absence of the signature.

6. Copies of the award signed by the arbitrators shall be communicated to the Center which shall communicate an original of the award to each party and to each arbitrator.

7. If the arbitration law of the country where the award is made requires that the award be filed or registered, the Center shall comply with this requirement within the period of time required by law.

8. The Center may publish the award only with the consent of the parties or in sanitized form, that is, with such deletions or modifications that are necessary to mask the identity of the parties, and after having given the parties thirty days in which to comment upon the sanitized version.

ARTICLE 33

APPLICABLE LAW, AMIABLE COMPOSITEUR

1. The arbitral tribunal shall apply the law designated by the parties as applicable to the substance of the dispute. Failing such designation by the parties, the arbitral tribunal shall apply the law determined by the conflict of laws rules which it considers applicable.

2. The arbitral tribunal shall decide as amiable compositeur or ex aequo et bono only if the parties have expressly authorized the arbitral tribunal to do so and if the law applicable to the arbitral procedure permits such arbitration.

3. In all cases, the arbitral tribunal shall decide in accordance with the terms of the undertaking and shall take into account generally accepted international rules, usages and practices.

4. Monetary amounts in the award may be expressed in any currency. The arbitral tribunal may award simple or compound interest to be paid by a party on any sum awarded against that party. It shall be free to determine the interest at such rates as it considers to be appropriate, without being bound by legal rates of interest, and shall be free to determine the period for which the interest shall be paid. The arbitral tribunal may not award exemplary or punitive damages.

ARTICLE 34

SETTLEMENT OR OTHER GROUNDS FOR TERMINATION

1. If, before the award is made, the parties agree on a settlement of the dispute, the arbitral tribunal shall either issue an order for the termination of the arbitral proceedings or, if requested by both parties and accepted by the arbitral tribunal, record the settlement in the form of an arbitral award on agreed Terms. The arbitral tribunal is not obliged to give reasons for such an award.

2. If, before the award is made, the continuation of the arbitral proceedings becomes unnecessary or impossible for any reason not mentioned in paragraph 1, the arbitral shall inform the parties of its intention to issue an order for the termination of the proceedings. The arbitral tribunal shall have the power to issue such an order unless a party raises justifiable grounds for objection.

3. Copies of the order for termination of the arbitral proceedings or of the arbitral award on agreed terms, signed by the arbitrators, shall be communicated by the arbitral to the award to each party and to each arbitrator. Where an arbitral award on agreed terms is made, the provisions of article 32, paragraphs 2, 4, 5, 7 and 8, shall apply.

ARTICLE 35

INTERPRETATION OF THE AWARD

1. Within thirty days after the receipt of the award, either party, with notice to the other party, may request that the arbitral tribunal give an interpretation of a specific point or part of the award.

2. The interpretation shall be given in writing within thirty days after the receipt of the request. The interpretation shall from part of the award and the provisions of article 32, paragraphs 2 to 7,shall apply.

ARTICLE 36

CORRECTION OF THE AWARD

1. Within thirty days after the receipt of the award, either party, with notice to the other party, may request the arbitral tribunal to correct in the award any errors in computation, any clerical or typographical errors, or any errors of similar nature. The arbitral tribunal may within thirty days after the communication of the award make such corrections on its own initiative.

2. Such corrections shall be in writing, and the provisions of article 32, paragraphs 2 to 7,shall apply.

ARTICLE 37

ADDITIONAL AWARD

1. Within thirty days after the receipt of the award, either party, with notice to the other party, may request the arbitral to make an additional award as to claims presented in the arbitral proceedings but omitted from the award.

2. If the arbitral tribunal considers the request for an additional award to be justified and considers that the omission can be rectified without any further hearing or evidence, it shall complete its award within sixty days after the receipt of the request.

3. When an additional award is made, the provisions of article 32,paragraphs 2 to 7, shall apply.

ARTICLE 38

COSTS

The arbitral tribunal shall state the costs of arbitration in its award. The term "costs" includes only:

(a) The fees of the arbitral tribunal to be stated separately as to each arbitrator and to be fixed by the Center in accordance with article39;

(b) The travel and other expenses incurred by the arbitrators;

(c) The costs of expert advice and of other assistance required by the arbitral tribunal;

(d) The travel and other expenses of witnesses to the extent such expenses are approved by the arbitral tribunal;

(e) the costs for legal representation and assistance of the successful party if such costs were claimed during the arbitral proceedings, and only to the extent that the arbitral tribunal determines that the amount of such costs is reasonable;

(f) Any fees and expenses of the Center in accordance with its schedule of fees.

ARTICLE 39

FEES OF THE ARBITRAL TRIBUNAL

The fees of the arbitral tribunal shall be reasonable in amount, taking into account the amount in dispute, the complexity of the subject-matter, he time spent by the arbitrators and any other relevant circumstances of the case.

ARTICLE 40

APPORTIONMENT OF COSTS

1. Except as provided in paragraph 2, the costs of arbitration shall in principle be born by the unsuccessful party. However, the arbitral tribunal may apportion each of such costs between the parties if it determines that apportionment is reasonable, taking into account the circumstances of the case.

2. With respect to the costs of legal representation and assistance referred to in article 38, paragraph(e), the arbitral tribunal, taking into account the circumstances of the case, shall be free to determine which party shall bear such costs or may apportion such costs between the parties if it determines that

apportionment is reasonable.

3. When the arbitral tribunal issues an order for the termination of the arbitral proceedings or makes an award on agreed terms, it shall fix the costs of arbitration referred to in article 38 and article 39 in the text of that order of award.

4. No additional fees may be charged by an arbitral tribunal for interpretation or correction or completion of its award under articles 35 to 37.

ARTICLE 41

DEPOSIT OF COSTS

1. The center may request each party to deposit an equal amount as an advance for the costs referred to in article 38, paragraphs (a), (b), (c), (d) and (f).

2. During the course of the arbitral proceedings the Center may request supplementary deposits from the parties.

3. If the required deposits are not paid in full within twenty-one days after the receipt of the request, the Center shall so inform the parties in order that one or another of them may make the required payment. If such payment is not made, the Center may order the suspension or termination of the arbitral proceedings.

4. After the proceedings are terminated or the award has been made, the Center shall render an accounting to the parties of the deposits received and return any unexpended balance to the parties.

ARTICLE 42

EXCLUSION OF LIABILITY

Except in respect of deliberate wrongdoing, the members of the arbitral tribunal and the Center shall not be liable to a party for any act or omission in connection with the arbitration including the failure to act in response to a request for interim relief.

ARTICLE 43

WAIVER OF DEFAMATION

The parties and, by acceptance of appointment, the members of the arbitral tribunal agree that any statements of comments, whether written or oral, made or used by them or the respective representatives of the parties in preparation for or in the course of the arbitration shall not be relied upon to round or maintain any action for defamation, libel, slander or any related complaint, and this article may be pleaded as a bar to any such action.

6. ICC DOCDEX RULES

ICC Rules for Documentary Instruments Dispute Resolution Expertise (First revision, effective from 15 March 2002)

Article 1: Dispute Resolution Service

1.1 These rules concern a service called Documentary Instruments Dispute Resolution Expertise (DOCDEX) which is available in connection with any dispute related to:

.. a documentary credit incorporating the ICC Uniform Customs and Practice for Documentary Credits (UCP), and the application of the UCP and/or of the ICC Uniform Rules for Bank-to-Bank Reimbursement under Documentary Credits (URR),

.. a collection incorporating the ICC Uniform Rules for Collections (URC), and the application of the URC,

.. a demand guarantee incorporating the ICC Uniform Rules for Demand Guarantees (URDG), and the application of the URDG.

Its objective is to provide an independent, impartial and prompt expert decision (DOCDEX Decision) on how the dispute should be resolved on the basis of the terms and conditions of the documentary credit, the collection instruction, or the demand guarantee and the applicable ICC Rules, be it the

UCP, the URR, the URC or the URDG (ICC Rules).

Any reference to DOCDEX will be deemed to apply to the latest version of the DOCDEX Rules and the applicable version of the ICC Rules, unless otherwise stipulated in the documentary credit, the collection instruction or the demand guarantee.

1.2 DOCDEX is made available by the International Chamber of Commerce (ICC) through its International Centre for Expertise (Centre) under the auspices of the ICC Commission on Banking Technique and Practice (Banking Commission).

1.3 When a dispute is submitted to the Centre in accordance with these rules, the Centre shall appoint three experts from a list of experts maintained by the Banking Commission. These three experts (Appointed Experts) shall make a decision which, after consultation with the Technical Adviser of the Banking Commission, shall be issued by the Centre as a DOCDEX Decision in accordance with these rules. The DOCDEX Decision is not intended to conform with any legal requirements of an arbitration award.

1.4 Unless otherwise agreed, a DOCDEX Decision shall not be binding upon the parties.

1.5 In the DOCDEX procedure the communication with the Centre shall be conducted exclusively in writing, i.e. by communication received in a form that provides a complete record thereof, via teletransmission or other expeditious means.

Article 2: Request

2.1 The Initiator shall apply for a DOCDEX Decision by submission of a request (Request). The Initiator may be one of the parties to the dispute applying individually, or more or all parties to the dispute submitting jointly a single Request. The Request, including all documents annexed thereto, shall be supplied to the Centre in Paris, France, in four copies.

2.2 A Request shall be concise and contain all necessary information clearly presented, in particular the following:

2.2.1 full name and address of the Initiator, clearly stating such Initiator"s function(s) in connection with the documentary credit, the collection, or the demand guarantee, and

2.2.2 full name and address of any other party to the dispute (Respondent), clearly stating such Respondent"s function(s) in connection with the documentary credit, the collection, or the demand guarantee, where the Request is not submitted jointly by all parties to the dispute, and

2.2.3 a statement of the Initiator formally requesting a DOCDEX Decision in accordance with the ICC DOCDEX Rules, ICC Publication No. 811, and

2.2.4 a summary of the dispute and of the Initiator"s claims, clearly identifying all issues related to the documentary credit, the collection, or the demand guarantee and the applicable ICC Rules to be determined, and

2.2.5 copies of the documentary credit, the collection instruction, or the demand guarantee in dispute, all amendments thereto, and all documents deemed necessary to establish the relevant circumstances, and

2.2.6 a statement by the Initiator that a copy of such Request, including all documents annexed thereto, has been sent to each Respondent named in the Request.

2.3 The Request must be accompanied by the payment of the Standard Fee as per the Appendix hereto. No Request shall be processed unless accompanied by the requisite payment.

Article 3: Answer

3.1 The Respondent may submit an Answer to the Initiator''s Request. The Respondent may be one or more of the parties to the dispute named in the Request as Respondent, each submitting an individual Answer or submitting jointly a single Answer. The Answer must be received by the Centre within the period stipulated in the Centre''s Acknowledgement of the Request (see Article 5). The Answer, including all documents annexed thereto, shall be supplied to the Centre in Paris, France, in four copies.

3.2 An Answer shall be concise and contain all necessary information clearly presented, in particular the following:

3.2.1 name and address of the Initiator, and 3.2.2 date of the relevant Request, and

3.2.3 a statement of the Respondent formally requesting a DOCDEX Decision in accordance with the ICC DOCDEX Rules, ICC Publication No. 811, and

3.2.4 a summary of the Respondent''s claims, clearly referring to all issues related to the documentary credit, the collection, or the demand guarantee and the applicable ICC Rules to be determined, and

3.2.5 copies of all additional documents deemed necessary to establish the relevant circumstances, and

3.2.6 a statement of the Respondent that a copy of such Answer, including all documents annexed thereto, has been sent in writing to the Initiator and to the other Respondent named in the Request.

3.3 If the Respondent does not provide a statement pursuant to Article 3.2.3, then the final DOCDEX Decision will not be made available to him.

Article 4: Supplements

4.1 Request, Answers and Supplements shall be final as received.

4.2 The Centre may ask the Initiator and Respondent, by way of an Invitation, to submit specific supplementary information, including copies of documents, relevant to the DOCDEX Decision (Supplement).

4.3 Supplements must be received by the Centre in four copies within the period stipulated in the Invitation. The Supplement shall be concise and contain all necessary information clearly presented and include copies of relevant documents. It shall also contain:

4.3.1 date and reference as stated in the Invitation, and

4.3.2 name and address of the issuer of such Supplement, and

4.3.3 a statement of the issuer of such Supplement that a copy of the Supplement, including all documents annexed thereto, has been sent to the Initiator or Respondent.

4.4 Supplements shall only be submitted to the Centre upon and in accordance with an Invitation issued by the Centre.

Article 5: Acknowledgements and Rejections

5.1 The Centre shall confirm the receipt of Requests, Answers and Supplements to the Initiator and Respondent (Acknowledgement).

5.2 The Centre will stipulate a reasonable period of time within which each Answer or Supplement must be received by the Centre. The stipulated time should not exceed 30 days after the date of the Acknowledgement of the receipt of a Request or 14 days after the date of an Invitation to submit a Supplement.

5.3 Any Answer or Supplement received by the Centre after expiry of the period of time specified in the relevant Acknowledgement or Invitation, or any communication not solicited by the Centre, shall be disregarded.

5.4 By advice to the Initiator and Respondent, the Centre may reject at any time, before or after its Acknowledgement, any Request, Answer or Supplement, in whole or part,

5.4.1 where the Centre or Appointed Experts deem any issue to be determined to be unrelated to the applicable ICC Rules, or

5.4.2 which in other respects, in particular regarding form and/or substance, does not fulfil the requirements of these rules, or

5.4.3 in respect of which the Standard Fee has not been received by the Centre within 14 days after the date of the Request.

5.5 Periods of time specified in these rules or in any Acknowledgement or Invitation referring to days shall be deemed to refer to consecutive calendar days and shall start to run on the day following the date of issuance stated in the relevant Acknowledge mentor Invitation. If the last day of the relevant period of time is, or any fixed day falls on, a non-business day in Paris, France, then the period of time shall expire at the end of the first following business day in Paris.

Article 6: Appointment of Experts

6.1 The Banking Commission will maintain internal lists of experts having profound experience and knowledge of the applicable ICC Rules.

6.2 Upon receipt of a Request, the Centre shall appoint three independent experts from the list. Each Appointed Expert shall declare his independence of the parties indicated in the Request. The Centre shall designate one of the three Appointed Experts to act as their Chair.

6.3 An Appointed Expert shall at all times keep strictly confidential all information and documents related to any DOCDEX case.

6.4 Where an Appointed Expert deems that he is unable to carry out his functions, he shall immediately give notice of termination to the Centre. Where the Centre deems that an Appointed Expert is unable to carry out his functions, it shall immediately give notice of termination to such Appointed Expert. In either case, such Appointed Expert shall immediately return to the Centre the Request, Answer(s) and Supplement(s) received, including all documents annexed thereto, and the Centre shall inform the other Appointed Experts of such termination.

6.5 The Centre shall, without delay, replace an Appointed Expert whose appointment is prematurely terminated pursuant to Article 6.4 of these rules and the Centre shall inform the other Appointed Experts accordingly.

Article 7: Appointed Experts' ' Procedure

7.1 The Centre shall submit to the Appointed Experts the Request, Answer(s) and Supplement(s) received in connection therewith.

7.2 The Appointed Experts shall render their decision impartially and exclusively on the basis of the Request, Answer(s) and Supplement(s) thereto, and the documentary credit and the UCP and/or URR, or the collection and the URC, or the demand guarantee and the URDG.

7.3 Where it is deemed necessary by the Appointed Experts, their Chair may ask the Centre to invite the Initiator and Respondent, pursuant to Article 4 of these rules, to provide additional information and/or copies of documents.

7.4 Within 30 days after they have received all information and documents deemed by them to be necessary and appropriate to the issues to be determined, and provided that the Additional Fee as mentioned in Article 10.1 is paid, the Appointed Experts shall draft a decision and their Chair shall submit the decision to the Centre.

7.5 Neither the Initiator nor the Respondent shall

.. seek an oral hearing in front of the Appointed Experts,

.. request ICC to reveal the name of any Appointed Expert,

.. seek to have an Appointed Expert or officer of the Banking Commission called as witness, expert or in any similar function to an arbitral tribunal or a court of law hearing the dispute in connection with which such Appointed Expert or officer of the Banking Commission participated by rendering a DOCDEX Decision.

Article 8: DOCDEX Decision

8.1 Upon receipt of the decision of the Appointed Experts, the Centre shall consult with the Technical Adviser of the Banking Commission or his nominated delegate, to ascertain that the DOCDEX Decision will be in line with the applicable ICC Rules and their interpretation by the Banking Commission. Amendments suggested by the Technical Adviser (or his delegate) shall be subject to the consent of the majority of the Appointed Experts.

8.2 Subject to Article 10.2 of these rules, the Centre will issue and make available the DOCDEX Decision without delay to

8.2.1 the Initiator and

8.2.2 the Respondent who has requested, pursuant to Article 3.2.3, a DOCDEX Decision in accordance with the ICC DOCDEX Rules, ICC Publication No. 811.

8.3 The DOCDEX Decision shall be issued by the Centre in the English language, unless the Appointed Experts decide otherwise, and shall contain, inter alia, the following:

8.3.1 names of the Initiator and Respondent, and

8.3.2 summary of the representations relevant to the issues determined, and

8.3.3 determination of the issues and the decisions taken with succinctly stated reasons therefor, and

8.3.4 date of issuance and signature for and on behalf of the Centre.

8.4 The DOCDEX Decision shall be deemed to be made at Paris, France, and on the date of its issuance by the Centre.

Article 9: Deposit and publication of the DOCDEX Decision

9.1 An original of each DOCDEX Decision shall be deposited with the Centre and shall be kept there for 10 years.

9.2 ICC may publish any DOCDEX Decision, provided always the identities of the parties to the dispute are not disclosed.

Article 10: Costs of DOCDEX

10.1 The costs of the DOCDEX service shall be the Standard Fee set out in the Appendix. The Standard Fee shall not be recoverable. In exceptional circumstances, an Additional Fee may be payable which shall be fixed by the Centre at its discretion, taking into account the complexity of the issue and subject to the ceiling set out in the Appendix under "Additional Fee". Such Additional Fee shall be invoiced to the Initiator within a reasonable time, at the latest within 45 days after the date of the Acknowledgement of the Request. The Centre will fix a time limit for the payment of the Additional Fee. The Centre may stay the procedure at any time, and instruct the Appointed Experts to suspend their work on the case, until the Additional Fee is paid by the Initiator. No Additional Fee will be charged where the amount of the letter of credit, the collection, or the demand guarantee in dispute does not exceed the minimum amount stated in the Appendix.

10.2 The DOCDEX Decision shall not be issued until the Centre has received the Additional Fee, if invoiced.

Article 11: General

11.1 In all matters not expressly provided for in these rules, the Centre, experts, Appointed Experts, officers, officials and employees of ICC shall adhere to strict confidentiality and shall act in the spirit of these rules.

11.2 Appointed Experts, officers, officials and employees of ICC assume no liability or responsibility for the consequences arising out of delay and/or loss in transit of any message(s), letter(s) or document(s), or for delay, mutilation or other error(s) arising in the transmission of any telecommunication, or for errors in translation and/or interpretation of technical terms.

11.3 Appointed Experts, officers, officials and employees of ICC assume no liability or responsibility for the discharge or purported discharge of their functions in connection with any DOCDEX Decision, unless the act or omission is shown not to have been in good faith.

찾아보기

김 재 명

- 경남대학교 대학원(경영학 박사)
- 경남대학교 경제무역학부 강사
- 경남대학교 경영대학원 무역학과 강사
- 부산 외국어대학교 국제통상학부/경영학부 강사
- 창원대학교 국제무역학과 강사
- (사) 한국국제상학회 사무차장
- 현 : 경남대학교 경상대학 경제무역학부 강의전담 교수
  (사) 해양비지니스학회 이사
  (사) 동북아 항만포럼 연구위원

[주요 저서 및 연구논문]
- 해외시장의의 이해(공저), 협신사
- 신용장과 UCP(공저), 모아기획
- ICC DOCDEX 사례로 본 화환신용장부 상업송장기재사항의 수리적격성
- 항해용선계약에서 적부불량에 의한 화물손해와 운송인의 책임에 관한 연구
- UCP600 제14조에 따른 화환신용장부 서류심사표준의 적용에 관한 연구
- ICLOCA 중재제도에 관한 연구
- 기타 무역학 관련논문 다수

무역클레임과 ADR

초 판 1쇄 인쇄 —— 2011년 2월 10일
초 판 1쇄 발행 —— 2011년 2월 15일
지은이 —— 김 재 명
펴낸이 —— 전 두 표
펴낸데 —— 도서출판 **두남**
서울시 강동구 성내1동 455-12 두남빌딩
신 고 : 제25100-1988-9호
(구 제2-624호, 1988. 7. 21)
TEL : 02) 478-2065, 2066, 2067, 2311
FAX : 02) 478-2068
E-mail : dunam1@unitel.co.kr
http://www.dunam.co.kr

정가 20,000원

ISBN 978-89-6414-168-7 93320